From IMPERIAL MYTH to DEMOCRACY

Lawrence W.Beer and John M.Maki

天皇神話から民主主義へ

日本の二つの憲法 1889〜2004年

Japan's Two Constitutions, 1889-2004

ローレンス・W・ビーア
ジョン・M・マキ 共著
浅沼 澄 訳

信山社

日本の民主主義のために憲法の礎を築いた日本人たちと米国人たちに捧げる

推薦の言葉

一九八四年、ローレンス・W・ビーア教授が、*Freedom of Expression in Japan* を講談社インターナショナルから出版されたとき、私はその推薦の辞のなかで、「西欧で持たれている日本のイメージは、規制が過剰で基本的自由が欠如している社会ということだが、この本はそういった誤解を解くのに大いに役立つであろう」と書いた。

それから二〇年を経過した今、私たちはジョン・M・マキ教授との共著『天皇神話から民主主義へ――日本の二つの憲法一八八九―二〇〇四年』を手にすることになった。そこでは、戦争と激動に明け暮れた明治憲法の時代と、平和と安定を享受している現憲法の時代との相反する二つの近代日本の姿が、冷静で客観的な視座で描かれている。

一般に、日本人が持っている外国特に西欧に関する情報量に比べると、日本に関する外国の関心と知識は、驚くほど少なくかつ低調である。まして、日本の憲法に関する関心や理解になると、ほとんど絶望的に寡少である。その理由は多々あろうが、根本的には、日本という国の在り方にあるように思われる。

この本は、近代日本を大きく分かつ二つの憲法の時代を、〝天皇神話〟と〝民主主義〟として特徴づけている。二つの憲法は、いずれも三権分立や人権保障等を持つ点で、いずれも近代憲法に属するとされているが、決して同質のものではない。本書によれば、「日本の近代憲法を理解する鍵は、天皇主権の概念である」が（二四頁）、天皇の主権は「立法権と行政権を含み、司法権は後者に属」していた（二八頁）。すなわち、正確な意味での権力分立がなかったのが明治憲法である。

しかし、それはただちに天皇独裁を意味するのではなく、むしろ政治的には天皇は実際の権力から遠ざけられていいた。このように特異な「天皇制を理解することの難しさを増幅しているのは、それが真剣に研究されなかったこと」だと著者は言う。そして、それを妨げていたのは、「公式の検閲と民間の超国家主義的テロ行為のため」であり、「天皇制あるいは（明治・大正・昭和の）三人の皇位在位者のいずれについても、外国の研究がなかったことは驚くに当たらない」（二九頁）。

本書で、最も意味があり興味深いのは、新憲法制定に関する米国側の関与と日本側の対応であろう。日本国憲法についての英文の研究は、「米国側の寄与を誇張することが多く、また米国とその『連合国』が日本に憲法を『押し付けた』と結論付けている」。日本でもそのような見解があるが、それは「完全な再軍備を可能にするような憲法改正に賛成する極めて保守的な右翼分子と関連している」と著者は指摘する（一一六頁）。

たしかに、現憲法の制定に当たって、占領軍の強いイニシアティブが働いたことは疑い得ない。しかし、ドイツのボン基本法の制定プロセスとは大きく異なり、日本側の改正案における憲法感覚は、驚くほど非民主的であった。また、本書が力説しているように、米国側で憲法草案作成に携わったのは、ビアテ・シロタを初め、平和と民主主義の理想に燃えた人たちが多かった。また、国会審議のなかで社会的基本権や二院制など、かなり日本側の提案が採用されたことも事実である。

今、日本では現行憲法の改正問題が進行中であるが、その焦点は戦争放棄の九条である。しかし著者は、「第九条を改正しようとするどんな動きも、海外での、少なくとも戦争で被害を受けたアジア諸国での恐怖を呼び起こすだろう」と警告する。そして、もし改正するならば、「大量破壊のための核兵器、化学兵器、生物兵器、そして電子兵器の生産、保有および使用を永久に放棄する第三項を第九条に加えること」を提言している（一六三頁）。そうすれば、日本は他の国々に対して、世界平和のための貴重な貢献をすることができる、と著者は言う。すべての政治家に聞かせたい言葉である。

二〇〇五年三月

清水英夫
青山学院大学名誉教授
法学博士

まえがき

日本の近代史については、日本語やその他の言語で数多くの本が書かれ、「連合軍の日本占領」（一九四五〜一九五二年）に焦点を合わせた数多くの研究が行われてきた。それに続く戦後日本の政治的、経済的、ないし社会的発展の側面のいくつかをテーマとした、他の研究もいろいろある。日本の法律の研究はこの半世紀に、その他非欧米諸国の法律制度の研究と比べて、大いに進んだが、徳川時代から現在までの日本の憲法史の広汎な研究はなされなかったし、一九四七年以降における数限りない日常的背景の中の法律、憲法、社会の総括的研究は、これから徹底的に行われなければならない。本書は、その分野の概略を述べるものである。タイトルに入っている一八八九年は明治憲法発布の年であり、二〇〇四年は一九四七年の憲法が日本の法律と社会の中で生き続けている年である。

米国に大きな利益をもたらしていることだが、一九四五年以来日本はその同盟国で、また最も重要な貿易相手国でもある。日本は、経済力と技術力において世界第二位の地位を占めており、人間活動のその他多くの分野においても、日本の実績は目覚ましいものであった。歴代の米国大統領は、米国の対日関係がアジアにおける米国の政策の要であると公言してきた。駐日大使マイク・マンスフィールドは、さらに突っ込んで、日米関係は世界で最も重要な二国間関係であると主張しているが、そう言う人は他にもある。多くの米国人は、そのような発言の意味について、疑問をもったかも知れない。これら大統領の念頭にあったのが、日本企業が米国市場のために生産した素晴らしい自動車や電子製品、あるいは日本が比較的に平穏で、秩序正しく、平和な国であったという事実なのだろうと、考えた者もいるかも知れない。一九四五年以来日本はアジアにおいて、アフガニスタン、中国、朝鮮半島、ベトナムのように、米国を困らせることはなかった。米国の国家債務が膨れ上がる時期に、日本は極めて頼りになる債権国であった。それに、これら大統領は、活発な姉妹都市関係、合弁事業、交換留学生などのすべてについても、考慮していたのかも知れない。

日本にとっては、二つの関係だけが真に重要だと考えられる。すなわち本書で説明する一九六〇年の日米安全保障条約に基づく対米関係と、国連との関係である。日本の外交政策や人権問題への判断においては、米国の政策におけるよりも、国連が果たしている役割が大きい。しかし日米関係の核心にあるものは、立憲民主主義の原則に対する確信の共有である。両国の社会文化は、いくつかの点において根本的に異なるかも知れないが、これらの相違は誇張されることが多い。日本人、米国人の大多数は、主権在民、法律の下における政治権力の制限と分権、人権擁護のような基本的原則については、同じ考えをもっている。

この半世紀にわたり、日本における米国問題の専門家のグループを補完して、米国と西欧、アジアのその他諸国においては、広い範囲にわたる分野の研究を手掛ける、数は少ないが有能な日本問題の専門家のグループが形成されてきた。米国の日本研究家のほとんどは、政治的に行動的でなく、あまり目立たなかったが、日本歴史の研究者は一九九九年と二〇〇〇年にピューリッツァー賞を獲得した。日本研究家のほとんどは、静かに研究を続け、日本の美術、哲学、社会文化、法律、歴史、経済、そして政治に関する知識の確固たる基盤を築いた。

しかし長い間に、日本研究者の間で意見の相違が出てきた。例えば、いくつかの本では、日本の社会文化や社会での価値観に対する理解の重要性を強調したが、他の研究者は、例えば経済活動を理解するのにそのような諸要因はあまり関係がないとする傾向を示した。一国の経済の水準を判定し、その他の問題の分野に関するデータを評価するに当たっては、中庸を保つのが最善と思えるが、風刺的な態度を慎まない人たちもあった。

もう一つの問題は、日本を賛美する人たちとジャパン・「バッシング」をする人たち、「親日家」と批判的な「日本異質論者」の間の分裂である。日本にとってこれら両陣営に属する人たちの数はどちらも極めて多く、米国内の日本に関する対話のためにならない。日本の憲法と政治だけでなく関連する外交政策についても、有力なジャパン・バッシング推進者は、米国において日本に関する世論形成に偏見を与えた。

本書では、日本の立憲制度と日本国民の双方について、一九四五年以降の実績を賞賛すべき数多くの点を明らかにする見方を示すだけでなく、米国においても同じことがあるのだが、日本の目立った欠点も明らかにする。主に強調したいのは、最大の強みでもなければ欠点でもなく、日本における憲法関係の現実についての、複雑な人間関係や法律問題を取り上げて、説明することである。また他の立憲制度、特に米国のものとの比較も多少取り上げる。このような取り組み方によって、引き続き日本研究の主流に留まり得ることを望んでいる。われわれ自身の国や他の国々の実績に関して、肯定的な判定と否定的な判定を振り分けるのに、注意が必要なことは承知している。日本研究の有益な分析において、ダンカン・マッカーゴ（Duncan McCargo）は、「主流をなす見方が、時として日本の陰の部分を見過ごすことがあっても、多くの場合、日本異質論者がその点に注意を集中する」（*Contemporary Japan* [New York : St. Matin's, 2000], p.3）と述べている。日本異質論者で、日本の法律、憲法の研究についてよく理解している人は比較的少なく、これが日本における人権や平和主義のような、重要な問題に対する判断に、影響を与える可能性がある。

本書は、近代日本の二つの憲法に対して長く興味をもってきた、米国北西太平洋岸の二人の友人による共同著作である。二人の著者は、お互いに相手の書いたものを読み、議論し、日本の憲法についての見方を共有しているが、ジョン・マキ（John Maki）は、明治憲法とその影響（一八八九〜一九四六年）に関する第I部（第一〜三章）についての最終的責任をもち、ローレンス・ビーア（Lawrence Beer）は、昭和憲法とその由来（一九四六〜二〇〇四年）に関する第II部（第四〜七章）について責任をもつ。二人の記述のスタイルは異なるが、内容は意図したとおりのものになっている。「序文」と最終章は共同で執筆した。本書はまさに、一つのジョイント・ベンチャーである。

著者は、日系米人の主要な歴史家で、かつてデンバーで日本名誉領事を勤めたビル・ホソカワ（Bill Hosokawa）に対し、本書の執筆を勧めてくれたことに感謝の意を表したい。われわれはまた長い間、知識や専門家としての判断、交友関係を共にしてきた、多くの日本の憲法学者に感謝する。ウオルター・F・マーフィー（Walter F. Murphy）（プリンストン大学）、アラン・キンボール（Allan Kimball）（オレゴン大学）、そして名前は挙げないが、コロラド大学出版部に出す原稿に目を通してくれた二人の日本研究者に対し、そのコメントや助言にお礼を申し上げたい。

われわれの以前の出版物からもお分かりいただけるように、専門的著作では、専門家の同輩のために十分な脚注を付けるのが学者の義務であることは承知しているが、本書は一般の読者向けに書かれたもので、それほど大部の著作でもない。そのような読者にとって脚注はあまり役に立たず、本文で触れた問題について、さらに読書をしたいと思う方々のための、参考文献目録の方がよいと考えた。

目次

凡例

一　本書はLawrence W. Beer and John M. Maki, *From Imperial Myth to Democracy : Japan's Two Constitutions, 1889–2002*（Colorado : University Press of Colorado, 2002）を翻訳したものであるが、部分的に、著者によって最新の情報を追加した。

二　〝〟は「　」に原則として置き換えた。

三　イタリック体のものは原則として〝　〟でくくることとした。ただし、書名は『　』でくくることとした。

四　人名には適宜欧文つづりを付記した。

序

問題と取り組み方

おおまかに言って、一八七〇年から二〇〇〇年までの一世紀と三分の一の間に、日本は歴史にその記録が残されている一三の世紀のうちで、最も波乱に満ちた時代を経験した。この期間は、歴史上の時を測るには短い期間だが、二世紀半にわたる徳川幕府による治世と七世紀にわたる封建制度が、同時に崩壊するのを目のあたりにした。封建社会は近代民族国家へ変容し、その後軍国主義国家、官憲主義国家となった。さらに世界の軍事大国への道を歩み、最終的には大戦で決定的な敗北を蒙った。その後、戦勝国の賢明な政策が生み出した無血革命と、その同じ政策によって平和で民主的な社会へ移行し、世界の経済大国への成長が続いた。

これらの苦痛に満ちた歴史上のでき事の影響は、広範囲に及んだ。何世紀もの間、日本の限られた対外関係は、アジア、特に中国との関係が中心であった。だが一九世紀後半になって、日本は米国と欧州が主役を演じていた世界の舞台に登場した。その民族国家への移行は、欧米で発展した民族国家のモデルに基づくものであった。その軍国主義により、一時的に東アジア、東南アジアを席巻したが、基本的にはアジアを含まない米国主導の連合国に敗北を喫した。その結果、日本はアジアで最初の安定した民主主義国家となった。封建社会の大名たちからは、多くの農村、漁村にかなりの自治権と合議制による統治権が許されていたが、立憲民主主義は、日本にとっても、アジアのその他諸国にとっても、それまでになかった異質の政治、行政組織の形態であった。日本はまた、農業社会から工業化された世界の経済大国への道を歩んだ。国民は貧困から、夢想だにしなかった経済福祉の水準への幸福な変貌を経験した。

日本の内外の歴史家やその他の多くの研究者は、このような日本の経験の展開に魅了された。この孤立していたアジアの社会が、いったいどのようにして一三〇年の間に、世界の舞台で民主国家として大きな役割を演じるように変身したのだろうか。最もありふれた分析と説明は、近代化と発展、政治的、法的、そして社会的要因に関するものであった。

本書の著者は、日本の初期近代の経験と現在の経験を説明するのに、別の方法を使用した。大日本帝国憲法（一八九〇年）と日本国憲法（一九四七年）という二つの近代的憲法の成果に的を絞り、過去および二〇〇四年において、これらの憲法により確立され、認証された法律、制度、規範および手続の下での、日本の行動に焦点を合わせた。日本において憲法がもたらした成果は、その国内法、国際法、政治、経済生活そして社会に反映されている。

憲法と立憲政治

本書は、二つの憲法に関するものであり、かつその一方の誕生と終焉、さらに他方の制定と現状についてのものなので、〝憲法と立憲政治〟について一言述べるのが順序である。米国人は〝憲法〟を、政体の最も基本的な法律、すなわち政府権力を分権、制約し、市民権と自由を保障するような形で、政治の基本的な原則と組織を記述した法律を構成する、単一の国家文書と同一視しがちである。また米国の独立宣言が、重要な種類の憲法としての地位をもつと考える傾向がある。独立宣言が、エイブラハム・リンカーンのゲッティスバーグの演説と共に、世界中から最も強い敬意を集めている米国の理念についての感動的な声明なので、このことは理解できる。

司法審査権の伝統において、裁判所は具体的な法律上の紛争に対し判決を下すにあたり、米国憲法が何を意味するかについて明らかにしている。本文の文言、判例、関連成文法、自らの法律理論と政治理論、社会的ニーズの評価に従って「憲法」を解釈するのである。日本の裁判官も大体同じように対応するが、背景となる歴史が異なる。

米国がその歴史の初期に考案した制度である、単一文書としての国の憲法は、ほとんどすべての近代民族国家で、その法律制度、政治制度の中の不可欠で、重要かつ有益な部分として採用されている。現在では、世界中の法曹関係の指導者や学者たちは、前には考えられなかったほど正確に、お互いによく分かる言葉で、憲法につき相互にやり取りができる。統治や法制の基本的な問題について、正確な意思疎通をする可能性が増大したこと自体、文明における進歩である。

一九一の国連加盟国中、単一文書としての憲法をもっていない国は極めて少ない。顕著な例外は、ニュージーランド、イスラエル、英国（英国では諸法規、原則、慣行、慣例が組み合わさって憲法を形成している）と、コーランをその基本的な統治のための文書としているリビア、オマーン、サウジアラビアのイスラム三国である。現行の憲法のほとんどは、非欧米諸国が欧米諸国の植民地の地位を脱して独立をかち取った第二次大戦後に作成された。一九七〇年以降、一三〇以上の憲法が制定されている。

以上いろいろ述べてきたが、本書で説明しようとしているように、憲法には一つの成文法、その公式の解釈ということ以上のものがある。そして一国を立憲国家と確かに認めるのに必要なのは、単一文書の憲法があることだけではない。立憲主義には、法律の下において国家の中心的な公共の価値を増進する、国家権力の分権と制約の意味も含まれている。すべての憲法が、権力を制限しているわけではない（例えば、明治憲法による天皇の公式の権力）。最も立派に作られた憲法の下でも、日本や米国ほど国家がその条項を尊重すること、あるいはそれら条項を真剣に扱うことが確立されていない。さらに、民主国家における強大な多数派は、国家権力に対しての憲法による制約に反対し、歴史が示すように、奴隷制度、差別、弾圧、ないし不平等な選挙権を支持することがあるというように、立憲政治と民主主義の間の関係には、不満足なところがある場合もある。とは言え、これら限界を示すことは必ずしも成文化された憲法が、政治制度、社会制度の中で、無意味であることを意味するのではない。

近代日本の憲法の成果をたどるにあたり、いくつかの要因を心に留めることが助けになろう。

1　単一文書としての近代日本憲法は重要ではあるが、一国の基本法にはそれ以上のものが必要である。憲法の実際上の形は、公布という方法や妥当な予測のできる方法により、国の主要な公共の価値のために、政府や地域社会の権力を組織、行使し、制限する原則、制度および手続である（現在、人権と戦争の放棄が、日本の主要な価値である）。

2　憲法は、それが効力をもつために、一つの成文法として作成される必要はないし、そのことのために多くの文書にする必要もない。例えば、後に述べる「徳川憲法」は、容易に確認できる場所に書かれたものではないが、明快で「現実的」である。

3　非欧米国として日本は、欧米の不平等条約から解放された二〇世紀初頭以来、近代的独立民族国家として最長の経験をもっている。この独立が侵されたのは、一九四五年から一九五二年までの占領期間と、一九七二年までの米国による沖縄の支配である。

4　日本の一九四七年の憲法は、そう指摘する者もあるように、「新しい」ものではなく、世界の基準によればかなり古く、長く施行されている二〇の例の一つである。

5　日本は、独特の歴史と社会文化をもった、まったくの東アジアの国だが、これらの要因により、その価値観が、その憲法や国連人権文書の価値観と相容れないということはない。まったくその逆である。

おそらく二〇世紀における文明の領域での最も重要な前進は、さまざまな世界の政治文化の中で、一人一人の人が本来もっている人権が、各国の法律、政府および社会により、また国際法と国際政治により改善され、保護されなければならないということの意識の増大である。科学、医学、技術、および消費者にとっての便利さなどの、歓迎すべき大改革よりも、この点の進展の方が、歴史上の時代における空前の野蛮な行為を、小さいが意味のある方法で埋め合わせている。

二一世紀においては、人間一人一人がどうなるのであろうか。これは、人には各人にこそが本質的に価値があり、人としての権利のために向けられる世界中の強い関心と行動が合理的に正当化され、刺激されるからである。その答えは、明白でもなければ、世界の共同社会において意見が一致することでもない。バランスの取れた合意を求めることは、最近始まったばかりの世紀における、知識人や指導者たちの最も重要な課題かも知れない。満足の行く回答には、個人の偉大な尊厳に対する確信と、相互の尊重についての納得の行く、何らかの哲学的ないし神学的基盤が、必要とされるように思われる。日本の憲法が、各人の尊厳と基本的人権の尊重を求めていることは間違いないが、そのような尊重の理論的基盤については、何も述べていない。一九世紀においては、「天照大神」と皇族を中心とする古代の神話が、日本最初の近代憲法を支える固有の土台、つまりそれを正当化する基礎を提供したのである。

第I部　大日本帝国憲法

1 日本――新しい民族国家と憲法

徳川幕府が建設した土台

日本の近代史における決定的な進展は、何世紀にもわたった封建社会からの、一九世紀後半における民族国家への変容である。この変容は意図されたものでなく、二世紀半にわたって日本を統治した徳川幕府の崩壊と、非アジア世界からの二世紀以上にわたる隔離を日本に止めさせようとする欧米諸国の要求が通ったことが、タイミングとして偶然に一致した結果であった。

徳川幕府の統治は、日本に二世紀以上にわたる政治的安定、政権の安定をもたらしたが、それはまたかなりの経済的、社会的発展と変革の機会も提供した。しかし同時期に大幅な科学、技術、経済社会の変革が欧州と北米で起こり、それがさまざまな事柄の中でも、特に近代的民族国家の出現という結果をもたらした。これら二つの事態の発展が一緒になって、結局日本の最初の成文憲法の制定に導いた。

軍事的に強力であった徳川幕府の統治は、一七世紀の初めから一九世紀半ばまで続いた。徳川氏の政権は政治的には安定していたが、変化がなかったわけではない。徳川時代の社会は経済的、社会的に変化しており、それによって結局、徳川幕府が権力を手放す結果となるのは、避けられなかったのである。一八五〇年頃までに、長らく抑えられてきた、徳川幕府の権力に対する政治的挑戦の動きが進展した。この重大な時点において、徳川幕府は外国からの挑戦にも直面し、これを処理できなくなった。

一八五三年、建国後間もない民族国家である米国のマシュー・カルブレイス・ペリー提督（Commodore Matthew Calbraith Perry）が日本の領海に現れ、日本に鎖国政策を止めるよう要求し、このようにして米国大統領ミラード・フィルモア（Millard Fillmore）から与えられた使命の第一段階を遂行した。ペリーは一八五四年に再来して、日本と条約を締結し、日本の欧米諸国との鎖国は終結した。その後数年の間に、いくつかの欧州の民族国家が同様の不平等条約を締結したが、それによって欧米諸国には法律上、経済上の権利が与えられたけれども、日本にはその見返りとしての権利は与えられなかった。

台頭しつつあった反対派は、彼らの先祖の政策に背いたことと、同時に憎むべき「野蛮人ども」に、日本の神聖な国土を踏みにじらせることを許したことの両方に対して、徳川幕府を非難した。彼らの叫びは、「尊皇攘夷！」となった。「尊皇」とは、徳川幕府の統治に正当性を賦与していた皇位に対する幕府の支配の終結を簡明に述べた政治的な表現であった。徳川幕府は、国内の敵からの圧力に抗し切れなかった。一八六〇年代の後半に徳川政権は、交渉の結果できた条約により終焉を迎えたが、その条約により徳川幕府は政権の独占を手放し、敵方と責任を分かち合うことになった。しかし徳川幕府の譲歩を致命的弱体化の兆しと見た相手方は、間もなくそのような責任の分かち合いをしないとの意向を明らかにした。徳川幕府は幾らかでも権力を保持しようと軍事行動に訴えたが、数年間散発的で小規模な戦闘の後降伏した。

長期政権の崩壊は由々しき事態ではあったが、基本的には政治的な一幕に過ぎなかった。それは統治階級の一つの派閥から他の派閥への、政治権力の移転以上のものではなかった。内戦でもなく流血革命でもなかったが、そのどちらであったとしても、社会の混乱を招いただろう。そのような混乱がなかったので、日本は封建社会から国家社会への移行を進めることができたのである。

徳川幕府が残した社会は依然として封建的であったが、それとは大幅に異なる新国家社会のための、強固な基盤となり得る要素を留めていた。これらの要素は、現代の欧米民族国家がもつものと共通していた。

第一に、人間の集団、すなわち人口があった。一八七〇年の人口は三〇〇〇万以上で、この数字はおそらく、一七〇〇年ごろに達成されたものである。単なる数という点では、米国のような当時の比較的大きい欧米の国々と、似たようなものであった。第二に、欧米諸国はそれぞれ、通常本土と呼ばれる地表の特定の地域をもっていた。日本の島国としての性質上、その自然の地域ははっきりしていた。歴史上は、国境を巡っての戦争は起きなかった。さらに、日本の国民は、人種的に単一であった。ここでも、島国としての自然条件が重要な役割を演じていた。外国が侵略に成功したことも、大量の移民が入って来たこともなかったし、先住民のアイヌは比較的に数が少なかった。

一九世紀後半までに、日本は人種的に独立した国民としての、一二世紀にわたる歴史の記録をもっていた。そのような歴史に濃やかに織り込まれていたのは、初期には朝廷によって、その後は有力な武士階級によって創造され、受け継がれてきた社会の高度な文化であった。詩、散文、書とそれに密接に関連した美術、陶芸、絵画や演劇が、持続性の強い文化遺産を形成し、それが民族としての統一性を強化した。

徳川時代末期における、国民のもう一つの重要な特徴は、約五〇パーセントと推定される高い識字率であったが、これは欧米諸国の率と比べても優れたものである。武士と朝廷貴族には学校があった。平民には寺で学校が開かれ（寺子屋）、それが複雑な徳川時代の社会の円滑な運営に必要な広汎な識字層を作り出した。

庶民文学のために繁栄した出版産業や戸籍、村落の登記簿は、識字率の高い社会の特徴であった。高い識字率が存在したことは、新しい考え方や技能を身に付けるための、また国家の構築に必要な新しく革新的な仕事を進めるための、国民の訓練を容易にした。

国家の構築にとって基本的に重要であったのは、指導力であった。日本の長い歴史において、カリスマ的指導者はほとんどいない。一六世紀の末から一七世紀の初頭にかけて、その地位を順に継いだ織田信長、豊臣秀吉、徳川家康の三人の権力者は、おそらく最も顕著な例である。信長と秀吉の業績は、家康が政権の基礎を築くための道を開いた。しかしその政権は、強力な個人が続出して維持したわけではない。むしろそれは、体制を運営する人々の永続を可能とする組織の巧妙さと、行政技術によるものであった。

徳川幕府崩壊の危機に当たって、反徳川派の有能な指導者の一群は、勝者として躍り出ただけでなく、地位に留まって国家構築へ向けて前進するための、最初の何十年かをうまく導いた。封建制度のものではあるが、水面下で国家形成に向けて発展しつつあった社会を統括するという意味で、彼らにとっては非常に有利な情勢であった。これまでは、人的要素が国家構築に向けて、どのように発展してきたかを検討した。これからは、新しい国家社会の創設に極めて重要な役割を演じることになる徳川幕府の政治、経済、社会制度を検討する。

国家構築にとって最も重要であったのは、領土と国民の双方を統治してきた、二世紀半にわたる日本の安定した政府である。徳川幕府が消滅したとき、中央政府の構想と機構を創り出す必要はなかった。しかし問題は残っていた。時代遅れの政府の封建的組織を、どのようにして、新興国家運営の作業に対応し得る近代的官僚制度に変換することができるのか。前述のように、新政府の権力を握るための厳しい流血の政治抗争はなかった。このように一九世紀、二〇世紀に国家形成のための努力をした国々が直面した大きな困難を、政府と政治の両面において、日本は逃れることができた。

徳川時代を通して日本経済は、基本的に米という主要産品にその基礎を置く農業に依存しており、米は経済の基盤であっただけでなく、政治権力の基盤でもあった。いくつかの徳川家の分家は、約四分の一の国土を支配し、したがって生産される米の四分の一を支配していた。諸大名の経済基盤もまた米であった。彼らの地位とそれに並ぶ権力は、所有地の大きさとその結果である米の収穫量によって決定された。徳川幕府は、大名の所有地と米の生産量を統御する権力を保持していた。

経済の基盤は相変わらず農業であったが、それに変化がないわけではなかった。その特色は、貨幣の使用の着実な増大を伴った商業活動の広汎な発展であった。しかしこの発展は、社会階級の最下位に位置付けられ、政治的権力をもたない商人に支配されていた。

徳川時代の終わるかなり前に、この国は社会全般を含む経済システムの下で動かされていた。米は国土全体を通じて農民が生産し、農民はその大名に統治され、社会全体のシステムの下で米の値段が決められ、流通していた。商業は商人が独占し、商品を手配して、全国に流通させた。商人はまた、新しい貨幣制度の発展と運営を推進した。

軽工業（人力による機械を使った）は消費財の生産に集中し、社会階級においては商人のすぐ上に位置していた職人の仕事に依存していた。商人階級は、軽工業のための資本と経営を提供した。職人の技能と規律は、その後の工業国日本の労働者が再現した。

経済変革のもう一つの徴候は、都市の成長であった。徳川時代の日本には、三つの大きな都市があった。

江戸（一八六八年に東京と改名）は、徳川が権力を手に入れたときには小さい村で、徳川幕府の施政の本拠地になった。そこには諸大名が住居をもたせられ、経済活動の主要な中心地となった。一八世紀半ばには約百万と推定される人口をもち、庶民の文化が花開く光景が見られた。大阪は、国の経済の中心地として同様に発展した。京都は八世紀以来天皇のいる首府で、徳川時代の社会の主流から外れていたとは言え、引き続き国の高度な文化の中心であった。

経済の変革はまた、「城下町」の現象を生み出した。各大名は自身の住居兼本拠として城をもっていた。これらの城は統治と行政の中心であったので、経済の中心にもなった。これら三つの都市と城下町は、一九世紀後半に近代化の過程が進むにつれて、社会変革の重要な地域としての役目を果たした。

経済変革が生み出したもう一つのものは、人間とその荷役動物の旅行で混み合う道路の全国にわたる「街道」網であった。これらの道路は、地上輸送のための近代的道路網の前兆を示すものであった。

街道網は、諸大名を統治するための徳川幕府の機構における重要な政略であった〝参勤交代〟と密接に関係していた。簡単にいうと、約二五〇の大名のそれぞれが、自分の封建制度上の地位に相応しい邸宅を江戸に維持し、通常年ごとに自分の領地からそこへ旅をして、約六カ月滞在、自分の領地に帰るときは、人質としてその家族を後に残すことを求められた。この制度は諸大名を常時徳川幕府の監視下に置くと共に、各大名の資金を流出させた。すべての大名は、その地位に相応しい大名行列を組んで旅をしなければならなかったのである。

その政治上の有用性に加えて、この制度は重要な経済的、社会的役割を演じた。行列は大規模で、遠方の領地からのものは、かなりの期間道路を旅した。したがって糧食や宿泊地のような補給面の必要が、街道沿いの地域経済を振興した。毎年の旅には、数千人が関与し、原始的な国内旅行産業と呼べるようなものを創り出した。

参勤交代制度の他に、徳川幕府は旅行許可証を取らせたり、街道に一定の間隔で設置された検問所ないし関所で旅行許可証を提出させて検査したりして、個人の非公式な旅行を厳しく管理した。ある一つの注目すべき例外として、大勢の平民が有名な神社仏閣の巡礼を許された。二世紀半にわたり、公式、非公式双方の旅行は、民族国家の創設のための二つの主要要件である、民族的なアイデンティティーと母国への帰属の確認についての広汎な感覚の醸成という、意図せざる効果を生み出した。

徳川幕府は、自分自身および同盟を組んでいた大名の軍事力の行使により、一七世紀初頭に権力の座に就いたのであるが、約二〇年後には、徳川政権として、権力を狙う相手と戦うために軍事力を使用する必要が二度となかった。この政権の軍事力は、その政治権力の源泉ではあったが、二世紀以上もの間、剣は鞘から抜かれることはなかった。

徳川幕府の権力は、急速に制度化されたので、耐久力があった。憲法が社会を組織し、統治する基本原則を構成するものだとすれば、徳川幕府の統治は憲法に基づいていた。それは、単一の公式文書に記述されたものではない。それは成文化されてはいなかったが、数十年にわたり拡大してきた制度、布告、慣習、および信念に具現され、挑戦されることのない徳川幕府の権力の維持という中心的な目的のためだけに意図されたものであった。それは社会契約ではないし、政治契約でもなかった。武士という社会における一階級の目的、そしてその中でも最も強力な武士の一族、徳川家の目的のためのものであった。

この成文化されていない憲法は、社会の基本原則と慣習を明示することにより、社会を忠実に映していたので、持続したのである。社会を、またその時期の政治権力の布置を表現するものとして、社会の経済的、社会的要求に対応していた。徳川幕府当局が文書として憲法を作成したならば、次の諸点を含めていただろう。

1　天皇——主権の中心、すなわち徳川家の家長に統治の権限を与える最高の権威で、京都に地理的に隔離されており、政治と政府から排除されている。

2　徳川将軍——江戸を本拠に国を統治する権限を天皇より受けている者で、この任務に対する徳川家の世襲による独占的権利の所有者。

3　幕府——徳川家が国を統治し、その一族とその諸問題を律するための官僚機構。

4　大名——徳川の権力と統治に従う約二五〇の封建領主で、権力の座に就く前から徳川家と伝統的に連合関係にあったものと、権力を狙う挑戦者となる可能性のあり得る（何人かは実際に挑戦した）「外様大名」の二種類に分かれる。彼らは自分の領土を統治する権限を与えられており、その管理と参勤交代制度について責任をもつ。

5　階級（地位の降順で）——武器を保有する独占的権利をもち、行政および政治を独占する武士。経済の基盤である米の生産者だが、政治的役割をもたず、封建領地に縛り付けられている農民。政治権力も影響力もないが、消費財を生産する職人。同様に政治的には権力をもたないが、経済的重要性が増大している商人。これらの階級は明確に区別され、それぞれ分離されている。

6　鎖国政策——理由の何かを問わず、日本人が国を離れることの禁止。厳しく管理された少数のオランダ人を除き、外国人の入国の禁止。隣接する中国、朝鮮との限られた関係。キリスト教徒とその宣教師の絶対的な禁止。そして最後に日本人の改宗者が発見されれば、死刑に処すること。

最初の五つの点は、成文化された近代的憲法のいずれもがもつ三つの基本問題、すなわち主権の中心（第一点）、統治の組織（第二、三、四点）、統治者と被統治者の関係（第五点）に関するものである。それが徳川幕府の制度を表象するものであったので、成文化されていないこの憲法は、徳川幕府とその制度の崩壊と共に消滅する運命にあった。しかし、それは有益な機能を果たした。社会の基本法として、新興日本民族国家の新しい社会に必要であった、成文化された明確な憲法のための、地ならしをしたのである。過去のものとなった徳川政権は、やはり封建的なものとして説明できよう。しかし水面下に潜んでいたのは、原型民族国家とも呼べるもので、上述のように国家社会の基本的要素の原始形態をもっていたが、国家として機能するには構造基盤に欠けていた。

民族国家の幕開け

日本の新たな指導者たちが権力を手にしたとき、さまざまな課題に直面したが、その複雑さと同じ程度の簡明さをもって、それらの課題について述べることができる。すなわち欧米の民族国家の構造基盤に類似したものを、日本社会に組み込むことである。そのような構造基盤の主要な要素は、近代的中央集権官僚政府、国の陸軍および海軍、現代の技術と産業（鉄道、機械を使う重工業と軽工業、高速印刷機、電報、そしてその後間もなくの電話など）、技術の基礎としての近代科学の導入、財政と民間金融の新しい制度、そして多数の識字人口の形成と、新しい構造基盤のあらゆる要素を管理、運営する人員の訓練の、双方を目的とする教育制度であった。

徳川時代からの遺産には、これらの要素は何も含まれていなかったが、この構造基盤を建設するのに必要な基礎は確かに提供していた。本書の目的は問題を述べるだけで、その解決について詳細に説明することではない。

権力を握ってから二、三週間内に、新しい指導者たちは心に描いていた目標とする社会への道を明らかにした。その計画は、「五箇条の御誓文」に述べられている。名前は睦仁という一九歳の明治天皇の名義で、御誓文は発布された。この御誓文は、新指導層の中でも比較的下位の人たちが起草したのだが、内容はその上司の見解に基づいたものであった。

御誓文は、マスター・プランとなるには一般的に過ぎるものであった。しかし日本を支配していた指導者たちが、権力だけでは不十分で、政府と国家が幅広い計画の上に築き上げられなければならないことを理解していたことは、その後の成り行きが示している。五箇条は下記のように簡潔なものであった。

広ク会議ヲ興シ万機公論ニ決スヘシ

上下心ヲ一ニシテ盛ニ経綸ヲ行フヘシ

官武一途庶民ニ至ル迄各其志ヲ遂ケ人心ヲシテ倦マサラシメンコトヲ要ス

旧来ノ陋習ヲ破リ天地ノ公道ニ基クヘシ

智識ヲ世界ニ求メ大ニ皇基ヲ振起スヘシ

第一条は、憲法への暗示を含んでいる。「広ク会議ヲ興シ」と「万機公論ニ決スヘシ」は、日本の政府および政治にとって、新しく、異質なものであった。これらは、文書にした憲法に基づかせなければならないのだが、そのこともまた新しく、異質なものであった。

「旧来の陋習」(これまでの悪い慣習)を放棄すること、「経綸」(国の経済、財政政策)を強化すること、公務員や平民を認めること、「世界」に知識を求めること、「皇基」(天皇の統治の基盤)を強化することは、民族国家への移行を開始するに当たって、社会が直面する重大な問題である。日本が民族国家の構造基盤を創設するためのモデルは、欧米にしかなかったので、知識を世界各国に求めることは、そのための唯一の手段であり、決定的に重要であった。

新しい指導者たちは、必要な知識を獲得するために、単純で極めて効果的な計画を採用した。第一に、政治指導者から学生に至るまで、日本人は観察と習得のために欧米に出掛けた。第二に、新政府は、近代的なものを導入するよう、またその使用のために日本人を訓練する目的で、広い範囲にわたり外国の専門家や技師を雇った。

天皇の統治の強化は、反徳川幕府の指導者たちの中心的な政治的関心に、ほとんどさりげないとも言える形で言及したものであった。それは、「尊皇」のスローガンの実行を特筆し、二〇年後に発布される憲法の、天皇主権を予示するものであった。

「御誓文」が発布されてから約六カ月後に、政体書が公布された。それは憲法にあたるものとされるが、用語を構成する三字は、「政府の組織に関する文書」と言い換えることができるが、これは、文字の逐語訳であると共に、政体書の内容を表わすものでもある。注目に値するのは、「御誓文」の五つの条文が、この文書の基礎を成すものとして述べられていることである。政府は、太政官（国務院）を中心に作られる。それは全権をもつ政府の執政部門で、立法権と司法権は認められていたが、独立したものではなく、行政の単なる部門であった。さらに、その官吏は高官も下位の者も、大名階級とその家臣の出身であった。多くの修正を経はしたが、太政官は、一八八五年に内閣制度が確立されるまで、事実上の政府であった。

封建主義の古い秩序から国家の新しい秩序への移行は、太政官の下で始まった。一八八〇年代とその前後二、三年は、日本の長い歴史の中でも他に例を見ない時代であった。明治維新については、日本語、外国語の双方で無数の本が書かれている。

一八六八年の政体書の発布から、一八八一年に明治憲法の起草につながる過程が始まるまでに、いくつかの重要な事態の進展があった。大名が支配していた領地の廃止、七世紀にわたって日本を支配した武士階級を含む四階級の廃止、中央集権的官僚政治の創設、国の陸軍と海軍の創設、近代科学と関連技術の導入、日本型資本主義の出現、国の法律、司法制度の創設、鉄道網と商船隊の幕開け、印刷メディア（新聞、雑誌、書籍の出版）の発展、そして世界貿易の枠組への参入の開始である。新しい種類の衣服、食品、文学、思想、芸術のような関連事象もこれに加わった。これらはまさに、多くの欧米文明の表面的な発現である。

憲法は、政治の基盤となる成文法である。日本の社会は、前述のとおり抜本的な変革を経験したのだが、一八八〇年になっても憲法がなかった。成文憲法のための時期は熟し、一八八一年一〇月一二日明治天皇は、一八九〇年に国会を創設することを命ずる詔勅を発布した。憲法については触れられていなかったが、日本の歴史上前例のないそのような国会が創設されるのであれば、その基礎となる憲法が必要なのは明らかであった。しかし憲法はまた、三つのもっと切実な理由からも必要であった。すなわち新興民族国家の複雑性、秩序と安定の必要性、そして日本は憲法を備えて民族国家になり、したがって有力な欧米諸国と同じ地位で扱われるに値することを示すシグナルを、欧米に対して出すことである。そしてまたこのことは、権力を握って以来日本の指導者たちが、その達成を渇望していた不平等条約の終焉をもたらすだろうと思われた。

新憲法の起草の過程では、最高の秘密を確保し、憲法作成の可能性が明らかになったので湧き上がってきた世間の論議を最小に抑えるように計画が立てられた。この過程における重要な要素は、伊藤博文伯爵（その後公爵）を、この作業を担当する者として任命することであった。彼は反徳川幕府運動において重要な役割を演じ、一八八一年には政治、行政の両分野での中心的存在となっていた。

一九〇五年に書かれた英文の回想録で、伊藤は自分がした仕事につき、下記のように簡潔に説明している（第I部参考文献目録参照）。

明治十五年（一千八百八十二年）三月陛下余に命じ給ふに、憲法草案の起稿を以てせらる。余乃ち大命を拝し、直ちに其事に従ふ。因て泰西立憲制度の実際の運用及び其憲法上の種々の規定並に立憲国における有力なる人士の実際懐抱せる学理及び意見に関し、でき得る限り周到の研究を遂げんが為、同月十五日を以て我国を発し、泰西に向へり。而して当時余は共に研究をなすの便を図り、国中の少壮俊才を伴ひ、倶に欧州に留まること殆ど一年有半なりき。此短日月においてでき得る限り必要の材料を蒐集し、二十一年（一千八百八十八年）九月帰朝し、其後直に憲法の起草に従事せり。当時余を輔くるの書記官数多ありしが、其最も著しき者を故子爵井上毅、伊東、金子の両男爵となす。外国人は則ち博士ロエスレル（Roessler）……其他数名なり。

この説明からは、伊藤が欧米の民主主義諸国ないしそれらの憲法を調べたわけではないという事実を含め、いくつかの点が省かれている。また、ロエスレル教授と同様にドイツ君主制憲法の専門家であった、アルベルト・モッセ（Albert Mosse）教授についても言及されていない。伊藤は、起草者たちが秘密裏に作業をしたこと、あるいは新聞に出た複数の憲法草案が無視された事実についても述べていない。

一八八五年初頭、天皇への最高諮問機関として、枢密院が創設された。その最初の仕事は、起草された憲法を検討し、承認することであった。最初の議長が伊藤自身であったので、承認は確実であった。

明治憲法

日本の最初の憲法（付録参照）は、一八八九年二月一一日国の内外に明らかにされた。その日、多くの日本人、外国人の高官を前にした荘厳な儀式において、下賜品として明治天皇から臣民に授けられた。日取りは、日本の建国記念日（紀元節）と関連付けるよう、入念に選ばれた。日本の神話（第二次大戦が終わるまでは、公式に歴史として扱われていた）によれば、長い皇統（明治天皇はその一二二代目に当たる）の初代として、神武天皇が西紀前六六〇年に当たる年に即位したのが、二月一一日（旧暦の二番目の月で一一番目の日）であった。

憲法は目玉的存在であり、天から降臨した君主によって、優雅に国民に対して授けられたことを強調するように考えて作成された一連の諸宣言、諸文書を伴っていた。皇居の祭壇における『告文』、「憲法発布勅語」、「皇室典範」、「貴族院令」、「議院（帝国議会）法」、「衆議院議員選挙法」および「会計法」がそれである。「会計法」を除いてこの一揃いは、天皇神話の形で新たな国家政治のための基盤を提供した。こうして、封建国家から民族国家への移行は完了した。

「告文」では、「統治の古代からの形態」、すなわち「皇祖」による皇統の支配が維持され、「衰退しないよう保持される」ことが保証された。それはまた、新しい基本法が、「わが国の皇孫が進むべき道のための指針をもち……またわが臣民たちが「天皇」を翼賛することで、一層広い範囲にわたる行動を享受し、われらの法の遵守が遠い先の時代まで続く」ように、「わが国の衆議院の創設者である天皇およびその他の皇祖によって残された指示に、明快さと鮮明度を与えるように策定されている」ことを述べている。

「勅語」は臣民の果す任務に向けられていて、臣民は天皇の御意思により導かれ、天皇の努力に共鳴し、国内外で国の「栄光が示される」よう協力し、「『皇祖』により『天皇』に残された仕事の安定が永遠に」確保されるよう説かれていた。

序言では、「『天皇』の子孫と『天皇』の臣民が、永遠にそれに従うよう」命じている。また、皇位の在位者だけが、改正を考え出すことができるとも述べている。

告文、勅語および序言の意味はまったく明確であった。すなわち新文書の観念的基盤が、外国の影響に汚されていない、純粋に日本的なものであること、国民は意欲的で、疑問を抱かない臣民であるべきこと、そして天皇からの下賜物である憲法を改竄してはならないことである。

「皇室典範」の第一条は、単に、「『日本の皇位』は、『男系の皇統』中の男子の子孫により継承される（大日本国皇位ハ祖宗ノ皇統ニシテ男系ノ男子之ヲ継承ス）」と述べている。残余の五五条は、皇族とその統治に関する詳細を対象としている。

「貴族院令」は、主としてその構成を扱っている。皇族、その地位によって選ばれた公爵と侯爵、伯爵、子爵と男爵、「国家への貢献あるいは学識」のために特に勅命を受けた人たち、そして最高額納税者たちにより、その中から選出され、天皇に指名された各市、県からの各一名が、主権者とその憲法の支持に専心する、極めて保守的な機関を構成していた。

「議院法」および「衆議院」のための選挙法が扱っているのは、最も革新的で、欧米の例から着想を得た機関である。「帝国議会」の憲政的役割については、後に検討する。「会計法」は国家財政を扱う点で、官僚制度に関する基本的な重要性をもっていたが、憲法との関連においては二次的な重要性しかもっていなかった。

すべての補完的な宣言や文書は、この新しい基本法を入念に調整して提示するのに不可欠なものであった。これらの組み合わせは、欧州での政治形態としては普通のものである絶対君主制を形作っていたが、当時の民主主義国家の特徴を著しく欠いていた。

天皇主権の概念

日本の近代憲法を理解する鍵は、天皇主権の概念である。この憲法は、その在位（一八六七〜一九一二年）

中にそれが発布された明治天皇に由来して、明治憲法と呼ばれる。しかし天皇主権の概念は、皇位を占める者としての天皇が演じた役割の、長い歴史から出てきている。

日本で最初の歴史書は、西紀七一二年に当たる日付をもつ『古事記』である。『古事記』は、歴史を仮装する神話と、西紀六五〇年頃よりの歴史の進行を事実に即して記述したと思われるものの混合である。歴史の記述は、勢力のある部族間の権力闘争を扱っているが、皇族として認められる部族（姓はない）が勝者となったとしている。『古事記』を編纂した明白な動機の一つは、そのとき知られていたように、その部族の日本の支配者としての正当性を確立するためであった。その正当性の基礎は、その部族が神聖な血統をもつと伝えられることにあった。

『古事記』の神話によれば、神が槍を海に突っ込み、槍の先から土が滴り落ちていくつかの島となることにより、日本のいくつかの島が創造された。その後、「太陽女神である天照人神」が第一代の神武天皇を世に送り、神武天皇が皇族の基礎を固めて、西紀前六六〇年に当たる日に天皇として即位した。このように国土もその支配者も、神に由来していた。

『古事記』が書かれてから四世紀の間、この国は、代々の天皇とその朝廷が支配した。天皇は、世俗的な統治者と高位の聖職者の双方としての機能を果たし、その血統により、神聖な先祖と対話する力をもち、それら先祖が、天皇を通じて国民の運命を支配した。

一二世紀の初め頃、朝廷は、その権力の衰退と武士階級という強力な新勢力が社会に現れたことにより、政治的支配力を失った。しかし政治的に特異な進展が見られた。すなわち天皇とその廷臣は、政治的には権力がなく、政治の運営にはまったく何の役割も演じなかったのだが、政治制度として存続したのである。強力な武家が権力を握ったとき、天皇とその廷臣を排除して、彼ら自身の支配王朝を創設するのが当然で自然に思われるだろう。だが、そうはならなかったのである。

その後七世紀にわたり、武家が次々に日本を支配したが、それ以外の点では権力がなかった天皇が、公式にはすべての支配権を彼らに授与した。この奇妙な状況についての唯一の妥当な説明は、神話の力、すなわち皇統の神聖な血統にある。換言すれば、武家支配者である歴代の将軍にとって、政治的優位性を享受するものに正当な支配権を授与する、至高の権力の神聖な根源としての天皇を温存することは、その利益に役立ったのである。

単一の帝国王朝は、中国で次々に帝国王朝が変わったことと著しい対照を成すが、中国ではある皇帝の血統から別の皇帝の血統への権力の移転を説明し正当化するために、天命の理論を作り上げた。何世紀か後欧州に出現した王の神聖な権利もこれとは異なっていた。その下では、人間の経験からはるかにかけ離れた霊である「至高の存在」が、支配権の根源であった。日本では、その根源が人間の形をした神であったのである。

憲法の起草者と欧州の顧問が、憲法を天皇主権の基礎の上に構築したのは、当然であったとしか言えない。起草者の小さな集団は、彼らのルーツが昔の武士階級にあり、徳川幕府反対派連合で活躍し、一八七〇年代の政治の内部抗争で勝者側にいたので、その地位を保持していたのである。この事情が意味したところは、彼らが「尊皇」陣営にいて、そのために新たに獲得した権力と新憲法を、天皇制の基礎の上に据えたい気持ちを元々もっていたことである。そして彼らの欧州の顧問は、当時流行していた専制君主制の憲法を専門にしていた学者たちであったのである。

明治憲法の第一条には、「大日本帝国は万世一系の天皇がこれを統治する（大日本帝国ハ万世一系ノ天皇之ヲ統治ス）」と書かれている。その発布後程なく発行された権威ある解説の中で、伊藤は、本条の重要性を強調している。

本条首（はじ）めに立国の大義を掲げ、我が日本帝国は一系の皇統と相依て終始し、古今永遠に亙り、一ありて、二なく、常ありて変なきことを示し、以って君民の関係を万世に昭（あきら）かにす。統治は大位に居り、大権を統べて国土及臣民を治むるなり。

第三条では、天皇は「神聖にして侵すべからず（天皇ハ神聖ニシテ侵スヘカラス）」と大胆に述べている。伊藤は、天皇に対して不敬を示してはならないことだけでなく、天皇を「その権威を傷つけるようなコメントや議論の話題としては」いけないことを宣言している。この点は、その後天皇を取り囲んだ畏敬と崇拝を予示していた。

第四条は、天皇を現実の政治の世界に引き入れている。天皇が、「国の元首で、『自分自身』のうちに主権に関わる諸権利を兼ね備え、この『憲法』によってそれらを行使する（天皇ハ国ノ元首ニシテ統治権ヲ総攬シ此ノ憲法ノ条規ニ依リ之ヲ行フ）」と述べている。最後の部分は、制限を仄めかしているが、この憲法が臣民に対する天皇の恩恵に満ちた下賜物であるので、どんな制限も自己制限でしかないことを忘れてはならない。

第一章のその他の主要条文は、天皇が立法権と行政権（これは司法権を含む）の双方をもつことを明らかにしている。また、憲法には、天皇が陸軍と海軍の総司令官で、宣戦を布告し、講和し、条約を締結する権限をもつことが明記されている。

したがって第一章では、天皇の主権が立法権と行政権を含み、司法権は後者に属することが明らかにされている。権力の分離はなかったし、行き過ぎを抑えて均衡を取る仕組もなく、行政、立法、司法の三つの面をもった、単一の統一された権力があるだけであった。その後、一九二〇年代に民主主義に向けての一時的で短命な動きがあったが、基本的な憲法の枠組は、不変のままであった。

明治憲法時代の三人の天皇

ここで、一八八九年から一九四七年までの、明治憲法存続期間中の、皇位と在位者の役割を検討する。この憲法の下で、三人の天皇が君臨した。すなわち一八六七年から一九一二年までの明治天皇、睦仁、一九一二年から一九二五年までの大正天皇、嘉仁、そして一九二六年から一九四七年までの昭和天皇、裕仁（一九四七年にその役割は新憲法の下でまったく変わった）である（睦仁、嘉仁および裕仁は個人の名前で、明治、大正および、昭和は、死後に与えられた在位名である）。

明治憲法の下では、天皇の役割は明確で、日本国民に理解され、受け入れられており、国民から異議を申し立てられることはなかった。同時に、それは外部の世界にとっては不明確で、誤解され、受け入れられず、そして異議が申し立てられた。日本ではそれは何十世紀もの歴史に基づいており、二〇世紀の前半には国の理念の中心的な要素となって、おしまいには超国家主義へと進んだ。外部の世界では、裕仁は日本の超国家主義と侵略を、世界の舞台において象徴するものであった。

二一世紀の幕開けの今、日本の見方か、外国の見方か、どちらが「正しい」のか、すなわちどちらが歴史の判定に近いのかを決めることは、不可能ではないにせよ、難しい。以下は、前例のない取り組み方である。最初に、これら三人の天皇が「そうでなかった」ものに注目するのも、役に立つかも知れない。どれもが、王でも、皇帝（欧米で理解されている言葉で）でも、大統領、独裁者、カリスマ的人物、政治家、最高行政官、あるいは誇大妄想者でもなかった。どの天皇も、シーザー、ナポレオン、ルーズベルト、チャーチル、スターリン、ないしは毛沢東ではなかった。これらの天皇がそうでなかったものについての記述は、これら三人の天皇の地位と経歴に関して知られている事実に基づいている。

一方、三人の天皇は立憲君主で、神聖とされている先祖からの長い血統の後裔であり、国の宗教の高位聖職者であった。また、その臣民の畏怖と敬意の対象（特に裕仁）であり、政治的には権力がなく、この国の日常生活との意味のある接触からは隔絶されていた。

天皇制を理解することの難しさを増幅しているのは、それが真剣に研究されなかったことである。日本側では、伊藤が述べているように、天皇が憲法上占める地位について、狭い限界を超えた真剣な議論は起こらなかった。公式の検閲と民間の超国家主義的テロ行為のために、厳格な正統主義から離れることは、難しいと共に危険であった。日本の状況を考えると、天皇制あるいは三人の皇位在位者のいずれについても、外国の研究がなかったことは驚くに当たらない。

明治天皇の在位期間は、疑いなく日本の長い歴史の中で二番目に波乱に富んだもので、その孫である裕仁の在位期間だけがそれを凌いでいる。その四五年の在位の間（一八六七～一九一二年）、明治天皇は、徳川幕府の崩壊、民族国家としての日本の登場、国の最初の成文憲法の発布、中国との最初の戦争（一八九四～一八九五年）とロシア帝国との戦争（一九〇四～一九〇五年）での勝利、そして不平等条約体制からの日本の解放を経験した。明治天皇は大事も小事も含め、国家の問題に大きな個人的興味をもったと言われる。彼の名前は、在位中の大きな発展のすべてに結び付けられるが、彼の役割は概して、興味をもつ観察者のものであったと思われる。

大正天皇（一九一二～一九二六年）は、知的能力に障害があったことが分かっている。彼が歴史上に残した唯一の足跡は、後に簡単に検討する、〝大正デモクラシー〟という言葉に彼の在位名が使われていることである。

昭和天皇の在位は、年数において他に大きく差をつけて最長であり、一二三人の皇位前任者の連続した歴史の中でも、最も重要なものである。その六四年の在位期間中、世界の大国の立憲君主であり、日本国の宗教においては人間の形をした神であり、そして二、三年の短い間ではあったが、世界の（そしてアジアの）大帝国の一つを作り上げた、軍隊の名目上の総司令官であった。その後その無条件降伏によって、日本の唯一の敗戦と、帝国の終焉を記録に残した。彼はその神話的な神性を放棄し、明治憲法を終わらせ、現在の民主主義憲法を創設した憲法の改正を承認した。彼は戦犯としての告発を免れ、国民が前例のない経済的福祉を享受し、戦争への関与を免れるのを目のあたりにした。自叙伝を書いたとしたら、二〇世紀の最も興味深いものの一つとなったろう。多分周囲の廷臣の秘密を守るために、またひょっとすると自身に文才がなかったために、自叙伝は書かれないままに終わった。

第二次世界大戦の終わりに、「連合国」は、裕仁を戦犯として告発し、裁判にかけることについて長い間話し合った。告発されなかった理由については、疑問を払拭するほどには明確にされなかったが、米国政府とマッカーサー元帥が彼を庇ったことは論議の対象となった。

彼が告発されていれば、弁護の議論の内容を知るのは興味があっただろう。例えば、天皇は憲法上の主権をもつ者で、国の首長であった。しかし憲法の主たる起草者であり、権威ある解釈者である伊藤は、天皇が国の大臣の意見によってしか行動しないので、実際には形式的な承認者であることを明確にしている。さらに、天皇は出自の理由だけで皇位に就いているのであり、選出されたわけでも、任命されたわけでもなく、個人の選択によって、ないしは自発的に在位しているわけでもない。こうして、このような議論の結論は、天皇が名目上のリーダーであったに過ぎないというものであったかも知れない。換言すれば、自分自身が意味のある影響力をもたず、他の人がした決定を裁可したことに対して、天皇の犯罪責任を問うことができるだろうか。このような議論ができたかどうかは、決して知られることがないであろう。

戦争が終わったばかりで未だ熱が冷めない間に、このような種類の弁護がなされたとしても、有罪判決が回避された可能性は極めて低かっただろう。しかしそうであったとしても、天皇制、そして特に裕仁についての理解に貢献したであろう証拠が、提出されたかも知れない。

皇位とその在位者の役割について正確に理解されることがあるとすれば、そのためには宮内庁が文書保管所を開いて、正確に天皇がどのように政治に関与したかについて明らかにする文書を公開しなければならない。指摘してきたように、天皇が憲法上は絶対君主であったことは分かっている。しかし高度の政府の政策を作成するのに積極的に関与したことがあるのか、天皇による裁可のために何が提出されたのか、それらは最終案であったのか、そうであったとしたら、天皇が変更を提案し、それが受け入れられたことはあるのか、それとも自分の前に出された文書に、天皇の印を捺すことだけが期待されていたのか、などというような疑問に対する答えはない。

明治憲法の期間中における民族国家日本のイデオロギーとして天皇制を見ることは、それを天皇崇拝と考えることについての曖昧さを払拭するかも知れず、それはそれでまったくの間違いではなかっただろうが、事象の説明として完全に満足の行くものでもない。このような言葉の中には、何か神秘的で独特なものがあり、熱狂的愛国者としては、外国人にそう見て貰いたかっただろう。しかしそれはその事象を、標準的な欧米の政治に関する理解の範囲から外すものでもあった。

天皇制をイデオロギーと定義することは、民主主義、社会主義、マルクス主義、毛沢東主義、ナチズムそして全体主義などお馴染みのイデオロギーの分野に、天皇制を置くことになる。程度の差はいろいろあっても、天皇制は他のイデオロギーと同じ特徴をいくつかもっていた。それは社会の基本的な価値観を表現するものであったし、その社会の人々はそれを守るために進んで死んで行った。また、他のイデオロギーを恐れ、それらよりも優れたものだと思っていたし、競合するイデオロギーの導入を許さなかった。一般的に言ってそれは、神秘的で独特な日本の異常な特性としてではなく、一般的な二〇世紀の政治事象の現れとして見るべきものである。しかしもう一度言うが、二〇世紀初頭の日本を研究する将来の歴史家が、天皇制に関する詳細で信用できる説明を書くとすれば、宮内庁の文書保管所にある資料を、見せて貰う必要がある。

国民の役割

明治憲法の第二章、「臣民権利義務」は、新憲法下の国民（臣民）の役割を扱っている。この表題は、日本の封建時代から近代への移行に伴って起こった広汎な変革を象徴している。個人の権利は新しい異質な概念であった。この章に述べられた個々の特定の義務ではないとしても、義務の観念は、何世紀もの歴史をもつ封建制度の中心的なものであった。ここにもまた、欧米の形式、日本の精神という、近代化のお馴染みのテーマがあった。

権利のリストは大したものである。法律に基づくもの以外の逮捕、拘留ないしは処罰の禁止、同意なしの家宅への立入と捜索の禁止、通信の秘密保持の権利、請願と財産に関する権利、信教、著作、公の会合、出版そして結社の自由などである。しかし一つ基本的な問題は、これら権利が列挙はされたが、憲法で保障されていなかったことである。

権利についてのこの致命的な制限は、単純だが、基本的なものであった。財産権を除いて、すべての権利は、〝法律に従って〟というような言葉、また「法律の範囲内で」、「法律で規定されている場合を除き」そして「安寧と秩序を妨げず、臣民としての義務に反しない範囲で」など、市民法をもつ国家では普通である言葉によって制限されていた。このことは、憲法による手続でしかるべく制定された法律で、列挙された諸権利を停止することができると規定することにより、法律を憲法に優先させた。この手続は、当時の欧州におけるいくつかの憲法と、それほど異なるものではなかったが、日本独裁主義のその後の進展にとって、重要であったことが明らかとなった。

新たに授与された権利に対する制限は、天皇主権の原則に沿ったものであった。帝国議会が制定した諸法は、天皇主権の立法面の現れに過ぎなかった。主権者が与えた権利は、主権者が取り下げることができた。

伊藤は熱心に臣民の権利を賛美したが、政治の基本原則としてではなかった。そのような諸権利は、憲法という名の恩恵に満ちた下賜物の一部に過ぎなかった。しかしそれらは憲法そのものと同様、先進欧米諸国のものと同水準にあると考えられるに値する基本法、すなわち近代憲法を日本がもっていたことの証であった。基本的諸権利の保障の欠如は、予想されたことであった。日本には、そのような権利の歴史がなかった。徳川幕府崩壊の危機は、権利の問題を軸とするものではなかった。起草過程を巡る秘密保持により、権利の保障に関する公開討論は行われなかったし、同時に起草者たちはその問題を思うように扱うことができた。

憲法に記載された義務は、健全な男子のすべての兵役義務と納税義務の二つだけである。その解説の中で伊藤は、「一国雄武の風を保持して将来に失墜せしめざらむことを期する」目的で、「国の生存独立及光栄を護る」のは、すべての男子の義務であると断じている。すべての男子の徴兵制度は、現代の諸憲法には普通入っていないが、日本の基本法にそれがあったことは、日本の軍国主義の具体的な表明という国家政策の手段として、その後戦争が進展する際の重要な要素であった。

伊藤は、「国家の本分と其の目的とにおいて欠くべからざるの費用あるに従ひ、国の分子たる臣民は之を供納せざるべからず」なのだから、税金の支払いを帝国臣民の「純然たる義務」と呼んだ。これは、どの国でも同じだが、しかし天皇は国家であったので、日本では特別の響きをもっている。天皇の臣民にとって、税金を支払うことは、「政府の職務に酬ゆるの代価に非ず」と伊藤は断じている。

ひ弱な立法府、強力な閣僚、受身の顧問連

新憲法下の日本にとって、権利の保障ではないけれども、権利の認識が革新であったならば、「五箇条の

御誓文」により「広く召集された議会」である「帝国議会」も同じであった。起草者たちは注意を払って、この欧米の政治制度が、新しい政治秩序を混乱させる（彼らの見方で）ような影響力をもたないように規定した。それは、上院である「貴族院」と下院である「衆議院」から成る、二院制の機関として創立された。

憲法は、「貴族院」が皇族、いろいろな地位の華族と勅命による人たちから成ると宣言した。「貴族院令」は、成年の皇族、その地位によって選出された公爵と侯爵、伯爵、子爵そして男爵、また国家に対しての勲功や学識のために勅命を受けた人たちが議員になると、詳細に規定している。前述のように、選挙によってではなく、生まれによるか、国家に対する勲功（学識を含む）により、上院に入ることができたのである。議員数の定員はなかった。

したがって「貴族院」は明らかに、保守的な機関として考えられていた。伊藤の言葉によれば、「政党の偏張を制し、横議の傾勢をささへ、憲法の鞏固を扶け、上下調和の機関」としてそれは創設された。被統治者が和の維持のために発言権をもたないことについては、指摘していない。

憲法は、「衆議院」議員は国民が選出すると規定している。しかし下院議員の選挙に関する法律は、「国民」が経済的エリートに限られると規定している。投票者と候補者が男性で、その当時ではかなりの金額である、最低一五円の直接国税を払った者でなければならなかった。これで、下院議員もまた、保守的となる可能性が高いことが保証された。

伊藤は、「帝国議会」が国の政治に限定的な役割しかもたないことを明確にした。彼はそれを、「衆議院の議員は総て皆全国の衆民を代表する者たり」としてのみ定義している。さらに具体的には、「立法に参する者にして主権を分つ者に非ず。法を議するの権ありて法を定むるの権なし。而して議会の参賛は憲法の正条において付与する所の範囲に止まり、無限の権あるに非ざるなり」と定義している。

憲法の第六七条は、財布の紐に対する支配権を「国会」から奪うことにより、「国会」には政治を支配する力がないことを明言している。「憲法上の天皇の大権に基いた既定の歳出、および法律の結果によるか、または法律上政府の義務に属する歳出は、政府の同意なしに帝国議会が廃除したり、削減したりすることはできない（憲法上ノ大権ニ基ツケル既定ノ歳出及法律ノ結果ニ由リ又ハ法律上政府ノ義務ニ属スル歳出ハ政府ノ同意ナクシテ帝国議会之ヲ廃除シ又ハ削減スルコトヲ得ス）」。明治の政治制度の初期においては、〝合意〟が留保する能力を含むように定義する試みがなされたが、その努力は政治の場に留まり、立法府に対する憲法上の制限を修正する試みには程遠かった。

伊藤は、請願を受けること、政治について質問し、説明を求めること、天皇に上奏すること、そして財政の管理を左右することという四つの立法権を挙げた。四番目だけが、権力に似たようなものを示唆している。第三八条は、両院が立法を発議するという付加的な権利をもつと述べているが、本条も伊藤の解説も発議の手続の詳細を規定していない。伊藤は両院に法案に関する政府への建議の権利を与えた第四〇条を解説して、議員の権能に関する自身の態度を明らかにしている。

但し、議院自ら多数に依頼して法律の条項を制定するは往々議事遷延と成条の疎漏にして首尾完整ならざるとの弊を免れず。寧ろ政府の委員の練熟なるに委任するの愈（まさ）れるに若かず。

このようにして、憲法の条項も、その主たる起草者の解説も、この強力になる可能性のある機関につき、大きな役割が将来作り上げられることに対して、有効な障壁を構成していた。

第五章に基づく司法権は、「天皇の名に於て、法律に依り」、裁判所が行使する。したがって裁判所は、統一的な天皇主権の司法面であり、天皇の権限における他の二つの面、すなわち全権をもつ行政権と制限を受けた立法権に、干渉することはできない。米国憲法と同様、行政行為および立法行為の合憲性を、司法官が検討できるようにする憲法上の規定はない。さらに、イタリア、フランス、ドイツと同様、司法制度の管理は、行政機関である法務省の担当である。

行政府の役割は、第四章に記載されているが、国務大臣に充てた条文と、「枢密顧問」に充てた別の条文という、二つの短い条文しかない。このように全権をもつ帝国政府の行政面は、軽く扱われている。

第五五条の第一項には、「各『国務大臣』は『天皇』に助言し、それについて責任をもつ（国務各大臣ハ天皇ヲ輔弼シ其ノ責ニ任ス）」としか書かれていない。第二項は、「すべての国務に関する如何なる種類の『勅令』と『詔勅』」にも、国務大臣一人の副署が必要であるとしか述べていない（凡テ法律勅令其ノ他国務ニ関ル詔勅ハ国務大臣ノ副署ヲ要ス）。本条には、主国務大臣（普通は総理大臣として言及される地位のための伊藤の用語）と各国務大臣の任命、その任期、指名、資格、そして職務からの解任のような事項については何も書かれていない。これらの事項は、すべての文武官の任免についての天皇の主権に関する、第一〇条の一般規定の対象となっている。内閣については述べられていないが、内閣制度は一八八五年に創設された。

憲法には、責任の性質という重要事項も書かれていない。しかし伊藤は、その考え方を明確にするために、長い手間をかけており、以下のような点を挙げている。

第一、臣は其の固有職務なる輔弼の責に任ず。而して君主に代り責に任ずるに非ざるなり。
第二、大臣は君主に対し直接に責任を負ひ、又人民に対し間接に責任を負ふ者なり。
第三、大臣の責を裁判する者は君主にして人民に非ざるなり。何となれば、君主は国の主権を有すればなり。
第四、大臣の責任は政務上の責にして、刑事及民事の責と相関渉することなく、又相抵触し及乗除することなかるべきなり。

彼はまた、各大臣は彼らの管轄下の事項だけに責任をもち、共同責任のようなものはなく、主国務大臣は、各大臣を支配しないと指摘している。

国務大臣とその責任に関する詳細が憲法に書かれていないことは、行政権限の拡大のためにできるだけ広い自由度を作ろうとする意図があったと、推測しても間違いはないだろう。まさにそうなったのだが、それは日本を支配することになった官憲主義の中心に、行政権力の集中が置かれたからである。

「枢密院」を対象とする第五六条では、「(枢密顧問が)天皇から相談を受けたときは、国の重要事項を審議する」とだけ規定されている。枢密院は一八八八年に創設され、その最初の仕事は憲法発布の前に、その草案を検討することであった。それは、勅令によって創設された。「枢密院」は、議長、副議長、事務長、何人かの書記官そして一二人以上の枢密顧問から成ることになっていた。それは審議をして、憲法とそれに属する諸法規の解釈、予算またはその他の財政上の事項、憲法あるいはそれに属する諸法の改正点、重要な諸勅令、新しい諸法の草案と既存諸法律の廃止ないし改正、外国との諸条約、行政機関の計画、その他重要事項に関するその意見を、天皇に提出することになっていた。それは天皇に対する最高の諮問機関であったが、「行政に干渉してはならなかった」。

勅令に述べられていた任命されるための唯一の資格は、候補者が四〇歳以上でなければならないことであった。しかしそれほど天皇に近い地位におけるそのような重要職位のためには、顧問は高い社会階級出身の人か、国事に極めて熟達した人でなければならなかった。「枢密院」は、「帝国議会」または政府の事務所、ないしは天皇の臣民から請願、具申、あるいはその他の通信を受けることを禁じられていた。その唯一の公式の関係は、内閣とその国務大臣に対するもので、一般市民と公式に通信したり、関係をもったりすること は禁じられていた。そのような制限は、天皇と近い関係にあるのにも拘らず、「枢密院」が公式にまた政治的に権限がなく、天皇へのその助言も実際には、天皇主権の行政面である国務大臣によって、綿密に作られていたことを意味していた。すべての国務大臣は、その職務により、「枢密院」の構成員であったので、天皇へ提出しようと大臣が提案したことに、「枢密院」が反対することはほとんどなかった。

このように、明治憲法は絶対君主を創設し、主権は政治的指導者あるいは実際の国の首長としてではなく、国家を統治するための究極の権威が由来する源である、神聖な継承皇統の人間としての現れとしての天皇にあった。国家組織の行政、司法、立法機構は、天皇から与えられた正当な権力の下で国家を統治するよう、憲法で考えられていた。

伊藤、その同僚の起草者たち、そしてその欧州の学術的顧問たちは、初期の民族国家のため、基本法の作成の仕事を見事に行った。天皇主権は歴史的な基盤で、政治の機構は革新的であり、外国にその発想を得ていて、複雑であった。それでもなお、この憲法はこれら二つを上手く融合させた。彼らの成功の秘密は、封建的な徳川幕府と近代的国家制度という、二つの構造的に非常に異なる制度の基礎にあった。昔の消滅した制度の下で、主権者である天皇は、徳川将軍とその幕府に統治権を授けた。新しい明治憲法制度の下で、主権者である天皇は、変革と発展の過程にある社会を導くことができる技能をもった、一連の個人とその支援者たちに統治権を授けた。

基本法としての明治憲法は、一九八〇年代に近代的民族国家になるため、また世界の舞台で主役になるために、しっかりと準備を終えていた日本にとっての確固とした基盤であった。しかし重大な時期である一九世紀後半を通じて日本を導いた指導者たちは、その仕事が二〇世紀前半の軍国主義と官憲主義に直接つながっていくことを知る術はなかった。

明治憲法と大正デモクラシー

明治憲法の下での官憲主義の進展は、未だたどったことのない道、すなわち立憲民主主義についての論争を引き起こす。民主主義の思想は、徳川幕府の崩壊に続く「西洋思想」の波と共に日本に流入し、一八七〇年代の人民の権利を求める運動と最初の政党の設立につながっていった。これまでに見てきたように、日本版変形民主主義と言えるかも知れないものへ向けた、これら初期の試験的な歩みは、明治憲法の成立にはほとんど影響を及ぼさなかった。とは言え、一九二〇年代までには、政党政治家であった最初の何人かの総理大臣を生み出す点まで、政党は発展した。またこの一〇年間に、政治への軍部の影響は一時的に中だるみを見せ、男子普通選挙権が確立した。このような事態の進展は、民主的秩序を約束する指標として、日本の内外で認められ、大正天皇の在位名によって、大正デモクラシーと呼ばれた。

この期待は短命に終わった。それはすぐに、軍部からの圧倒的な反動を招いた。一九二二年にワシントンで署名された「海軍軍縮条約」に政府が同意したとき、海軍の将官たちは不満を表明した。この条約は、海軍の拡大を制限し、他の二つの海軍大国、英国と米国より劣る地位に日本を引き下げ、消滅した不平等条約の不愉快な記憶を呼び起こした。陸軍の将官たちは、政府の抑制の試みに逆らって「満州事変」を企み、それが満州を日本の支配下に置くと同時に、中国との一四年にわたる戦争の発端となるに至った。将官たちはいわゆる青年将校たちの支持を巧みに得たが、これら将校たちは文官の指導者たちの暗殺と脅しという手段に訴えた。

これらの行動は大正デモクラシーを終わらせただけでなく、軍国主義と官憲主義の「暗い谷間」と呼ばれた状況に日本を導いた。政治の手段として暴力を用いた青年将校たちは、政治機構を支配はせず、既存の憲法による秩序を転覆させもしなかった。政府打倒の企てによる謀反どころか、彼らは反逆と暗殺に対して彼らを裁く法廷で、憲法上の義務に違反して不適切な助言をする罪を犯した官吏を抹殺することによって、天皇とその政府を守ろうとしたのだと論じた。彼らの見方では、暗殺者たちは憲法による秩序を破壊しようとしたのでなく、守ろうとしたのであった。

ここに述べた事件は、大正デモクラシーの失敗の説明として受け入れられている。大きく見過ごされていたのは、一九二〇年代の民主主義への歩みが、憲法による天皇主権への挑戦を口に出せなかったところに、民主主義の破壊の種が内包されていたために、最初から失敗する運命にあったことである。民主主義はその定義によって主権を人民に与えるので、天皇主権とは相容れない。望みの薄い民主主義がたとえ実現したとしても、これらの矛盾の調和を解決しなければならなかっただろう。そのような試みは、不可能であったのである。

民主主義に向けた否定できない一歩である男子普通選挙権が、法律によって確立された一九二五年には、一八七〇年代に遡る一連の「治安維持」法のうちの一番新しいものが、同時に議会を通過していた。治安維持法はすべて、政治的自由に制限を課すものである。それは、国体（明治憲法体制ではそう呼ばれる）または私有財産制度のいずれかを変えようとする試みは、犯罪であると規定している。その後すぐに改正により死刑が加えられたが、それが科されたことはない。この法律は憲法の規定に沿ったものであったので、主権者たる天皇の裁可を得た。すなわちそれは担当の国務大臣が起草し、「枢密院」に提出されて承認され、「帝国議会」の同意を受け、天皇の裁可が与えられて発布された。男子普通選挙権を認める法案は同じ手続を経たが、「治安維持法」により、男子の選挙権が帝国憲法による秩序の聖域を侵すことはないことが保証された。

明治憲法は、日本版の近代的民族国家における民主主義的秩序の拡大にとって、克服しがたい障壁であった。しかしその基礎を成す天皇主権は、一時的で、幻の、短命で、失敗に終わった民主主義への流れの先へ、日本が進んで行けなかった理由の、推測的な検討の出発点を提供する。

これまで見てきたように、この憲法の天皇主権は絶対的で全能である。だから、理論的には、天皇、例えば裕仁は、政府と政治の民主的制度の創設を裁可する立場にあった。しかしそのような理論的な可能性が実現できる機会は決してなかった。

昭和天皇が皇位に就いた後、民主主義の理想、原則、および制度への正真正銘の転向者になったという非現実的な仮定をしてみよう。どのようにして彼は民主的憲法という目標に到達できただろうか。

政治的孤立という彼の最初の問題は、解決不能であったろう。憲法といわゆる天皇崇拝の双方によって、彼は政治を超えた地位に置かれていた。孤立した朝廷の中で天皇は彼の高位の朝廷官吏とだけ、毎日ではあるが制限された接触をもった。諸政党やその党首はいうまでもなく、政権にあるものを除き、政治の指導者たちとは接触がなかった。メディアへの直接のアクセスもなかった。ビジネスや金融関係の指導者たちとも、意味のある接触はなかった。国民の崇拝の対象ではあったが、彼らとの接触はなかった。裕仁もその父親も、カリスマ性はもちろんのこと、この孤立を打ち破る試みの助けになったかも知れない強い個性をもっていなかった。

それから、二世代にわたる人たちが明治憲法の下で、権力あるいは影響力のある地位に就いたという恐ろしい事実があった。彼らは、例えば民主主義のような異なった制度の下での経験がなかった。天皇への助言を通してしか政治の運営に責任をもたず、天皇に対してのみ責任があった。異なった制度の採用を促す可能性は低かったし、異なった制度へ向かう運動を支持することすら可能性は低かった。

最後に、民主化を支持する天皇の旗の下にやってきたかも知れない、民主主義を支持する組織的運動（ないしは外国に端を発する他の運動）はなかった。大正時代の政党で、民主主義の原則を積極的に唱導したものはない。初等および中等の水準の教育は、天皇に対する忠誠の原則の上に築き上げられていた。高等教育の水準では、政府と政治の異なった制度についての、主体的な教育あるいは研究は行われなかった。日本の制度についてすら、教育と研究は、明治の憲法による秩序を支える、一般的に認められた主義に厳重に制限されていた。

明治憲法とそれに基づいて構築された制度は、力と硬直性をもっており、それらを試し、欠陥を発見する可能性をもっていたのは、見たことも想像したこともないような圧力だけであった。戦争、大敗による物理的な破壊と精神的ダメージ、そして情け深い民主主義の大国による変革を導く軍事占領が組み合わさってはじめて、新しい憲法による秩序がもたらされたのである。

2　国家政策の手段としての戦争

軍国主義への道

近代日本史の常套的な解釈では、明治天皇の在位中（一八六七〜一九一二年）に、何世紀もの歴史をもつ封建社会が消滅し、新興民族国家がそれに取って代わる、極めて大きな変革が起こったと説明されている。けれども、二〇世紀の終わりまでには、明治時代の重要性について、他のそれほど大袈裟でない説明が可能となった。過去との訣別は、事態が示すように、思われたほど全面的なものでなく、二〇世紀の半ばまで過去の遺産は生き残り、日本社会の進展に強い影響を与えた。

日本社会の表層では、近代化の驚くべき変革が起こっていたが、何世紀もの歴史が作り上げた心身は基本的には安定を保っていた。その形と外貌は確かに、社会自体が経験した広汎な変革に合わせて変化した。新しい日本の民族国家の基盤を構成していた過去の二つの主要な要素は、天皇制と七〇〇年に近い武士階級による日本社会の支配であった。われわれは、明治憲法がどのようにして、天皇の歴史的役割を天皇主権の概念に変換したかについて述べてきた。ここで、徳川幕府崩壊の際にその基盤を奪われた、侍階級の役割に眼を転じる。

徳川幕府の崩壊は、同じ武士階級の同輩によってもたらされた。それは政治事象であり、一つの政治社会階級を別のものと対決させる、革命的な事態ではなかった。徳川幕府との戦いの勝者は、自らの階級を破壊するという異常な政治的行動を起こしたのだが、それは彼らが政治的、行政的権力を保持した事実によって可能となったものである。反徳川幕府の指導者たちは、同じ考え方をもった個人の集団として、徳川時代直後の表舞台に登場し、政治、行政の双方を完全に支配した。そのような支配によって、自らの階級だけでなく、他の階級の解体も可能となった。これら指導者たちは、その権力の座を保持したが、多少の内部抗争がないわけではなかった。さらに、昔の下級武士の大半は、変容する社会の中で新しい役割を担った。昔の武士の多くは、国の（政府の）警察にその地位を見出した。他の者は、新たに作られた陸軍と海軍に入った。また、徳川幕府や多くの藩の行政機関で管理業務担当の地位にあった多くのものは、新しい中央官僚政府へ、比較的容易に転身した。

このように、日本の政府は上から下まで、軍事力の拡大と利用を受け入れる傾向がもともとある人たちで構成された。一八七三年に出された、全国民男子徴兵制度を創設する勅令によって、この状況は支えられたのだが、その結果以前は武士階級に限られていた権利である武器をもつ特権がすべての男性に及んだ。一八七七年には、召集兵による新しい国の軍隊が、歴史的には徳川一族以外では最大の勢力の一つであった薩摩藩による反政府蜂起を鎮圧し、大きな信望を得た。

徳川幕府の崩壊前にも、二つの主要な反徳川の藩が、国際関係における武力の使用において、極めて痛い目に遭った。九州南部の薩摩藩と本州西端の長州藩が、一〇年足らず前から入国を許されていた欧米大国の海軍力に、散々な目に遭わされた。薩摩藩は、知らなかったのか、判断を誤ったのかで、東京の近くで薩摩藩の行列の中を馬に乗って通り抜けた英国人を殺害した。本州と九州の間の関門海峡にある長州の砦は、海峡を通る外国船に砲撃するという、取り返しのつかない意思決定をした。一八六三年に報復のため、英国の小艦隊が薩摩藩の首府に大きな損害を与え、一八六四年には連合軍（英国、米国、フランス、オランダ）が、長州の首府に同様の損害を与えた。こうして、数年後に日本の政権を握った人たちは、日本と外国の軍事力の違いについて、見せしめを受けていたのである。中国と異なり、日本は戦争で欧米の列強に開国させられたのではない。しかし徳川幕府との欧米大国の交渉は、軍事力の誇示により大幅に強化された。新しい指導者たちは開国のための不平等条約に大きな憤りを抱き、新政府の大きな目標はこれら条約を廃棄することであった。まさにそれは、近代国家になるための日本の気力を支える大きな力となった。

こうして、国内政治で武器の重要性を十分に認識していた日本の新しい指導者たちは、軍事力が強力な手段となる国際政治の場に放り出された。自らの手で進めていた広汎な近代化計画の重要な要素として、近代的な陸海軍の創設を、彼らが大いに進んで評価したことは当然なことであった。

最後に、一九世紀の最後の四半期におけるアジアの戦略的状況は、軍事大国になろうとする日本の新しい目標にとって、極めて有利なものであった。当時日本は、名目的にでもせよ、独立を維持していた四つしかない国のうちの一つで、他の三国は、力のない朝鮮、崩壊しつつある中国、そして隔絶されていた小国タイ（当時はシャムと呼ばれていた）であった。その他のアジアは、植民地の集合体として、欧米の列強に支配されていた。

政治・行政の指導層がもともと軍事面を考える傾向をもっており、その社会の軍事力を建設することに熱心で、アジアの近隣諸国の弱さに気づいており、不平等条約体制に強い憤りを抱いていたので、新生民族国家日本が政策の手段として戦争に訴えたのは驚くに当たらない。このことは、中国が崩壊状態にあったという事実によって大いに助けられた。そのようなわけで一八九四年から一九四五年まで、中国は日本の戦争の対象となった。中国が自衛できないことが、日本の侵略を招いたのである。

新しい明治憲法は戦争の問題を扱ってはいなかったが、軍国主義国家へと向かった日本にとっての基盤を提供した条項を数多く含んでいた。明治憲法がどのように天皇主権に基づいていたかを見てきたが、そのことが今度は中央集権的官憲主義国家の創設につながった。憲法は、陸海軍の統帥と平時の機構、宣戦布告、および講和の締結のような、軍事事項に関連したいくつかの特定の権限を、天皇主権の広汎な総括規定の中に記載している。しかしこれらの権限は天皇が直接行使するものではなく、これまで見てきたように、主権の特定分野を構成するもので、その行使には天皇の裁可を必要とした。伊藤の解説が明らかにしているように、これら権限の実際の管理は、天皇が裁可した法律により責任を負わされた担当の国務大臣が実行することになっていた。そして大臣はその責任を、上へ向かって天皇に対してのみ負っていた。

陸軍大臣と海軍大臣は、国家の安全保障についての責任を負っていたので、直ぐに内閣で最も力のある閣僚となった。内閣の責任に関して極めて重要な点が一八七一年に強化された。その年、現役の陸海軍の将官だけが軍務担当大臣になることができることを勅令が確立したのである。この勅令は一九一三年に廃止となったが、一九三六年に復活した。さらに一九〇七年には、帷幄上奏権（天皇に高度の作戦計画を申し上げる権利）が考え出され、軍の要求により創設された。この天皇に申し上げる権利は、明治憲法には記載されていなかったが、その背後にある理屈は、この新計画に見かけの合憲性を与えた。すなわち国の安全保障は最大の重要性をもち、最高司令部はそのような安全保障について責任を負っており、天皇は憲法上軍の最高司令官であり、したがって最高司令部は、その助言を直接天皇に上げる権利をもつというものである。事実上この権利は、文官の総理大臣あるいはその内閣が、軍務担当省の計画や政策を阻止することができないことを保証していた。

憲法は、「国会」による軍務の支配、監督権については何も規定していない。憲法が設定した予算制度には、軍の予算の管理について何の規定もない。表現と集会の自由に関する憲法上の制限は、国家政策の手段として戦争を利用することに対する反対を抑えていた。

明治憲法はほとんど六〇年に近い期間にわたり、効力をもっていた。このうちの五〇年間、日本は、アジアのほとんどと、ロシア、そして米国を巻き込んだ戦争に関与した。これらの戦争はいずれも、日本に対する攻撃で始められたものではなかった。戦争は最初日本に好ましい利益を与える結果となり、それが日本の指導者たちに政策の妥当性を実証したが、最終的には大きな敗北に終わった。これら一連の戦争を検討することは、消滅した明治憲法と新憲法の双方を理解するために必要である。

日本が国家政策の手段として戦争を使ったことは、その前近代的社会から近代的民族国家への移行と密接に関連していた。一九世紀の最後の三〇年間に、日本が近代的社会への移行を急ぐにあたり、同時代の欧米の民族国家による実際の行動に基づき、新しい陸海軍を拡大することによって、日本はその戦争遂行能力を強化した。そして二〇世紀の前半にそのような戦争遂行能力が拡大し、それが超国家主義的な官憲主義民族国家に向けての国の進行を早めたのだが、このような国々は欧米でも同時に登場してきていた。

しかし明治時代の肥沃な土壌から生まれた日本の軍国主義の進行は、剣を手に取り上げる者はすべて剣によって滅びるという、聖書が戒告した知恵を立証した。一八九五年から一九四五年までの半世紀の間、日本は目を見張るような多彩な軍事行動の歴史を経験し、三流の軍事国から世界でも最も強力な軍事組織をもった国の一つと数えられるようになり、さらには圧倒的に強力な民族国家による壊滅的な敗北へと歩を進めた。

戦争が日本にとって好ましい結果を生んでいた時期と最終的な崩壊の時期の双方について、かなり正確な日付を設定することが可能である。最初の時期は、下関条約により日清戦争における日本の勝利が確定した一八九五年四月に始まり、ミッドウェーとガダルカナルの戦闘において日本が敗北した一九四三年初頭に終わる。崩壊の時期は、これらの敗北に始まり、一九四五年八月一五日の降伏に終わる。

日清戦争　一八九四〜一八九五年

日本の中国との最初の戦争は、日本の明白な勝利となった。それは、民族国家になることへ向けての日本の前進と中華帝国の脱落を、はっきりと示すものであった。日本の勝利は、明治憲法の主要な起草者であった伊藤博文が、日本を代表して交渉した下関条約の条項によって確定した。すべて日本にとって有利であったこの条約の主要な条項には、以下のようなものが含まれていた。すなわち朝鮮の中国に対する歴史的な属国としての関係が終わり、日本の植民地となる過程が始まることの原因となった、朝鮮の独立に対する中国の承認。工業化へ向けた日本の前進を大いに促進した、日本を含む戦勝国に対する現金での多額の賠償金の支払い。満州（当時は中国の東北三省として知られていた）への海上交通路を日本に与えた、遼東半島の日本への委譲。そして植民地としての台湾の獲得。

しかしこの半島を勝ち取ったことによって、日本は一九世紀後半の国際権力政治における苦い教訓を得ることになった。下関条約が発表された一週間後、ロシア帝国政府が（フランスとドイツの賛同を得て）、日本との誠実な友情の「新たな証として」、新たに獲得した遼東半島を日本が放棄するよう勧告した。間もなく日本は不本意ながら、賠償金を大幅に増額することと引き換えに半島を返還する協定を中国と締結するという形で、これに従った。三年後、ロシアは中国から同じ半島の租借権を入手した。この干渉により、日本は忘れることのできない教訓を得た。

日本の勝利による結果は、下関条約において勝ち取ったものよりはるかに大きい利得をもたらした。一八九四年の晩夏に戦争が勃発したとき、主な西欧列強は、人口数や地理的な広さといった、皮相的で信頼の置けない要因に基づく判断により、中国の勝利を全面的に予想した。日本が簡単に勝ったことは、西欧のこれら二国に関する見解を逆転させ、中国の弱さが確認されて、日本の地位が上がった。

一九〇二年、日清戦争の七年後、二〇世紀初頭の世界最強国であった英国は、不平等条約体制から未だ完全に解放されていなかった日本と、同盟関係を結んだ。同盟関係を樹立する条約には、(1)清国と韓国において、両国の特殊権益を相互に認めること　(2)「第三国の侵略的な行動により、これらの権益が脅かされた場合、あるいは清国、韓国のどちらかで騒乱が起こった」場合には、「これらの特殊権益を防衛する」権利を相互に認めること　(3)これらの地域での第三国との戦争にどちらかの国が巻き込まれた場合、中立を保つこと、そして　(4)その他の国がそのような戦争に関与する場合、両同盟国は共同で戦闘を遂行するために協力することが規定されていた。こうして、世界有数の大国が、日本の新しい軍事力の出現を認めたのである。

日露戦争　一九〇四〜一九〇五年

近代における日本の二番目の戦争はロシアとのものであったが、ロシアは中国と違って国際政治で大きな役割を演じていた。日本の帝政ロシアとの関係は、徳川時代に始まったが、日本の鎖国政策のためにそれは非公式なものであった。相互連絡の頻度は低く、そのような政策のために友好的なものではなかった。帝政ロシアは日本の開国に関心があったが、ペリー提督に先んじられた。ペリーの成功の後程なく、ロシアは自らの不平等条約を日本と結んだ。

日清戦争後の「三国干渉」におけるロシアの役割は、中国および朝鮮の問題に対する関与度を高めることをはっきりと示していた。したがってロシアは、これら二つの地域における日本の権益拡大と衝突する方向に進んでいた。韓国に対するロシアと日本の関与は、二〇世紀初頭において対決の様相が増大し、両国間の緊張は外交によって緩和されなかった。

日本にとってこの戦争は、一〇年前に中国と戦ったものとは大幅に異なった。一九〇四年の晩冬から一九〇五年の晩夏まで、ほぼ二倍の長さに及んだが、敵は崩壊しつつある国でなく、世界の舞台において大きな役割を演じている国であった上、死傷者や国の資源という点でもはるかにコストが大きかった。戦争が終わって、外国人たちは、日本が実際にはどれほど厳しく緊迫した状態にあったかをロシアが知って、もう二、三カ月持ちこたえていたら、戦争の結果が逆になっていたかも知れないと思った。

とは言え、日本は再び勝者となった。帝政ロシアは依然として世界の列強ではあったが、一九〇五年にはその国内情勢は、一〇年ちょっと先に始まる革命に向かって動いていた。ロシア軍は、シベリアを越える膨大な距離の、長くて信頼の置けない輸送線の末端で戦わなければならなかった。ロシアの産業は、戦場の軍のための補給品を十分に生産できなかった。そして今度もまた、日本の国土での戦争ではなかった。日本陸軍は大陸で上手く戦って成功を収め、日本海軍は東アジアに派遣されたロシア艦隊を殲滅した。

セオドア・ルーズベルト大統領の調停により、敵国同士であった両国がニューハンプシャー州ポーツマスで会談し、日本を勝者とする条約が締結された。日本にとっての主要な戦果は、大韓帝国における日本の至上の地位をロシアが認めること（大韓帝国は一九一一年に正式に日本の植民地となった）、日本の北方に位置するサハリン島の南半分をロシアが割譲すること、そして中国の同意を得て、ロシアが遼東半島と南満州鉄道（満州を西から東へ、さらに半島を二分して、中国東部鉄道につながっていた）の租借権を放棄することなどであった。日本は賠償金をまったく受け取らず、それが日本の国内では不満を引き起こした。

ロシアに勝ったことは、計り知れないほど国際舞台での日本の威信を高めた。日本が西欧の大国を打ち負かしたのである。日英同盟の強化も、その結果の一つであった。もう一つは、西太平洋の新軍事大国となった日本と、東太平洋の新興勢力米国との間の、四〇年にわたる緊張の始まりであった。

おそらくポーツマス条約の結果で最も重要であったのは、日本が大韓帝国を植民地として獲得し、それが大陸における権力の基礎となったことであろう。またこの条約により南満州鉄道が日本に与えられたために、日本と中国の間に問題が発生して、両国を大きな戦いに向かわせ、結局はそれが第二次世界大戦の太平洋戦線につながって行ったのである。

第一次世界大戦における日本　一九一四〜一九一八年

日露戦争後ちょうど九年が経った一九一四年、第一次世界大戦が勃発した。日本は日英同盟の約束を守って、ドイツとその同盟国に対抗する連合軍の一員となった。

日本の戦争への関与は、微々たるものであった。一九一四年八月にドイツに宣戦布告してから間もなく、日本はドイツの中国における小規模な軍隊を打ち負かし、同時に中国からこの競争相手を駆逐し、「三国干渉」におけるドイツの役割に対して報復した。日本はまた、西太平洋や中部太平洋におけるドイツ領の島から、小規模な軍隊を追い出した。後になって日本は、国際連盟の委任統治制度によりこれらの島の行政権を得たが、委任統治の条件で島の要塞化は禁じられていた。しかし日本は戦略的重要性をもつと考えた島については封鎖して要塞を建設し、太平洋において米国との緊張を生む、小さいが重要な地域を創り出した。

さらに、日本は、戦争に関連する別の二つの行動を取ったが、それが国際政治に大きな影響を与えた。一九一五年の春、日本は、直後に「二十一ヵ条要求」として知られるようになった要求を、中国に提出した。経済、政治、軍事、および領土問題を広い範囲にわたって対象としたこれらの要求は、一九世紀の最後の一〇年間に、西欧諸国が中国から奪い取ったものをはるかに凌ぎ、中国を日本の保護領にしかねまじきものであった。正式書面からは外されていた二二番目の要求は、中国がこれらの要求を世界のその他の国々に対し秘密にすることであった。明らかに日本は、この秘密扱いと西欧が戦争に集中していることが合わさって、外部の介入が阻まれることを期待していた。中国政府はこの要求を無視し、自らにとって可能であった防御手段を取った。さらに二年間は戦争に巻き込まれようとしなかった米国と、英国が外交的に日本の前に立ちはだかった。この大変に理不尽な要求は取り下げられたが、この事件は中国を支配したいという日本の熱望の程度をはっきりと示した。

もう一つの別の行動は、一九一七年のロシア革命により出てきたもので、すぐに「シベリア出兵」として知られるようになった。「連合諸国」は、勝ち誇った革命の戦士が、東シベリアに備蓄されていたロシアの軍需品を手に入れることを恐れた。これら諸国は、白系ロシア軍団（すなわちツァーの軍隊）が革命の戦士に勝ち、ロシアにいる数千人のチェコの捕虜が欧州の「連合軍」に合流するため、シベリアを通って逃げるときの助力を求めていた。「連合国」は、遠征軍をシベリアに送り、内戦に介入することについて合意した。その軍隊は二万人以下と小さく、主として米国と日本からの兵で、日本の方が少し多く出すことになっていた。しかし日本は、合意していた兵力の約一〇倍を送り込んだ。日本軍は四年間ほどシベリアに留まった。実際の戦闘はほとんどなかったが、米国軍と日本軍の関係は友好的なものとは程遠く、両国政府間の外交論争に発展した。

「シベリア出兵」は、第二次世界大戦前の日本の軍事行動で、どう見ても最もうまく行かなかった事例であった。この軍事行動は戦争ではなかったがそれでも犠牲は大きく、日本にとって何の好ましい結果も生まなかった。さらにそれは米国との摩擦、そしてソ連での長く続いた憤懣の源となった。

ワシントン体制　一九二一〜一九二二年

一九一九年の「ベルサイユ条約」により、第一次世界大戦が正式に終結した。しかし条約には、重大な抜け穴があって、悩みの種となった。戦争中に醸成されたアジア（あるいは、当時の標準的な地理上の呼称を用いれば、極東）における国際問題が扱われていなかったのである。一九二一年に米国は、アジアにおける未処理案件を取り上げた。ウォーレン・G・ハーディング（Warren G. Harding）大統領は、中国、日本そしてアジアに利害関係をもつその他七カ国を招いて、「ワシントン会議」として知られるようになった会議を開いた。

一九二一年末から一九二二年の初頭まで、会議は約四カ月続いた。その主要な成果は、「四カ国協定」、「五カ国協定」、「九カ国協定」という三つの条約であった。「四カ国協定」は、フランス、英国、日本、米国の間のものであった。この協定に述べられていた目的は、⑴外交交渉によって解決できない「太平洋地域での問題」について、協定の締結国間で論争が起こった場合、協定のその他の当事者は、そのような論争が解決に達することを助けるために招集を受けること、そして⑵太平洋地域における協定当事者の権利が、「他の『当事者』の侵略行為」により脅かされた場合、当事者は共同で適切な措置を取ること、に置かれた。言外の目的は、日英同盟をなくすことで、それについては、英国が米国に対して日本と手を組む可能性があるため、最初から米国が懸念していたのであった。この協定で何らかの行動が取られることはなかった。

「五カ国協定」（「海軍軍縮条約」としても知られている）は、英国、米国、日本が属する上位グループと、フランスとイタリアが属する下位グループに分けられる、当時の主要海軍国五カ国によって締結された。下位グループは、その海軍力がかなり小さかったので、主として儀礼を尽くすために協定に入れられた。

条約の主要な規定は、三つの大国とその主力艦である戦艦と空母に関するものであった。それら艦船の大きさとその総トン数に制限が設けられた。しかし最も重要な条項は、そのようなトン数を五対五対三の比率とするもので、英国が五、米国が五、日本が三であった。三つの大国間の不均等についての戦略的理由は、妥当なものと思われた。英国海軍には、全世界を股に掛ける帝国のシーレーンを守る責任があった。米国海軍には、大陸によって分けられている二つの大洋の、長い沿岸線についての責任があった。日本海軍は小さな島国を守る責任があったが、それは強大な海軍力をもつ二つの競争相手国の主要基地から何千マイルも離れていたし、競争相手国の海軍の既存航海範囲が限定されているのだから、技術的に考えて日本に有利であった。

日本の代表は三対五の比率を要求したが、固執すれば交渉が決裂するように思えたので、三の比率を受け入れた。その時に見過ごされたのは、不平等比率の数字が日本国内に対して与える衝撃であった。嫌悪された不平等条約体制に対する反響は、不幸なことに日本の国家主義的思想が、直近の軍事的勝利によって火がつけられていたときに起こったので、日本人の目には、米国や英国と同じ率でも当然のように見えたのである。

「五カ国協定」は、海軍力を機械的に制限することが、戦争の可能性を減じるのに役立つだろうという、単純な考え方に基づいていた。その後一〇年間の日本の行動が、条約上の約束を守らないことを示したし、世界が間もなく、前のものより大きな第二次世界大戦に向かっての道を駆け下りることになったので、この条約は有益な目的を達成することがなかった。

「九ヵ国協定」は、「ワシントン会議」の中心をなすものであった。九ヵ国には中国が含まれていたが、中国は条約の対象で、それ自身の行動が縛られるものではなかった。中国以外の条約締結国は、次の各点について合意した。(1)中国の主権、独立そして領土保全を尊重すること、(2)自身のための有効で安定した政府を作り上げ、維持する十分な機会を中国に提供すること、(3)中国全土を通して門戸開放の原則を確立し維持すること、そして(4)中国における状況を利用して、友好国の臣民あるいは市民の権利を奪うような特権や特典を求めたり、友好国の安全にとって有害な行動を取ったりしないようにすること。

これら四つの目的が、今後は中国が世界の問題において正常な役割を演じられるよう、過去四分の三世紀にわたり中国が演じることを強いられた犠牲者としての役割を抜本的に変えるべく、考えられたものであることははっきりしている。しかし条約の言外にあったのは、それが日本に対しても向けられていた事実で、日本の野心の程度は、日清戦争と日露戦争を終える条約、そして「二十一ヵ条要求」にはっきりと露呈されていた。

門戸開放の原則は、いわゆる権益の奪い合いによって中国内に作り出された混沌たる国際情勢に対して投入されたものであった。一九世紀の後半にいくつかの欧州諸国と日本は、国内で特権や特典を供与するいろいろな条約を、帝政清国と締結した。自国の影響の範囲を、ドイツは中国北部に、英国は中国中部に、フランスは中国南部に、ロシアは中国東北部に作り上げた。

米国は権益の奪い合いには参加しなかったが、中国との不平等条約により商業上の権利を確かに保持した。原則的に米国は、他の国々が自国のための特殊な権益を中国から奪い取った地域においてさえも、これらの権利を保持した。国務省は、一八九九年には英国政府とドイツ政府に、また一九〇〇年の春にはフランス、ロシア、日本の各政府に送った正式の覚書で、門戸開放政策を宣言した。それぞれの影響力の領域内に権益を保持することにより、米国の全般的な権利や権益より有利な立場を維持できるとの認識に満足して、すべての国はこの原則を受け入れた。米国は門戸開放政策に基づいて「二十一ヵ条要求」に反対し、この政策を「九ヵ国協定」に盛り込むことを支持した。それよりも重要なことは、一九三〇年代を通じ、米国が、条約に基づいて中国にもっている権利を日本が侵害しているという見解を主な論拠として、中国における日本の行動に反対したことである。

一九二〇年代の小康状態

二〇世紀の前半において、日本が国家政策の手段として戦争に訴えなかったのは、一九二〇年代の一〇年間だけである。過度に楽観的であった（ということが分かるようになった）「ワシントン体制」は、中国に対する日本の意図を抑制しているように見えた。さらに日本は、国際紛争解決の手段としての戦争を非難する一般的な国際条約である、「パリ不戦条約」（一九二八年、ケロッグ・ブリアン〔Kellogg-Briand〕条約としても知られている）の調印国となった。このような事態の進展は、第一次世界大戦の悲劇的惨事の再発を防ごうとする努力であったのであるが、結局は成果がなかった。日本の参加は、国の外交政策における軍部の決定的な役割が一時的に陰りを見せた結果であった。文官から成る外務省が、ワシントン体制とパリ条約の双方における政策を決定した。

「ワシントン体制」と「パリ不戦条約」は、その合意と協定の崩壊につながる、日本、中国両国内での事態の進展を予測できなかった。第一次世界大戦における日本の限定的な役割は、国内経済の大好況を盛り上げるという、思いがけない結果を招いた。第一にこの戦争は、欧州の宗主国とそのアジアにおける植民地間の関係を悪化させた。その一つの結果は、植民地で必要とした物を日本が宗主国に代わって供給したことであった。戦争による混乱がなかった日本経済は、参戦国が必要とする物も一部供給できた。日本の産業は急速に拡大し、それが多くの人々に職を与え、一部の人に富をもたらした。しかし一九一八年の終戦により、宗主国とその植民地における日本製品に対する需要がなくなったので、これは日本経済にとっての打撃となった。こうして日本は、一九二〇年代の末に起こった世界恐慌からの被害を、世界の経済大国の中で最初に蒙ったのである。

日本の戦後経済の苦境は、徳川体制の崩壊以来の歴史的な問題を映していた。日本の指導者たちと彼らが作り上げようとしていた政府は、日本が民族国家になったら近代産業の要素を基本的に農業中心の経済に組み込むという困難な問題に、効果的に取り組まなければならないことを正しく理解していた。欧米の国家と同じ水準の国家の地位へ向かって、独立を維持して進み続けるには、軍事力を建設するための工業化の実現が絶対必要だとの認識がかなりの助けとなった。

一八七〇年から一九三〇年までの間、日本は工業化に向けて大きく前進したが、工業化社会になるまでには至らなかった。一九三〇年になっても、人口の半分が依然として農業で生計を立てており、農業はその生産のための力を、人間の労働に頼っていた。日本社会の他の部門における近代化プロセスは、農民の日常生活に大した影響を与えなかった。

近代化はまた、税金という新しい負担を日本の農民に課した。政府は財政のために、地租に大幅に依存する税制に頼らなければならなかった。そして新しい税金は、前近代におけるように農産物ではなく、現金で払わなければならなかった。換言すれば、農民は近代化のための財政負担の大きな部分を、不釣合いな程度に背負わされた。貧困は農民の宿命となった。日本の農民にとっての重い負担の一つは、貧困の結果でもあり原因でもあった小作人制度の拡大であった。

人口の増加と産業を支えるのに必要な基本的原材料の不足は、経済的困難のさらなる源であった。一八七〇年から一九三〇年までの間、日本の人口は実質的に倍増したが、これは一九世紀の工業化しつつあった欧米社会の経験に沿ったものであった。日本の困難な問題は、島国の限られた国土の面積によって増幅された。さらに日本人は移民を好まなかった。台湾と韓国を植民地として獲得したことは、日本からの大量の移民につながらなかった。

工業化プロセスが始まってから、目前の仕事のために絶対必要な原材料が、量的にも質的にも日本列島には不足していることが明らかとなった。一九二四年米国議会は、何十年にもわたって自国に受け入れてきた移民の流入のレベルと性質を制御するように考えられた移民法を通過させた。その最終的な形において、この法律には、帰化の資格のない外国人すべての移民受け入れを停めるという規定が含まれていた。一七九〇年以来の既存の法律によれば、白人と黒人の子孫以外の外国人はすべてその資格がなかった。その結果として、すべての日本人（実際には、すべてのアジア人）の移民が禁止され、少なくとも米国に関する限り日米関係において長い間頭の痛い問題であった案件は、こうして終わることになった。

しかしこの排除は、人種的劣等性の意味を含んでおり、非難され、もうなくなっていた不平等条約体制を再現させたので、日本で大きな憤激の対象となった。それは「真珠湾」に先立つ何年かの間、軍国主義者たちや超国家主義者たちの反米論の論拠が段々増えて行く中で、主要なテーマになった。この国内法が米国人と米国に対して日本がもつイメージに与えた印象について、気付いていた米国人はほとんどない。

一九二〇年代に、日本は複雑な政治経済問題に直面し、それが政策手段として全面的に戦争に訴えることにつながって行った。確かに日本は、その好戦的な政策と行動を正当化するために、ますます経済問題を使用した。そのような正当化は、〃人口問題〃として知られている問題の形を取った。すなわち人口が多過ぎて、狭く、天然資源に乏しい国土では支えられないというものである。このような正当化は、それを裏づけにしようとした政策と同様、誤っていることが明らかとなった。

「ワシントン体制」の後、中国はこの合意事項の作成者が明確に意図していたのとは違う方向に向かった。一九一一年には、清帝国がついに崩壊した。中国におけるこの崩壊の結果は、日本で数十年前に起こった事態とは違って、混乱が後に続いた。中国には新指導層、能力のある中央政府、そして機能する経済がなかった。しかし不平等条約制度は残っており、欧米各国政府と日本が、中国の中に経済、外交、軍事的特権や特典をもっていて、それが中国自身の困難な問題を増幅した。

一九三〇年代になると中国は、「ワシントン体制」の作成者たちが考えなかったような形での変貌を始めた。蔣介石総統は軍事力の基盤を作り始め、その政党である国民党は、中央政府の設立に向けて少しずつ歩を進めており、中国共産党が生まれた。また日本にとって最も直接的な意味をもっていたものだが、排外運動が出現し、全般的にはいわゆる条約締結国のすべてに向けられたのだけれども、特に日本がその対象となった。

一九三〇年までに、日本の満州における権益はかなり拡大していた。ポーツマス条約により、日本は租借している地域および、南満州鉄道（満鉄）沿いの地域の護衛のために、軍隊を駐屯させていた。さらに日本は、半官半民の会社として南満州鉄道株式会社を創設したが、その目的は鉄道を運営することだけでなく、鉄道のために事業を提供するように計画された、広汎な経済計画を始動させ、日本経済の利益に資することであった。満州の日本軍は、関東軍として知られるようになった。

満州事変

一九三一年九月一八日の夕方、奉天（現在の瀋陽）市の郊外で、鉄道に小規模な爆発が起こり、鉄道の線路を一ヤード爆破したが、急行列車を脱線させるまでは行かなかった。関心をもつ外国人たちは、仕掛け人は日本兵だと非難したが、その非難はその後立証された。爆破は中国の「無法者」たちの仕業だと主張して、関東軍は直ちにその地域で制裁行動を取ったが、それは明らかに企画され、準備された軍事行動で、間もなく満州全土を支配下に収めた。中国側は、何も効果的な対抗措置を取れなかった。

日本の外務省は、「奉天事件」が中国政府との交渉で処理できる、小さな問題であるとの態度を取った。しかし関東軍は外務省の見解を無視した。中国政府は国際連盟に援助を求めた。連盟は自分でできる唯一の行動を取ったが、それは委員会を任命して調査させ、解決方法を勧告させることであった。その最終報告書で委員会は、爆破を中国人の仕業とし日本が自衛のために行動したという日本の主張を却下したが、同時に満州における日本の条約上の権利を承認する問題を解決するための原則についても述べた。

「奉天事件」から数ヵ月後、関東軍は新国家満州国の建国を発表し、ありもしなかった独立運動がこれによって認められたと宣言した。「満州国」はただちに傀儡国家と呼ばれた。新国家に駐在する日本の大使は、関東軍の司令官である将官で、日本の「顧問」が新政府の全省に配属された。国際連盟は、満州国は日本が創った国だと考えたが、日本と中国が同地区における相互の利害を調整する新条約を協議するよう勧告した。

委員会の報告書が発表されてから六ヵ月後の一九三三年三月二五日、日本は報告書の調査結果と勧告を公式に拒否し、国際連盟からの脱退を発表した。けれども日本は、その国家政策が連盟の政策と同じであること、すなわち「東洋の平和を確保し、それによって世界平和の大義に貢献すること」であると宣言した。この主張は第二次世界大戦の終わりまで、政府によるその外交政策の正当化の基本であり続けた。その態度を正当化しようとして、日本はこう宣言した。

中国には、国家としての組織がない……［そして］その内部の状態や外部との関係の特徴は、極度の混乱と複雑な状態、多くの異常で特殊な特性であり、……国家間の通常の関係を律する国際法の一般原則と適用は、中国に関する限り、その運用において大きく修正されるべきであると思料される。

日本は、国際連盟が中国情勢の現実を把握していないし、またそれらを考慮に入れておらず、その報告書が日本の意図（「東洋における平和の維持」）を完全に誤解し、事実と結論の双方における「重大な誤り」を記載している上、日本軍の行動が「自衛の正当な範囲内に」入ることを認識せず、日本の行動につながった状況について、中国に全責任を負わせなかったと非難した。

満州の奪取についてのこの弁護は、関東軍の軍事行動の正当化としてだけでなく、その後数年間の中国に対する日本の取り組み方の簡潔な説明としても重要である。それは「日本だけが中国の問題を理解しており、したがって日本だけが問題を解決できる」と言い換えることができよう。この政策は、特に代替案が国民の前に出されなかったので、国内の日本人の支持を得たという点では成功したが、外部の世界の賛同を得られなかったため、失敗であった。

満州事変は、中国に関して日米間で長く続いた緊張をかなり増幅した。奉天での爆破後三ヵ月余が経過した一九三二年初頭、国務長官、ヘンリー・L・スチムソン（Henry L. Stimson）は、後に不承認宣言として知られるようになった政策を記載した、日本政府と中国政府宛の公式覚書を起草した。その主要な一節は、次のようなものであった。

現在の状況と其処における米国自身の権利、義務に鑑み、米国政府は日本帝国政府と中華民国政府の双方に対して、中国における米国乃至その市民の条約上の権利を損なうような、事実上の状態の適法性を認めることはできないし、そういうことに繋がるこれらの「政府」あるいはその代理機関が締結した条約や協定を承認することもできないことを、通告するのがその義務であると考える。これらには、中華民国の主権、独立、乃至は領土の保全と行政の一体性、あるいは一般に門戸開放政策として知られている中国に関する国際政策に関するものも含まれている。

この宣言は、「真珠湾」に至るまでの期間を通じ、中国における日本の行動に対する米国の政策の核心に置かれ続けた。

満州事変は、日本が国家政策の手段として戦争に訴えた決定的な展開であった。それは、一八九四年に最初の戦争が勃発して以来の中国に対する政策が、クライマックスに達した瞬間であったが、第二次世界大戦に向けた動きの第一歩でもあった。これによって、日本の中国との関係に、解決しがたい問題が創り出された。この事件は、日本を中国北部への侵略に向かわせ、その一歩は一九三七年の第二次日中戦争（日華事変）の勃発につながった。それは、太平洋地区における二つの新興勢力としての日本と米国の間の対決を深刻化した。そして国際平和を維持することがその主要な使命であった国際連盟の崩壊につながった。最後に傀儡国家としての満州の獲得は、大きな領土と経済的報酬を生み出したと思われ、戦争政策の継続が日本国内で受け入れられる結果となった。

満州における軍事的な成功は、間もなく日本国内の政治情勢において、軍部による前例のない企ての成功につながった。最初の大きな企ては、奉天事件後一年も経たない一九三二年五月一五日に起こった。その日、青年将校が指揮する部隊（ギャングと言った方がよいかも知れない）が総理大臣を暗殺、天皇の側近の一人の住居、さらには大銀行の一つ、主要新聞社の一つ、そして発電所を襲撃した。そのとき、またその後、彼らはその目的が政権を取ることにあったのではなく、「昭和維新」と彼らが呼ぶもの、すなわち天皇を抑えている「君側の奸」の除去を実行することであったことを明らかにした。このような影響力をもつ人たちは、搾取的な経済制度やワシントン体制の「恥辱」の原因を作っており、天皇と国を正しく導くことができる側近と取り替えるべきだというのが彼らの主張であった。

主犯は逮捕され、裁判にかけられて、その罪のために投獄された。しかし主要な政治的重要性をもつ目的は果たされたのであり、軍服の男たちは、自分の国が直面している深刻な問題に関する見解を表現するために暗殺までやったのである。軍部は、文官の指導者たちが適切な措置を取っていないと糾弾した。彼ら自身の行為により、軍部の邪魔をするのは危険であることが示された。

四年後の一九三六年二月二六日、はるかに深刻な事件が起こった。今度も下士官が指揮する一連隊が、一連の暗殺、暗殺未遂、そして銀行、新聞社、および国家警察の本部に対するテロ行為を実行した。この行動はすぐに鎮圧されたが、まず天皇が軍隊の最高司令官として、叛徒に武器を置くよう命令しなければならなかった。

軍部の指導者を含む政府は強硬な措置を取ったが、この事態において、陸軍大臣は叛徒の行動は否定したが、目的は支持する声明を発表した。帝国が直面する国内外の問題を解決するための、適切な行動を要求していたのであるから、その動機は純粋であったと指摘した。青年将校とその上官のメッセージは、明確であった。すなわち、われわれはわが国の問題を理解しており、それを解決できる。他の者たちは邪魔をするな、さもないと……。こうして大正デモクラシーの短い命は終わった。

日本と第二次世界大戦　一九三七～一九四五年

一九一七年のロシア革命は日本の国内政治に対し、間接的にではあったにせよ、関連した深刻な影響を与えた。革命により、ロシアに新しい共産主義・マルクス主義が出現し、それが今度はコミンテルン（共産主義インター）に具現される国際運動を育成した。日本にとってこれら事態の展開は、伝統的な敵国としてのロシアの性質を変えた。マルクス主義は国体とも私有財産制度とも相容れなかったので、ロシアは今や潜在的な軍事的脅威のみならず、イデオロギー上の脅威としても巨大で不気味な存在となった。

国際共産主義の出現はまた、日本の国際的立場に大きな影響を与えた。一九三六年、日本とナチス・ドイツは国際共産主義と闘うため、情報交換において協力する協定を締結した。この協定は、国際共産主義の主要な支持者としてのソ連との紛争にどちらかの協定当事者が巻き込まれた場合、もう一方の当事者はソ連の「状況を有利にするような」行動を一切取らないという、秘密の合意に支えられていた。

一九三七年、イタリアが日独協定に参加し、一九四〇年、三国は「枢軸同盟」国になる合意書に調印した。この合意書の下で、日本はドイツとイタリアを「欧州における新しい秩序」を創造する者として認め、ドイツとイタリアは日本を「拡大東アジア（大東亜）における新しい秩序」を創造する者として認めた。これらの国々は、「合意書締結三国のうちの一つが現在は欧州の戦争あるいは日中紛争に関与していない国から攻撃を受けた場合、あらゆる政治的、経済的、軍事的手段をもって」お互いを助けることに合意した。もう一つの「国」とは、米国のことであった。太平洋において、来るべき世界大戦で対立する両サイドの顔ぶれは、ここに確定した。

一九三七年七月七日の夕刻、日本軍と中国軍の間で、原因がはっきりしない軍事的小競り合いが北京の近くの橋で起こった。日本軍は直ちに軍事行動を拡大し、かくして八年にわたる戦争が（最初の四年間は、宣戦布告がなかった）始まった。

日本はこの戦争に勝てなかったが、中国も負けようとしなかった。最初の発砲から、日本は圧倒的な軍事上の優位を示した。一九四〇年までに、日本は中国の未発達の鉄道網、海岸線、そして主要な河川航路網

（不十分な陸上輸送のため、極めて重要であった）を支配し、中国の、北部、中部、南部における主要都市を占領した。中国側は最後には当時西部の辺境の都市であった重慶に避難場所を得たが、ここも日本の陸軍からは安全であったにせよ、日本の爆撃機からは安全でなかった。国民党政府は、日本が何度も戦闘の終結のために交渉しようとしたのにも拘らず、降伏しなかった。

戦争の最初の四年間を通じて、中国の抵抗の意志は米国からの精神的、外交的、そしていくらかの経済的支援によって支えられていた。しかし米国は軍事的支援を提供することはできなかった。第一に、外国の戦争にまたも国が巻き込まれることを防ぐため、一九三〇年代に制定された米国のいわゆる中立法が、直接的な軍事的関与の障害となった。第二に、米国軍の弱体な状態のために、直接的な軍事支援が妨げられた。

この戦争はまた、日米関係の悪化に大きく寄与した。二〇世紀の前半を通じて、米国がどのように日本の中国に対する侵略政策に反対する立場を取ったかについては、すでに述べた。中国内部における米国の条約に基づく権益は、この国における大きな米国の存在感を創り出していた。新しい国家の初期以来、キリスト教の宣教師たちは、宗教においてだけでなく教育や医療においても、中国で活躍した。彼らの仕事は教会、学校、そして病院などの保有につながった。さらに中国における米国の商業的権益は、一九三〇年代までに大きく発展した。

戦争中の日本の軍事行動がますます、米国が所有する財産、米国の企業、そして個々の米国市民に対して、直接的な影響を与えることは避けられなかった。ワシントンと東京の間の外交関係は、中国に対する両国政府の相容れない政策の間の衝突に、はっきりと影響された。戦場においては、日本の軍事行動と米国市民の間の不愉快な現場での衝突が数多く起こったが、いずれの場合も後者が損害を受けた。

一九四一年までに、中国での宣戦布告のない戦争は、人的資源と経済的資源の双方の点で日本史上最も犠牲の多い戦争となっていた。さらに日本とその国民の優越性、中国での「聖戦」、外部世界のそのような戦争に対する承認の拒否、戦争により求められるすべての犠牲を国民が受け入れることの必要性、そしてABCD各国（米国、英国、中国と、東インド諸島のオランダ）による日本包囲の締め付けなどのテーマを中心として政府が展開する問答無用の鳴り物入り超国家主義的宣伝に、国民は従わされていた。これらのテーマはまた、外部世界に対する日本の宣伝においても顕著であった。

日本の宣伝の努力は米国において、米国政府の対抗的行動によってではなく、追い詰められた中国政府と中国国民に対する米国民の支援の力強い高まりによって反撃を受けた。さらにニュースの報道が強い親中、反日感情を作り出した。また、中国がはっきりと負け犬であったが、負け犬に対する情緒的な米国の態度もあった。それから無防備の都市の民間人に対する爆撃（この戦術が、その後全面戦争に発展して行ったこの戦争に、組み込まれるようになった前に）から、刀を振るう日本軍将校による中国人の捕虜の理由なき斬首、そして現場における外国通信員の目撃報告のために世界中の新聞で報道された「南京略奪」（「南京大虐殺」としても知られている）に至るまでの、数々の日本軍の行為があった。

一九四〇年にはもう米国と日本の間の戦争勃発を阻むには一つのことしかないことが、ますますはっきりしてきた。すなわち非常に可能性は低いが、中国での戦争を放棄する結果となるような日本での政治の大幅な変化、あるいは同様に極めて可能性は低いが、日本がたどっている侵略の道の受け入れを許すような、米国での政治の大幅な変化である。二つの国のまったく対立した立場は調整不可能であった。

一九四一年、ナチスは軍事的に西欧をその支配下に置き、ソ連に対する軍事作戦行動に取り掛かったが、それは当初極めてうまく行っていたので、多くの人の眼には勝利の入り口に入りかけているように見えた。日本は中国を制覇し、日本がその軍事装備のために必要としていた、戦略的原材料、特に海軍と陸軍のための石油を埋蔵する東南アジアの西欧民主主義各国の植民地を襲う体制が整ったように思えた。「枢軸」諸国は、欧州とアジアの双方で勝利を目前にしているように思えたのである。世界の列強の中では、米国だけが戦争の圏外にいたが、「連合国」側について戦争に参入する態勢にあることははっきりしていた。

一九四一年、米国と日本は、二国間の難しい問題について平和的に解決するための相互間の交渉を行ったが、結局実を結ばず、これが最後の交渉となった。これに続いたのが一九四一年一二月七日の真珠湾攻撃であり、第二次世界大戦の太平洋版の始まりであった。

「真珠湾」は日本にとっての大きな戦術的勝利であった。それは北太平洋のアリューシャン列島から南は現在のインドネシアとオーストラリアの北の島々まで、西は当時の英領インドの国境まで広がる地球の広大な地域が、六カ月間という短い期間ではあるが、日本によって一時的に支配されることに至る最初の一撃であった。最後まで勝って終わっていたら、この軍事作戦行動は軍事計画と実行の傑作として歴史に残ったことだろう。それはまた七〇年という短い期間に、日本が孤立した前近代的封建社会から強力な世界の大国へと変貌したことを立証した。

しかし「真珠湾」はまた、官憲主義、軍国主義国家となった日本の敗北と破壊につながった戦略的失敗でもあった。これにより米国は、世界でも前例のない最強の軍事組織をもつ国と成るための道を進み始めることになった。実際に、日本の真珠湾における勝利に反応して、米国は規模と力において類を見なかった陸海空軍を作り上げた。半世紀にわたり日本が軍事的に成功した秘密の一つは、強力な敵国がなかったことである。米国は、「真珠湾」に始まる広汎な勝利の数々において日本が示した軍事力をはるかに凌ぐような圧倒的な能力をもつ敵国となったのである。

米国は二〇世紀の全面戦争のために、人的資源はいうまでもなく、科学、技術、そして工業資源を極限まで使った最初の民族国家である。しかしその努力は、戦争の惨禍を逃れた唯一の参戦大国であったことに助けられたのである。

一九四二年六月のミッドウェー海戦と、その数カ月後に始まった南太平洋のガダルカナルにおける陸上戦と海戦により、日本の軍事力の爆発的展開は抑えられ、爾後三年間にわたるその破壊の過程が始まった。双方とも多くの血にまみれた犠牲の多い戦闘の数々を経験したが、圧倒的な力をもつ米国の攻撃力が頑強な日本の防衛を鎮圧した。

一九四五年までには、南西および西太平洋において米国の勝利が次々と続いたので、米国の長距離爆撃機（大きな技術的飛躍であった）が日本を激しく爆撃し始める準備ができた。このような爆撃は終戦への道の始まりであったが、その終戦が何時来るのかは誰にも分からなかった。本土への侵攻の不安が続いた。戦争の最終段階にそのような侵攻が含まれれば、双方の犠牲は途方もないものになるだろうと双方共に推測した。日本海軍の絶滅、爆撃による死、破壊、そして荒廃、二つの原爆、それに終戦が近づく中でのソ連の参戦などが組み合わさって、本土侵攻の必要がなくなることになった。

3 条件付無条件降伏——憲法改正の前触れ

一九四四年後半の六ヵ月間に、ほんのわずかでも有利と言えるような終戦にならないだろうかという、日本の期待は急速に萎み、結局消散してしまった。これらの六カ月間に米軍は、日本に対する来るべき空の戦いのための基地として決定的な重要性をもつサイパン島とグアム島で勝利を収めた。『真珠湾』後の最初の六カ月間における大勝利を目にしてきた東条内閣が倒れ、日本海軍は戦闘能力を失った。そして米軍の攻勢は、来るべき日本本土侵攻を睨んだ大きな一歩となるフィリピンの奪回に向けて大きく前進していた。

一方地球の反対側では、日本に残された「枢軸国」が、西部戦線では「連合軍」からの、また東部戦線ではソ連からの強い軍事的圧力下に喘いでいた。「連合軍」は、欧州ではナチス軍、アジア太平洋では日本軍の手で叩かれたことによる重大な敗北から立ち直っていたが、何時戦争が終わるかは誰も予測できなかった。

明らかになる無条件降伏の意味

「連合軍」が決定的に不利な軍事状況に置かれていた一九四二年、フランクリン・ルーズベルト大統領とウィンストン・チャーチル首相は、敵国に無条件降伏を余儀なくさせることが戦争の主要な目的だと公言した。最初から、「連合国」陣営内部でもこの考え方は批判された。批判的な人々はそのような考え方が不明確であり、したがって意味がないと非難した。不明確だという点では、戦敗国が完全に戦勝国の言いなりになるという絶対的な敗北を意味すると解釈できた。したがって、戦争の目的としては不適切であるとの議論がなされた。なぜならば、敵国はそれを使って戦場では軍隊に発破を掛け、国内では戦争に対する努力への支持を醸成できるからである。しかしこの言葉は、不明確のままで置かれた。

一九四三年一一月、「カイロ宣言」の形で日本は、この考え方が意味するところについての最初の明確な信号を受け取った。宣言はカイロにおけるルーズベルト、チャーチル、蔣介石の会談で発表された。日本は中国との最初の戦争以来、「暴力と強欲」により手に入れたすべての領土を剝奪される。宣言は、三国が「日本に無条件降伏させるよう、長期に及ぶであろう軍事作戦を引き続き真剣にやり抜く」と誓った。

一九四五年五月七日、ナチス・ドイツが降伏したが、太平洋での戦争は終戦の見通しがつかないまま継続した。五月八日、ハリー・トルーマン大統領が、日本との戦争が続くことの可能性が極めて高いとの見通しの下に、日本にとっての無条件降伏の意味についての声明書を出した。声明書は日本政府に宛てられた文書ではなく、日本国民にすらも向けられたものではなかったが、その双方に対するものであったことは明らかであった。

声明書は、「ナチス・ドイツは、戦いに敗れた」という簡潔な一文で始まっていた。そのような考えを完結するメッセージは書かれていないが、「しかし残余の戦争は継続する」であることは明確であった。このメッセージの残りは、二つの部分に分けて書かれていた。最初の部分では、すでに立証されているように、日本に対する陸海空の攻撃の破壊力と強度が着実に増大し、「日本の陸海軍が『無条件降伏』（*unconditional surrender*）して、その武器を置くまで続く」（『』内は原本のとおり）と述べられている。それから、その言葉の意味として次の五つの点が続いている。

それは、戦争の終結を意味する。

それは、現在の大きな不幸の瀬戸際まで日本を導いた軍部の指導者の勢力が、終焉することを意味する。

それは、兵士や水兵たちが自分の家族、農村、職に帰還することの準備を意味する。

それは、むなしく勝利を期待する日本人たちの現在の苦しみと悩みを、引き伸ばさないことを意味する。

無条件降伏は、日本国民を絶滅させたり、奴隷にしたりすることを意味するものではない。


一見したところでは、最初の点の意味は明らかであるように思われる。日本国民は、ますます絶望的となってきた戦争における、犠牲、死、破壊、そして欠乏が続いた八年に近い長い期間の終わりを、歓迎するであろうという想定に、それは基づいていたように思われる。二番目と三番目の点の意味するところは、後に敗戦した敵国に対する米国・連合国の政策に組み込まれた。二番目の点は、長期の歴史的結果であり、三番目の点は、〝準備〟という言葉が六〇〇万人以上になる兵隊、民間人の、海外から日本への帰還をもたらす降伏後の本国送還について前もって知らせるものであったので、短期的な重要性をもっていた。

第四項と第五項は、自国民に向けられた日本政府の宣伝に逆らう内容であった。特に一九四四年夏の敗走の後、日本政府は二つの厳しいテーマを強調した。一番目は、すべての忠誠心をもつ臣民は艱難、苦難に耐え、予想される侵攻の際は死ぬまで戦わなければならないこと、二番目は、敵である鬼畜米軍が日本国民を奴隷にし、絶滅させるということであった。

トルーマンとその顧問たちは、その声明書が、戦争の遂行に直接的な影響を与えないことをよく分かっていたに違いない。それは、交渉による平和への道を開くように考えられたメッセージではなかった。また、短波ラジオ受信機の個人による保有が日本では少し前から禁止されていたので、その声明は一般大衆の態度に影響を与えることはないと思われた。一方、日本政府が米国のラジオ放送を注意深く聴取していたことは分かっていたので、この声明は日本政府内のしかるべき職員に二つのメッセージを伝えるように仕立てられていた。最初の明白なメッセージは単に、ナチスが戦争から除外された後でも、日本に対する米国の軍事行動が停止されないことを伝えるものであった。二番目のメッセージは、カイロ宣言の目的に、軍の解散という重要な点を加える内容であった。

トルーマンの声明は日本政府に対し、日本軍が無条件で降伏するまで、米国政府が戦争を遂行する用意があることをはっきりと伝えた。しかしこの声明書は、降伏後に日本が何を期待できるのかについて、少なくとも小さなヒントを初めて与えるものであった。

ポツダム宣言

前述のようにトルーマンの声明書は、戦争終結のための交渉を始めようという日本政府への提案ではなかったが、戦争を終わらせる諸条件、無条件降伏の最終的な定義となる諸条件を記載したポツダム宣言（付録参照）に至る一〇週間の道程の予備的第一歩であった。ポツダム宣言は、日本が敗北した後の米国の対日政策がどのような内容になるかについての米国政府の三年にわたる作業に基づく最後通牒で、終戦を日本に促すためのものであった。

その頃はまだ日本に対する戦争に米国が勝つ見通しがはっきりしていなかったが、真珠湾における惨事の後約六カ月して国務省に小グループが編成され、敗戦後の日本に対する政策の作成が始まった。当時日本史の専門家としては唯一の米国人の故ヒュー・ボートン（Hugh Borton）が作業を主導したが、彼は公式の担当者ではなかった。戦争が米国にとって有利に進み始めたとき、国務省の関与は増大した。結局、一九四四年末にこの作業は、欧州、太平洋双方における軍事行動から派生する非軍事問題を対象とする政策を扱うために創設された国務、陸軍、海軍三省調整委員会（「スウェンク」と読まれる厄介な略語、ＳＷＮＣＣで知られる）に組み込まれた。残念ながら、ＳＷＮＣＣの歴史と、また本書の目的のために重要なその極東係の歴史については、まだ書物がない。

米軍が日本の陸海空軍を壊滅させるのに大きな役割を演じているとき、国務省とＳＷＮＣＣの委員たちは、日本の降伏とそれに続く占領の双方の基礎となる政策作成において主役を演じていた。日本に対する戦争は、米国の軍事力が主となって「連合諸国」が合同で遂行したし、降伏、占領、そして最終的な和平についても「連合諸国」がしっかりと実行したが、その基となる政策は米国のものであった。

米国は、一九四五年七月一六日〜八月二日のポツダム会議でその結果が承認された日本の陸海空軍の軍事的敗北による降伏と占領について、指導的な地位に推された。降伏の条件を文章にした会議文書が、ポツダム宣言（付録参照）である。それはまた、占領と明治憲法から昭和憲法への抜本的な転換を含む日本の戦後史の双方を理解するための鍵となるものである。

米国大統領（トルーマン）、中華民国総統（蔣介石）、そして英国首相（チャーチル）が署名して出されたポツダム宣言は、「われわれの決意に支えられたわが軍事力の完全な使用は、不可避かつ完全な日本軍の壊滅と、日本本土の完全な破壊を同様に不可避なものとすることを意味するであろう」という警告に始まっている。原子爆弾については述べられていないが、「完全な破壊」の意味は数日後に明らかにされた。宣言の最後の文は、「日本政府が日本全軍の無条件降伏を宣言しなければ、日本を直ちに完全に破壊する」と断言しているが、これはチャーチルとルーズベルトの考え方の最終的な定義である。

諸条件は二つの部分に分かれている。最初の部分は、「日本国民を騙し、誤った方向に導いて世界征服に乗り出させた者たち」の影響力と権力の永久的な除去、「日本領土内の『連合国』が指定する諸地点」の占領、本土諸島へ日本の主権を限定すること、そしてすべての戦犯に対する「厳格な裁判」という懲罰的なものである。第二の部分は、降伏から日本が得られる利益と呼ぶことができるかも知れないものを扱っている。完全に武装解除した後の日本軍は、「それぞれの家庭に帰って、平和で生産的な生活を営む機会を与えられ」、「連合国」は日本国民を「民族として奴隷化したり、国民として滅亡させたり」する意図はもっておらず、目的が達成されれば占領は終わるであろう。

さらに重要なのは、政治的条件と経済的条件である。政治的には、「日本政府は、日本国民の間にある民主的傾向の復活と強化に対する障害をすべて取り除くものとする。言論、宗教、そして思想の自由のみならず基本的人権の尊重も確立されるものとする」。経済的には、「日本は自らの経済を支えるような産業を維持することを許されるものとする。……この目的のため、原料の入手（支配とは区別される）を許されるものとする。最終的には、世界貿易関係への日本の参加が許されるものとする」。最後に、占領は、その目的が達成され、「日本国民が自由に表明する意思に従って、平和的傾向をもつ責任ある政府が確立された」ときに終わる。

この宣言は、会議のほぼ中途の、一九四五年七月二六日に発表された。五月八日のトルーマンの声明書と違って、この宣言は日本に大量に流された。間違いなく日本政府内の適切な対象先に配布されるよう、米国戦時情報局は日本向けのラジオ放送の中でこれを特に取り上げ、また少なくとも国民の一部の間でそれが間違いなく回覧されるよう、米国機が和訳付きのパンフレットを何百万部も空からバラ撒いた。結局のところ、それは、題名はそうでなくてもその内容により、戦争を終わらせるための日本の指導者に対する最後通牒であった。

最初、ポツダム宣言は意図した効果を生まなかった。鈴木貫太郎首相が、政府はこれを〝黙殺〟すると発表したが、二つの文字のうちで主要なものは「黙」であり、「拒否」でなく「黙って見過ごす」あるいは「注意しない」という意味で理解される。

日本の意思決定のための背景は、八月六日と九日に落とされた二発の原子爆弾と、やはり八月八日に行われたソ連の宣戦布告によって劇的に変わった。八月一〇日に、東京のスイス代理大使は米国国務長官ジェームス・F・バーンズ（James F. Byrnes）に、日本が宣言を「この宣言は、『主権君主』としての天皇陛下の大権を損なう要求を、何も含んでいないという了解の下に」「条件付で受諾」する旨を打電した。「『主権君主』としての天皇陛下の大権」が、国家の基本法に基づいたものであり、〝国体〟の観念の核心にあるものであるとは述べられていなかったので、制限条件は曖昧なものであった。

バーンズも、その返事の中で下記のように天皇について述べることにより、天皇の人権の問題を避けた。

天皇は、ポツダム宣言の諸条項を実施するのに必要な降伏の諸条件に対する日本政府および大本営による署名を承認し、保証することを求められる。また、実際の軍事行動を停止し、武器を引き渡すよう、日本の陸海空軍当局および場所の如何を問わずその管理下にあるすべての軍隊へ命令を発し、降伏の諸条件に効力を与えるのに「最高司令官」が必要とするその他の命令を発するものとする。

このようにしてバーンズは最終的に、無条件降伏が軍に対して課せられることを確認した。これらの言葉の行間にあるのは、天皇が軍の最高司令官であるという憲法の規定を認めたことである。

しかしバーンズは、「政府の最終的な形態は、ポツダム宣言に従って日本国民の自由に表明された意思によって決められるものとする」とも述べることにより、間接的に天皇の憲法上の地位に触れた。これらの言葉は、天皇の臣民が自由に表明した意思により天皇の大権が支持されるという日本側の解釈を妨げていない。

宣言の受諾についての最後の争いについては、ここで詳しく検討しない。国務各大臣が、天皇に対する一致した上奏案について合意できず、外務大臣は受諾を勧告し、陸軍大臣と海軍大臣は拒否を上奏したことを述べれば十分であろう。手詰まり状態は、天皇が受諾を選択したので解決された。彼は裕仁という名の人間としてでなく、明治憲法に記載された主権君主として行動した。この解釈は、ポツダム宣言が戦勝国の意思を課したものでなく、敗北はしたが依然として主権を保持していた日本と戦勝敵国間の国際協定書であるとする、何人かの日本人の見解の基礎となっているのかも知れない。

降伏

一九四五年八月一五日（日本時間）正午に、天皇は国民に対し、録音したラジオ放送により政府の全国放送網を通じて、自らの意思決定を発表した。天皇の声が国内で聞かれたのは、初めてのことであった。玉音（天皇の声）とそれが伝えたメッセージの双方が、それを歴史的で日本史の中でも極めて緊張した瞬間にした。

主要な文は、「わが政府に対し、米国、英国、中国およびソ連宛てに、わが『帝国』が彼らの『共同宣言』を受け入れる旨を伝えるよう命じた（朕ハ帝国政府ヲシテ米英支蘇四国ニ対シ其ノ共同宣言ヲ受諾スル旨通告セシメタリ）」。詔勅は、「日本の自己保存と東アジアの安定化のために（帝国ノ自存ト東亜ノ安定トヲ庶幾スルニ出テ）」、一九四一年に宣戦布告をした理由を提示したが、この特性叙述は、戦争中に限りなく繰り返された政府の宣伝の大幅な圧縮である。宣言は、戦局が必ずしも日本にとって有利に展開しなかった（戦局必スシモ好転セス）ので受諾されたとしているが、戦勝諸国はこれを歴史上最大の婉曲表現の一つと見た。注目に値する点は「不必要な事態の混乱を引き起こすような、感情の激発については最も厳しく注意するように（若シ夫レ情ノ激スル所濫ニ事端ヲ滋クシ或ハ同胞排擠互ニ時局ヲ乱リ為ニ大道ヲ誤リ信義ヲ世界ニ失フカ如キハ朕最モ之ヲ戒ム）」という警告である。これは、最高で依然として神聖な君主からの、「占領に対し協力せよ」との意味を明白に伝えたものと思える。

宣言の受諾は、非公式で不完全な休戦と説明できる短い期間を作り出した。満州と朝鮮半島でのソ連軍、および中国の国民党軍と共産軍は、日本に対する軍事行動を続けた。米国とその他の同盟国は、軍事行動を停止した。

降伏は、日本政府の代表、および公式に席に連ねた者として、連合軍最高司令官としてのダグラス・マッカーサー元帥、チェスター・W・ニミッツ（Chester W. Nimitz）海軍提督、およびその他八カ国の代表の臨席のもと、一九四五年九月二日、東京湾における米国戦艦ミズーリ号の甲板での、降伏文書の署名により完了した。文書は、あたかもその起草者がバーンズの声明書を目の前に置いているように書いてある。第一に、二人の日本側署名者は外務大臣・重光葵と大本営代表・梅津美治郎大将であった。文書は、文官である重光を「大日本帝国天皇陛下及日本国政府ノ命ニ依リ且其ノ名ニ於テ」署名したと、また梅津を「日本帝国大本営ノ命ニ依リ且其ノ名ニ於テ」署名したと確認している。このように異なる規定は、軍の反対者が軍の指令権の独立放棄を占領への抵抗の正当化に使うことに対する、保障措置であったとするのは妥当な推測である。

降伏文書の内容は、次のように概説することができる。ポツダム宣言の受諾、大本営、その支配下にある一切の日本国軍隊、そして日本国の支配下にある一切の軍隊の無条件降伏宣言、すべての文官、陸軍、海軍の将官に対する、「最高司令官」が発するすべての布告、命令、および指示を遵守し、かつこれを施行し、彼によって特に任務を解かれない限り、各自の地位に留まり、非戦闘的任務を行うことの命令、ポツダム宣言の諸条項を誠意をもって履行することの、天皇、日本政府、そしてその後継者に対する命令、すべての連合国の戦争捕虜と民間人の被抑留者を解放し、その「保護、手当、給養及指示セラレタル場所ヘノ即時輸送」のための措置を取ること。この文書は、次の声明をもって終わっている。「天皇及日本国政府ノ国家統治ノ権限ハ本降伏条項ヲ実施スル為適当ト認ムル措置ヲ執ル連合国最高司令官ノ制限ノ下ニ置カルルモノトス」。この最後の規定は、憲法が規定するところにより国を統治する天皇の権限の継続を認めている。天皇の受諾により、ポツダム宣言はその主要な目的を果たした。それにより戦争は終結し、その結果両方の側に利益がもたらされた。日本にとって、それは国家政策の手段としての戦争の半世紀がその結果としてもたらした死と破壊の終わりを意味した。連合国側にとって、それはドイツ、イタリア、および日本という軍国主義、官憲主義枢軸敵国からの脅威の終わりを意味した。双方の側にとって、それは、差し迫った日本侵攻計画に伴う惨禍についての心配を終わらせた。しかし宣言は、敗戦敵国日本に対する実務的政策とは考えられなかった。

降伏後における米国の初期の対日方針

ポツダム宣言は日本に、戦争が終わったときどんなことが予想されるかを明確に示したが、一般的な表現で述べているだけであった。詳細は、米国外交史の中でも最大の文書の一つである「降伏後における米国の初期の対日方針」（USIPPJ、付録参照）の形で発表されている。それは、これまで正当な評価を受けていない。USIPPJは、戦闘が停止された二週間後そして降伏文書の劇的な調印のほんの数日前である一九四五年八月二八日に、ホワイトハウスが公表した。その頃は、圧倒的に戦争の終結が日本に対する米国一般大衆の関心の的であった。占領問題が米国で激論を呼んだことはまったくなく、日本との終戦とほとんど同時期に最終段階に入った中国の悲劇的な内戦への関与の方が、はるかに多く新聞紙上を賑わした。したがってUSIPPJが米国一般大衆の注目の的となったことは一度もなかった。

ＵＳＩＰＰＪは、前にその概略を述べたように、国務省とＳＷＮＣＣでの計画作成の長いプロセスの産物であった。それは政策文書であっただけでなく、その後米国統合参謀本部による軍事命令の形に焼き直され、日本の占領における「連合国最高司令官」（ＳＣＡＰ）としての任務を遂行するための基本的な指令として、マッカーサー元帥に送付された。米国は日本に対する軍事攻撃の主役としての重荷を負ったので、主占領国の役割に自動的に移行し、その意思決定については、他の「連合国」の事後承認を得ればよかった。マッカーサーは、「連合国」「の」でなく「のための」「最高司令官」であった。前置詞の選択は、彼が戦時同盟国を代表して行動する米国の元帥だが、米国政府に対して責任を負っており、したがってその他の関係諸国の権力（そしておそらく介入）の影響も受けないことを明確にしたので、重要なものであった。米国海軍は日本の軍事力の破壊に大きな役割を演じたが、陸上の占領には海軍でなく陸軍が必要であったので、海軍の元帥でなく陸軍の元帥が占領の指揮のために選ばれた。ＵＳＩＰＰＪがうまく実施されたことで、一九四七年の昭和憲法の制定と、またむしろこちらの方が重要性が大きいのだが、この憲法のために必要であった政治的、社会的、経済的環境を作った戦後日本社会の進展の双方がかなりよく分かるので、ＵＳＩＰＰＪを詳しく分析することが必要である。

政策は、下記二つの最終目的を述べている。

1　日本が再び米国の脅威となったり、または世界の平和および安全の脅威となったり、しないことを確実にすること。

2　他の国家の権利を尊重し、国際連合憲章の理想と原則に示された、米国の目的を支持する平和的且つ責任ある政府を、究極において樹立すること。米国はこのような政府が、できる限り民主主義的自治の原則に合致することを希望するが、自由に表示される国民の意思に支持されない、如何なる政治形態をも日本国に強要することは、連合国の責任ではない。

これらの目的は、ポツダム宣言に見られる懲罰・慈悲の二面を忠実に反映している。最初の目的は、それが半世紀近くもの間緊張が高まり続け、ついに爆発して戦争に至った日米関係に基づいており、また中国に対する経済的、外交的、政治的、そして最後には軍事的侵略という同じ期間の日本の歴史に基づいていることから、過去に目を向けたものである。

二番目の目的は、将来に目を向けたものである。その目指すところは、二〇世紀の前半に追求したものとは正反対な道をたどるような日本を作り出すことであった。自らの民主主義制度を誇る国である米国にとって、日本の新政府が「できる限り民主主義的自治の原則に合致すること」を望むのは自然なことであった。したがってこの目標は、明治憲法を終わらせることでもあった。しかし重要なこととして、この政策は「自由に表示される国民の意思に支持されない、如何なる政治形態をも日本国に強要する」意図を否定するという重要な自制も含んでいた。

これら二つの目的は、過去に目を向けた比較的に重要性の低い二つの手段と、将来に目を向けた極めて重要な二つの手段から成る四つの主要な手段によって達成されることになっていた。最初の二つは、日本の主権を本土諸島（日本の主権の歴史的範囲）に限定することと、完全な武装解除と非軍事化に関するものであった。武装解除の意味は明白であった。非軍事化は次のように説明されていた。「軍国主義者の権力と、軍国主義の影響力は、日本国の政治生活、経済生活および社会生活より一掃される。軍国主義および侵略の精神を表示する制度は、強力に抑圧される」。

三番目の手段は、政治的なもので、明治憲法に代えて新しくてまったく異なるものにすることに対して、直接的で極めて重要な影響を与えるものである。「日本国国民は、個人の自由に対する欲求並びに基本的人権、特に信教、集会、言論および出版の自由の尊重を増大するよう、奨励されるものとする。日本国民には、民主主義的および代議的組織の形成が奨励されるものとする」。

第四の手段は、経済的なものであった。「その平時の需要を充すことができるような経済を、自力により発達させる機会を与えられるものとする」という日本国民の権利が述べられていた。その後の展開が立証したように、この手段は日本経済の将来にとっての大きな重要性を意味したが、憲法の問題には関係がなかった。

ＵＳＩＰＰＪの第二部は、日本における「連合国」の権力についてであった。それは、米国が指名した最高司令官の下の「連合軍」の占領について、また米国とその他の「連合国」政府の間に意見の相違が出てきたときに、米国の政策が優先されることについて規定していた。

第二部の主要な条項は、「最高司令官」と日本政府の間の関係に関するものであった。

最高司令官は、米国の目的達成を満足に促進する限りにおいては、天皇を含む日本政府機構および諸機関を通じて、その権限を行使する。日本国政府は最高司令官の指示の下に、国内行政事項に関し、通常の政治機能を行使することを許容される。但し、この方針は、天皇または他の日本国の権力者が、降伏条項実施上最高司令官の要求を満足に果たさない場合、最高司令官が政府機構または人事の変更を要求し、あるいは直接行動する権利および義務により、制限されるものとする。

さらにまた、この方針は最高司令官をして、米国の目的達成に指向する革新的変化に抗して、天皇または他の日本国の政府機関を、支持するよう拘束するものではない。すなわちこの方針は、日本国における現存の政治形態を利用しようとするもので、これを支持しようとするものではない。

占領の支配的な性格をこのように定式化することは、(1)その後の経験から、米国政府と、初めから再建と変革の道に船出した日本の双方の目的にとって、理想的であったことが立証されるような種類の政策がUSIPPJに含まれていたこと、(2)マッカーサー元帥が、その特異な性癖にもかかわらず、結果的にその仕事にとって完全な人間で、その目的との軋轢をほとんど起こさずに政府の占領政策を実施したこと、そして(3)自身の政府の運営と占領軍からの指令の実施の双方に責任をもっていた日本の当局者が、意識していたか否かは分からないけれども、占領軍の諸政策が彼ら自身および彼らの国のためになるように考えられていると納得していたように思えることにより、結果として効果を挙げた。

対日方針の第三部には、政治の領域で目的を達成するための手段が詳しく挙げられていた。この詳細には、「現在および将来の国民の苦境」が軍部の責任であることを国民に納得させること、陸軍、海軍、空軍、秘密警察組織、および民間航空を廃止すること、「公職およびその他の公的または重要な私的責任ある如何なる地位」からも軍国主義と好戦的国家主義の積極的推進者を排除すること、超国家主義的または軍国主義的な社会上、政治上、職業上および商業上の団体および機関は解散され、禁止されること、教育制度から「理論上および実践上の軍国主義そして超国家主義」を除去すること、そして元陸海軍将校および「他の一切の軍国主義および超国家主義の提唱者」を公職、教育者の地位、経済的に責任ある地位から追放することが含まれていた。また戦争犯罪で告発されたすべての者は逮捕され、裁判に付され、そして有罪の判決があったときは処罰されることになった。これらの列挙は印象的であり、明治憲法の下で栄えた軍国主義と官憲主義を排除するように考えられたものであることは明白である。

その後に取られるべき積極的な政治活動の列挙は、将来にとって一層大きな重要性をもっていた。それには、宗教的信仰の自由、「米国およびその他の民主主義国家の歴史、制度、文化、またその成果」を日本国民がよく知る機会、集会および公開討論の権利をもった政党の奨励、人種、国籍、信仰または政治的見解を理由に差別待遇を規定する法律、命令および規則の廃止、政治犯の釈放と個人の自由および人権を保護する占領の「政策に従う司法制度、法律制度および警察制度」の改革が含まれていた。これらすべての措置は、民主主義への道の道標であった。

ＵＳＩＰＰＪの経済部門（第四部）は、政治部門よりもかなり長い。経済政策には憲法についての重要性をもつものがほとんど含まれていないので、ここでは詳細を省く。主要な目的が経済面の非軍事化と民主主義的経済力の奨励にあったことを述べれば十分である。当時、これは、将来の経済の奇跡に向けた、揺籃期における第一歩としては認められなかった。

敗戦国日本のための政策を打ち出すのに向けられた何年かは、明らかに実りの多いものであった。これまでに、そのようにしっかりした計画をもって戦敗敵国を占領した戦勝国があったかどうかは疑わしい。政策の目的が達成されるとすれば、結果が日本社会の変革となることもまた明らかであった。この計画に取り組んだ者のうちどれだけ多くの人が、自分が作り出している仕事の大きさに気付いていたか、あるいは占領軍と仕事をしていた日本の職員のうちどれだけ多くの人が、占領の目的が達成されればもたらされることになる変革の程度を理解していたかは疑問に思える。

この章は、降伏した日本へ向けた米国の政策の展開と内容を扱うものだが、それでも憲法の改正の問題は取り上げない。理由は簡単である。憲法の改正は、占領政策には含まれていなかったのである。しかし日本に対する戦争とその結果である占領における米国の役割が極めて重要であったので、昨日の敵のために基本法を作るにあたり、米国は日本に協力した。

最初の一二〇日間

一九四五年九月二日の降伏文書調印で、占領が正式に開始した。定義により、また言葉の普通の意味からも、占領とは、ある国を軍事力で占有する行為である。米国による日本の占領は、圧倒的な米国の軍事力が日本に敗北を与え、その結果占領となったのだから、確かにその定義に合う。しかし明らかに軍事的な由来と特徴を超越して、重要な歴史的事態の進展として占領を理解するためには、占領が一九四五年晩夏に始まったときの占領国としての米国の役割と被占領国としての日本を理解する必要がある。

占領の初期に、日本は危機的状態にあった。一つ（京都）を除いて、日本のすべての都市は米国の大量の爆撃により徹底的に破壊されていた。食糧、衣服、そして住居の不足は深刻であった。爆撃と軍需品生産の停止の結果が重なって、経済は混乱状態にあった。公共輸送は、その機能を失っていた。家族の生活は、徹兵と戦時産業のために崩壊していた。学校は閉鎖され、戦争のために必要とされない民間人は都市から疎開していた（あるいは逃げていた）。軍の被害も民間の被害も甚大であった。徳川幕府体制の崩壊と欧米諸国への開国によって日本が直面した危機から一世紀も経っていなかったが、その当時の危機は比較の上では軽微なものであった。

しかし日本は、軍国主義の終焉と官僚機構の生き残りという二つの戦後の展開から利益を得た。敗戦は、政府と政治における支配的な要素としての軍を実質的に抹殺し、復員と武装解除は社会全体における軍の役割に終止符を打った。官僚機構は生き残り、戦時の荒廃がその仕事を極めて困難なものにしてはいたが、USIPPJは国内問題について引き続き指揮する権限を与え、彼らはこの困難な仕事を適切に進めた。

敗戦国、被占領国として、日本は降伏後通常の外交関係をもっていなかったが、ポツダム宣言を受諾することにより、昨日の敵との奇妙な関係に身を委ねることになった。宣言は占領後日本が何を予想できるかの概略だけを提供しているが、USIPPJは占領が軍事行動をはるかに超えるものとなることを示す豊富な詳細事項を提供している。

日本が対応しなければならなかった占領の仕組は、どんなものであったのか。以下にその骨子だけを説明するが、実際のところそれは日本のもう一つの政府であった。その頂点には米国陸軍元帥ダグラス・マッカーサーがいた。最初から彼は占領と同一視されていたので、米国人にとっても、日本人にとっても、彼は占領の化身となり、占領は彼の占領であった。しかしそのよく知られているイメージは、ときどきあることだが、事実とは一致しなかった。米軍では最高の階級にあったが、それでもマッカーサーは米国政府と大統領の下位にあった。彼の大きな功績は、政府の占領政策の実施を適切に監督したことであった。

マッカーサーの本部（GHQ）には、連合軍最高司令官（SCAP）と極東軍司令長官（CINCFE）という彼の二つの肩書きが示すように、二つの部門があった。SCAPとして占領を指揮し、CINCFEとして極東および西太平洋の全米軍を監督した。ここでの関心は、SCAPに限定される。しかし占領の初期段階においては、降伏の後であっても占領軍に対する軍事抵抗が起こる懸念があったので、極東軍の指揮も占領に関係した。しかしその懸念は的外れであることが明らかになった。

SCAPには二五の局と事務所があったが、そのうちの六つだけをざっと紹介する。公衆衛生福祉、民政、経済社会、天然資源、民間情報教育、そして法務である。これらの局を合わせると、占領の関心事の全分野がカバーされた。民政局だけが憲法改正に直接関与するようになったので、本書でも突出して扱われる。

米国の対日降伏後政策は、三つのD、すなわち武装解除（disarmament）、非軍国主義化（demilitarization）と民主主義（democracy）を中心としていた。武装解除、すなわち軍の復員と戦闘能力の破壊は、GHQとCINCFEの職責であった。非軍国主義化、すなわち超国家主義と官憲主義の双方の基礎を成していた思想、教化、および宣伝の排除、それと民主主義の推進はGHQとSCAPの職責であった。特に民間情報教育局は、古い考え方、教化、および宣伝の排除を通しての非軍国主義化、特に広汎な分野の教育が職責で、民政局は、官憲主義的な行政制度と政治制度の除去、およびそれらを民主的なものに移行させることが職責であった。

占領は自明のこととして、かつ、実際に軍事行動であったが、一九四五年には、米国軍は依然として「文民」支配であった。一九四一年には、米国軍は二、三年後の状態と比べると小さく、例えば、日本軍の場合のようには社会に組み込まれていなかった。したがって訓練はいうまでもなく、軍職に経験のある将校や兵士もほとんどなかった。戦争の圧力が間もなく、そのような状況を是正した。戦争に必要なさまざまな技能について、人員の訓練が行われた。例えば、民政局の司令将校であるコートニー・ホイットニー（Courtney Whitney）陸軍准将は、職業で言えば弁護士であった。一九四六年初頭の頃、彼の主要な部下たちもまた弁護士であった。同局にいたのは、少数の民間人とそれよりもさらに少ない数の、「真珠湾」前に軍にいたことのある将校たちであった。

主として占領業務に携った幹部職員部局は日本の市民社会の問題を扱っていて、米国では民間の職業をもっていた将校たちが配置されていた。その結果、形の上では、日本は一九三一年ごろから一九四五年までそうであったように、二元的行政下にあった。昔の二元行政は国家政策の手段としての戦争に関心をもっていたが、新しい二元行政は、政策が示していたように平和と民主主義に関心をもっていた。

二元行政の支配的部分として、占領軍の当初の主な仕事は昔の制度を廃止し、戦争における日本の軍事的敗北に終止符を打つことであった。この仕事は比較的に単純なものであった。第一に、軍隊の復員をしなければならなかった。戦争が終わる前に、海軍の戦闘能力は失われていた。空軍が米軍の爆撃攻勢から日本を守れないことは、はっきりしていた。ポツダム宣言と降伏文書は、日本軍の兵士がはるか遠方より日本に送り返されて、民間の生活に戻されなければならないことを意味していた。アジアと西太平洋戦線における日本の武器の放棄と日本の防衛力の破壊は、日本の戦闘能力の喪失を意味していた。

この二元政治の二つの当事者の活動は、どのように調整されていたのだろうか。それは、終戦連絡中央事務局（ＣＬＯ）という官僚による作業を通してである。それは占領の歴史に留められる価値を十分にもっているが、日本人でそれについて本を書いた者はおらず、占領について本を書いた人でも、それがあったことを述べる以上のことはしていない。その設立の経緯については、何も分からない。一九四五年九月二四日付の、日本政府に対するSCAPが出した五一番目の指令の宛先は、「在東京終戦連絡中央事務所を通じて」であった。これは明らかに、CLOの名前が出てきた最初のものである。

CLOは、外務省の管轄下に入ることになった。占領は政府にとって大きな関心事なので、内閣の管轄下になるかも知れないと予想されたが、予期されたようにはならなかった。しかしそれを外務省の領域に入れたのは、極めて道理に適っていた。第一に、占領を実施するのは占領の基本政策を作成した外国の政府の軍隊であった。自然の帰結として、CLOの業務スタッフは、外国政府の当局者を相手にする経験をもった職業外交官から成っていた。さらにほとんどの者が業務遂行のための英語の知識をもっていた。これは、降伏後政策の実施を担当する米国人の間で日本語の能力が不十分であったことを考えると、必要な資格であった。

CLOは政策を作成する機関でも、政策を実施する機関でもなかった。日本政府とSCAP間のすべての公式な連絡はCLOを通して行われたので、二元政治の神経系統の中心としてCLOを説明することができるかも知れない。それは、SCAPの指令を適切な日本政府の省庁あるいは機関に回すこと、日本政府からの連絡を適切なSCAPの部門に回すこと、そして重要書類の英和、和英翻訳をすることを担当した。また、両サイド間の会合や会議の手配もした。

その公式な職務の一部ではなかったけれども、多分CLOは、特に占領軍の人事について、日本側のための非公式だが貴重な情報源の役割を果たしたのであろう。CLOがなかったならば、占領側と被占領側の関係の混乱は回避できなかったであろう。CLOの詳細な研究は、占領の歴史に大きく貢献することだろう。

一九四五年一〇月四日SCAPは、市民の自由の権利に関する指令あるいは自由の指令として知られる指令を出した。それは、日本政府に対して、「思想、信仰、集会、そして言論の自由」を制限し、「情報の収集と配布」を制限し、「人種、国籍、信条、乃至政治的意見を理由として如何なる人に対しても有利にまたは不利に、不平等に影響する」、「すべての法律、政令、指令、条例、そして規則」を廃止し、停止することを命じた。さらに、政治犯、すなわちこれら自由を制限する政府の法令に違反したために投獄された者はすべて、一週間以内に釈放されることになった。また、これらの法律を施行するために作られた政府機関は、すべて廃止されることになった。この指令は、官憲主義の終わりと、ひいては、明治憲法に具現されていた人権に対する制限の終焉を意味した。

一九四五年一二月一五日、ＳＣＡＰは「国家神道」の廃止を命じた。それは政府が後援、支援し、超国家主義の核心に置かれていた天皇崇拝の準宗教であった。この指令は、「教派神道」と呼ばれる真の宗教の方は、その用語から注意深く除外した。このようにして保障されたばかりの信仰の自由は守られた。「国家神道」は、神聖であると主張されていた皇統を中心に構築した政府の創作物であり、天皇主権が明治憲法の基盤であったのであるが、その廃止は憲法上の重要な問題としてはほとんど注意されることはなかった。

人間宣言

一九四六年一月一日、裕仁天皇は〝人間宣言〟として知られる詔書を出した。しかしそれは、少なくとも世界の英語圏においては、「神性の放棄」として知られている。この後者の題目は、間違いではないが、それは、かなり長い声明の中の短い部分に由来しており、その声明は、日本近代史の流れの中にそれを置くこと、またより具体的には、憲法の改正においてなぜそれが表明されることがなかったのかということに注目することの双方のために議論する価値がある。

明治憲法の場合と同様に、その日付が重要である。明治憲法が日本の「建国記念日（紀元節）」である一八八九年二月一一日に発布されたことが想起される。「人間宣言」は、日本の伝統においては日常生活の新たな更新の日である元旦に出された。前に概説したように、ポツダム宣言の受諾から年末までの数ヵ月はまさに重要であった。

「人間宣言」は、一八六八年の明治天皇の「五箇条の御誓文」を言葉どおり繰り返すことから始まっている。次にこう書かれている。

叡旨公明正大、又何ヲカ加ヘン。朕ハ茲ニ誓ヲ新ニシテ国運ヲ開カント欲ス。須ラク此ノ御趣旨ニ則リ、旧来ノ陋習ヲ去リ、民意ヲ暢達シ、官民挙ゲテ平和主義ニ徹シ、教養豊カニ文化ヲ築キ、以テ民生ノ向上ヲ図リ、新日本ヲ建設スベシ。

「御誓文」にある「旧来の陋習」とは、徳川体制の封建主義と権力の独占を指すものであり、また直近の過去の軍国主義と官憲主義を指すものでもある。新しい日本の見通しを完全に平和的で、国民の生活水準の向上としたことは将来を予言している。

宣言は次に、戦禍、罹災者の艱苦、産業の停頓、食糧の不足、そして失業を現在の差し迫った問題として列挙しているが、国民が現在の試練に直面し、かつ平和のために努力するに当たっての国民の結束が輝かしい前途につながることを付言している。さらに「長きに亘った戦争と敗北、国民の焦燥と失意、詭激の風が長じること、そして道義の念の衰えは、『思想混乱』につながる恐れがある」と付け加えている。

ここで、人間宣言が出てくる。「天皇と国民との間の紐帯は、終始相互の信頼と敬愛によって結ばれ、単なる神話と伝説とによるものではない。天皇を現御神《あきつみかみ》とし、かつ日本国民を他の民族に優越し、世界を支配すべき運命をもつとの架空の観念に基づくものでもない」。

政府と国民に最大の努力を尽くすよう呼び掛けた後で、宣言はこう結んでいる。「一年の計は年頭にあり。天皇の国民が天皇と其の心を一にして、自ら奮い、自ら励まし、以ってこの大業を成就することを請い願う」。

宣言の評価をする前に、脱落を指摘することができる。終戦時の詔書で短く述べられた、戦争の原因と日本の敗北の理由が記載されていない。占領、ポツダム宣言、あるいは天皇制の地位に関する「国家神道」の廃止について述べられていない。神性の放棄により不可避となった憲法改正についての記載がない。しかしこれらの脱落は、宣言の重要性を減ずるものではない。

第一に、宣言は、降伏後約一二〇日後に出された。この期間には大きな意味がある。それは、占領の日本に対する意味が明らかになるのに十分であった。それは辱めを意味するものではなかった。基本的な国内の機能を実行するために政府は存続したし、天皇はその主権の中心として、憲法上の役割の源泉である「国家神道」における中心的な役割と自身の神性を奪い取られはしたけれども、皇位には留まっていた。占領政策と占領措置は、平和な経済に向けた日本の途上に大きな阻害要因がないことを示していた。それは、政府と政治の圧政制度からの自由と、その結果としての基本的人権の享受に基づいた民主国家の建設を意味した。

したがって占領軍と共同作業する必要性についての力強いが間接的なメッセージをもった声明を出すには、時期として適切であった。前述のように、占領については何も述べられていないが、その必要はなかった。すべての日本人が事実として、略奪もなく、勝者の驕りもない「穏やかな」占領であったことを知っている。その結果、暗黙のメッセージは、次のような言葉づかいによって、明白なメッセージにすることができよう。「天皇と天皇の国民は、新しい日本の建設という大きな仕事に占領が貢献してきたこと、また貢献を期待できることを今や承知している。この関係をさらに発展させ続けなければならない」。占領の残された六年間の歴史は、暗黙のメッセージが人々の耳に届き、傾聴されたことをまさに明らかにしている。

人間宣言の由来は何であったのだろうか。残念ながら、確かなことは誰にも分からず、全容が知られるようになる保証はない。以下に米国と日本の出所から得られた情報を、ざっと説明する。

最も完全な米国側の説明は、当時ＳＣＡＰの民間情報教育局（ＣＩＥＳ）の特別顧問であった陸軍中佐、ハロルド・Ｇ・ヘンダーソン（Harold G. Henderson）が一九四六年後半に書いたメモである。戦前、彼はコロンビア大学の日本文学の学者で、占領の軍務の後同じ大学に戻った。その学者としての資格により、彼は日本と日本語を知っている少数の米国人の一人となった。ヘンダーソンはそのメモの中で、彼の上司であったケン・ダイク（Ken Dyke）中将が、「人間宣言」への彼の関与の記録を書き残すことを勧めたと書いている。

簡略にまとめると、彼の話は次のようなものである。一九四五年一〇月初旬、日本に長く住み、日本の女性と結婚し、ヘンダーソンの分野の専門家となり、職探しをしていたブライス（R. H. Blyth）という英国人が彼の所にやって来た。一カ月後、ブライスは、学習院の教師になり、また皇太子（現在の天皇）の個人指導教師となったというニュースをもって戻って来た。彼はまた、明らかにヘンダーソンと友人関係になっていたことを理由に、CIESに接触するように頼まれたとも語った。ヘンダーソンがブライスに、宮内庁（学習院を担当していた）が彼に何をして欲しいのか尋ねたところ、はっきり分からないと答えたが、宮内庁の職員はCIESの考えを知りたいのだと言った。ダイク中将は、秘密書類を見ることを許可しないことを条件に、非常勤の職をブライスに与えることに同意した。

ヘンダーソンは間もなくブライスに、民主主義が達成されるとすれば、天皇が神の後裔だという主張をどうにかしなければいけないだろうと話した。一二月の初めブライスは、「天皇が進んで自らの『神性』を是非ともできるだけ早く放棄したいと思っており、天皇は自分自身自らの神性は信じておらず、そのような考え方が軍国主義者によって悪用されたことも知っている。再びそんなことが起こる可能性を阻止したいと思っているが、彼自身もその側近たちもどうすればよいか分からないと言っている。わたくしが案を出してもいいだろうか」と言った。

ダイク中将は不在で、ヘンダーソンは時間を貰いたいと言った。しかしこれに対して「時間がない」と言われ、「少なくとも何らかの個人的でまったく非公式な案」を出して貰いたいとブライスに頼まれた。ヘンダーソンは「そこで、まったく明快だが、天皇としての尊厳を傷つけるような可能性がないとは言えないように考えた方式を作り上げた」。それを受け取ったブライスは、宣言の主要部分、すなわち神性の放棄に関する短い部分のコピーをもって翌日戻って来た。ダイク中将はこの部分を承認し、マッカーサー元帥の承認を取り付けることを引き受けた。

ヘンダーソンのメモはＳＣＡＰの関与の説明と同様優れたものであったが、残念ながら歴史の目的から言えば、日本側のことについてほとんど何も述べていない。例えば、この問題に関する天皇の見解についてのブライスの説明には、どのようにして彼がその見解を入手したかが述べられていない。面と向かっての会談であったのか。そうでなければ、誰が彼にそれを話したのか。

しかしそれよりも重要なのは、どのようにして宮内庁の最高幹部が宣言を出すと決めたのかという疑問である。これは、単に裕仁あるいは皇統にとってだけでなく、日本の国家にとって基本的な重要性をもつ問題である。それは、占領軍による「神道国家」の廃止を受け入れることを意味していた。それによって明治憲法の改正は不可避となったのである。

当時宮内庁の職員であったと思われるある人は、四〇年近く経った後に、その当時の回想を記録したが、その際「ほとんど忘れてしまった」と書いた。彼は、以下の興味をかき立てる文章で締め括っている。「すべては、他の人たちに頼りながら常にこれらの問題について指導し、監督した石渡宮内大臣の功績と偉業のためである」。それで、故人となった天皇に関する他の事柄と同様、完全な説明が書かれるためには、これも将来宮内庁の古文書の保管所が開かれるのを待たなければならない。

二元政治——憲法改正に対する二元的圧力

一九四六年初頭にＳＣＡＰが、急いで憲法改正に取り組んだのは、「冷戦」の初期段階における国際的圧力のためだとする意見を支持する有力で十分な根拠があり、理屈の通った議論がある。しかしこれら国際的圧力とは関係なく、日本の内部では占領国と被占領国の双方が深刻な問題に直面していた。最初の一二〇日が過ぎても日本には基本法がなく、明治憲法は役に立たない紙切れとなってしまっていた。

その一〇月四日付の人権に関する指令の中で占領軍は、保障されない人権を印象的に列挙している古い憲法の第二章を無効とした。侵害に対し憲法上想定された抑制を超えて法の規定を設け、それにより人権を侵害することがあっても、それは合憲だとされることはもはやあり得ない。外国の占領により導入された諸権利が日本に根付くならば、それらは必然的に民主主義の基本的な法律、民主憲法に基づいたものでなければならない。明治憲法の下で、それは第一の基本的な法典であり、その他の五つの法典はそれに合うように作られていた。新憲法についてもそれは同じであろう。これから見て行くように、他の五つの法典は、新憲法に合うように手早く改正された。占領軍の立場から見れば、この国に民主主義を植え付けるためには新憲法が絶対に必要であった。

二元政治のもう一方の要素である被占領国も、同様に新憲法を必要としていた。「国家神道」の廃止と「人間宣言」は、天皇を神から人間に引き下げることにより明治憲法の第一章（そしてそれによって樹立された行政、政治制度）を無効にした。さらに戦時の戦闘と、平和時の指令により軍隊が廃止されたので、階級としてだけでなく、行政と政治双方における支配的な勢力としての軍部も破壊された。この隙間は埋めなければならなかった。

それで、一九四六年初頭には、当時は目立たなかったが、国内の要因とまた国際的な要因が憲法改正の必要性を急激に作り出していた。そして占領の特徴を成していた二元政治が、昭和憲法を作成する共同作業の基盤となった。

第Ⅰ部参考文献目録

W. G. Beaseley, *The Meiji Restoration*（Stanford : Stanford University Press, 1972）. 英語による明治維新の標準的な歴史。

Robert J. C. Butow, *Japan's Decision to Surrender*（Stanford : Stanford University Press, 1954）. 英語による最も信頼の置ける著作。

Center for Asian Cultural Studies, comp. and pub., *The Meiji Japan Through Contemporary Sources, Volume One, Basic Documents, 1854–1889*（Tokyo : 1969）. 伊藤巳代治の明治憲法公式翻訳文と伊藤博文の『憲法義解』翻訳文の編集版を収録。

Richard B. Finn, *Winners in Peace : MacArthur, Yoshida and Postwar Japan*（Berkeley : University of California Press, 1992）. 標準一巻物占領史。

Richard B. Frank, *Downfall : The End of the Imperial Japanese Empire*（New York : Random House, 1999）. 一九四五年三月初めから一九四五年九月の降伏までの軍事、その他事件の最も信頼の置ける説明。

General Headquarters, Supreme Commander for the Allied Powers, *Selected Data on the Occupation of Japan*（東京 : 謄写印刷物、日付はないが、多分一九四九年）占領の最初の四年間についての、事実に基づくデータを数多く収録。

———, Government Section, *Political Reorientation of Japan : September 1945 to September 1948*, 2 vols.（Vol. I, *Narrative* ; Vol. II, *Appendices*）（Washington, D.C. : U. S. Government Printing Office. 日付はないが、多分一九四九年）。第Ⅰ巻は最初の三年間にわたる民政局の歴史。第Ⅱ巻は降伏に関する文書、および米国の占領政策と日本政府に対するＧＨＱ、ＳＣＡＰの主要初期指令を収録。

Ito Hirobumi, *Commentaries on the Constitution of the Empire of Japan*, Ito Miyoji（trans.),（Tokyo : Igirisu Horitsu Gakko, 1889).〈伊藤博文、『帝国憲法義解』、伊藤巳代治（翻訳）（東京：イギリス法律学校、一八八九年)。〉権威ある著作、明治憲法の公式英訳と伊藤の逐条解説を収録。

———, “Some Reminiscences on the Grant of the New Constitution,” in Vol. I of Count Shigenobu Okuma（comp.), *Fifty Years of New Japan*,〈伊藤博文「帝国憲法制定の由来」大隈重信伯爵（編纂）『開国五十年史』の第I巻に収録〉English version edited by Marcus B Huish, 2 vols.（London : Smith, Elder, 1910)

Marius B. Jansen, *The Making of Modern Japan*（Cambridge : Harvard University Press, 2000). 一六〇〇年から二〇〇〇年までの英語による標準的な日本史。

Kodansha（pub.), *Japan : An Illustrated Encyclopedia*, 2 vols.（Tokyo : Kodansha, 1993). 標準的な参考書、九巻の原本の縮小版。

John M. Maki（ed.), *Conflict and Tension in the Far East : Key Documents, 1894-1960*（Seattle : University of Washington Press, 1961). 一八九五年から一九四五年までの日本の戦争、ワシントン体制、降伏、米国の対日降伏後政策、および平和条約に関する文書を収録。

———, *Japanese Militarism : Its Cause and Cure*（New York : Alfred A. Knopf, 1945).

———, “United States Initial Post-Surrender Policy for Japan,” in Han-Kyo-Kim（ed.), *Essays on Modern Politics and History : Written in Honor of Harold M. Vinacke*（Athens : Ohio University Press, 1969).

宮沢俊義「明治憲法の特徴」田中英夫（編纂）マルコム・D・H・スミス協力『日本の法制度：紹介事例と資料』（東京：東京大学出版会、一九七六年)。

Nishiyama Matsunosuke, *Edo Culture : Daily Life and Diversions in Urban Japan, 1600-1868*, Gerald Grosner（trans. and ed.),（University of Hawaii Press, 1997). 徳川時代の日本人の生活を垣間見る、重要な資料を提供す

る。

Takayanagi Kenzo, "A Century of Innovation : The Development of Japanese Law, 1868-1961," in Arthur Taylor von Mehen (ed.), *Law in Japan : The Legal Order in a Changing Society* (Cambridge : Harvard University Press, 1963).

Conrad Totman, *Early Modern Japan* (Berkeley : University of California Press, 1993). 英語による標準的な、一巻物徳川時代日本史。

第II部　日本国憲法

4　一九四七年憲法制定の共同作業

日本の一九四七年憲法は、一九四六年二月三日から一一月三日までの間に、日本側とアメリカ側によって共同で作成され、明治憲法の改正手続に従って一九四七年五月三日に施行された。しかし憲法の大変革は、官憲主義の法律や機関の廃止により、一九四五年秋にはすでに始まっていた。日本は、「日本国政府ハ日本国国民ノ間ニ於ケル民主主義的傾向ノ復活強化ニ対スル一切ノ障礙ヲ除去スベシ言論、宗教及思想ノ自由並ニ基本的人権ノ尊重ハ確立セラルベシ」（全文については付録参照）というポツダム宣言（一九四五年七月二六日）の条件を受け入れていた。

占領軍はこれらの目的が、国民が「自由に表明する意思に従って」達成され、「平和的傾向を有し、かつ国民に対して責任ある政府」が樹立されたときには撤収する（引用はポツダム宣言より）。連合国最高司令官（SCAP）ダグラス・マッカーサーは、自由に対する制限は除去されるべきであるというポツダム宣言に基づく指令（SCAPIN）に固執した。SCAPIN一六号（九月一〇日）、六六号（九月二七日）、および九三号（一九四五年一〇月四日）は、弾圧機構の解体につながった。日本政府はこれらの指令を、勅令を使って日本の法律に転換した。一九四五年九月二〇日の勅令第五四二号に基づき、「ポツダム宣言の受入れに従って」、五二〇の命令がSCAPの指令を日本の法律に変えた。

一九四六年一月一日、天皇は公式に、自分が普通の人間であることを公然と認め（人間宣言）、天皇の神性という明治憲法の核心である原則を否定し、平和的な国際関係のために日本が全力を傾けることを約束した（付録参照）。これによって、一方で平和国家を樹立させようとする連合国の最も優先度の高い方針をも推進しながら、何らかの形で天皇制を保存するという、日本政府の主要な目標の達成は容易になった。

最初の草案への貢献者たち

戦後最初の日本政府の政治指導者たちは、憲法の修正ないし改正にほとんど興味をもたなかった。しかし一九四五年九月一八日にはもう、法制局長官であり一九四六年の憲法作成プロセスの主要な参加者である入江俊郎が、明治憲法の条文で改訂あるいは削除を要するものの重要なリストを作成した。これらの条文は、軍隊、天皇の権限およびその後一年間に討議された他の諸問題に関するものであった。一九四五年一〇月、政府は国務大臣、松本烝治の下に非公式な専門家委員会を設立した。その後三カ月の間、委員会は、明治憲法に対する重要度の低い諸変更についての提案を策定した。

一九四六年一月、ワシントンDCにおいて、国務、陸軍、海軍三省調整委員会がマッカーサー体制のために、政策指針「日本の行政制度の改革」（SWNCC-二二八）を採択した。二月一日、東京の新聞である『毎日新聞』は、松本委員会が内密に作成した憲法についての原案を発表し、他社を出し抜いた。一九四五年一〇月から一九四六年二月の間は、松本委員会とSCAPは憲法の計画について相互に接触していない。新聞のスクープにより、警戒態勢を取ったSCAPは、委員会の提案がポツダム宣言とSWNCC-二二八の要求事項を満たしていないとの結論に達した。こうして、SCAPは重い腰を上げてイニシアティブを取り、これら要求事項を満たす文書を日本政府に提出した。

他の人たちも、憲法の審議に参加して意見を述べた。一九四五年末と一九四六年初頭には、憲法研究会、憲法懇談会、帝国弁護士会およびその他のグループが、数多くの政府案でない提案を発表した。四つの政党が、SCAPの政府間業務の事務所である民政局に草案を提出した。民政局のマイロ・ラウエル（Milo Rowell）は、日本の諸提案について内容のある分析を書き、それらの作成者たちと長時間にわたり議論をした。

一九四六年二月四日、月曜日、民政局の長でマッカーサーに最も近い顧問であるコートニー・ホイットニー准将は、民政局の行政部内のスタッフ会議で、翌週に憲法関係会議として秘密裏に行動すると発表した。「マッカーサー・メモ」（手書きだが、おそらくホイットニーに口述して書き取らせたもの）が、彼らにとっての基本的な典拠文書の役をすることになった。「メモ」は、以下の三つの点を扱ったものであった。すなわち、(1)憲法に「規定されるように、天皇は、国民の基本的な意思を十分に理解する」皇室国家元首である。(2)「国家の主権としての戦争は」防衛能力建設の権利と共に「廃止する」。そして(3)「封建制度」と貴族制度は廃止する。

ラウエルの分析、国連憲章、「マッカーサー・メモ」、憲法研究会が出した草案、そしてSWNCC-二二八は、一九四六年二月四日から二月一二日の間、一九人の米国人が日本のために憲法の「概要」を起草した際手許に置いていた。二月一三日、日本政府がこの草案を受け入れれば、退位するか戦犯として裁かれることを望んでいた多くの「連合国」が、実質的に「天皇」を追及することができなくなると指摘しながら、ホイットニーと、チャールズ・L・ケイディス（Charles L. Kades）陸軍大佐は憲法草案（「GHQ［総司令部］

草案」）を提出したが、受け取った日本政府は息を呑んだ。「連合国」は法律上、日本の基本法の修正が降伏の条件に従うよう固執する権利があると感じていたが、権威あるケイディスは、日本側が重要でない点について反対しても、起草の過程で報復措置により脅すようなことはなかったと主張した。

なぜ、憲法作成のような極めて基本的な仕事なのに、急いだのであろうか。第一に、松本委員会が文書を出した後では、受け入れることのできる政府の提案が作られる可能性が小さいように思われたからである。例えば、スターリンが天皇制の廃止を支持していたので、SCAPもまたソ連が介入したり、新憲法に対して拒否権を発動する可能性が出てきたり、「連合国」の新しい政策機関である極東委員会（FEC）の他の委員が同調したりすることを恐れていた。FECには一三の「連合国」が代表を出していたが、そのうち米国、英国、ソ連、および中国の四カ国は占領政策に対する拒否権をもっていた。

SCAPは、一九四六年四月一〇日の衆議院選挙が、順調に新憲法案に対する国民投票の役割を果たすよう期待した。二〇歳から二五歳の男子だけでなく女子も、一九四五年一二月の衆議院選挙法の下で初めて投票することになっていた。

憲法の草案は、連合国最高司令官総司令部と同じ階である第一生命ビルの六階で作成された。ホイットニーは、ケイディス（議長）、ラウエル、およびアルフレッド・R・ハッシー（Alfred R. Hussey）海軍中佐の三人の弁護士から成る「運営委員会」を設置してこの過程を担当させた。ケイディスによると、最初の草案はグループ作業の結果であった。すなわち「グループで考え、グループでアイデアを出す、グループ・プロジェクトというものがあったとすれば、それは『憲法』草案作成であった」（著者宛の一九八六年一一月一七日付書信）。マッカーサーとホイットニーの他に、一七人のさまざまな人たちがそれぞれ一人から四人のメンバーから成る八つの小委員会に分かれた。すなわち立法、司法、行政、公民権、天皇、地方自治、財政、および条約（そして権能を賦与する法律諸条項）。ケイディスが平和主義の第九条を起草し、ハッシーが「前文」を起草した。ホイットニーは、すべての世代がすべての基本的人権を侵すことのできないものとする責任に関する第九七条を起草した。小委員会間の非公式な連絡は気軽に、頻繁に行われた。

「運営委員会」は小委員会の仕事を検討し、またそれに参加した。憲法に関する参考書棚がGHQにはなかったので、ビアテ・シロタ（Beate Sirota）は目立たないように東京をジープで走り回り、公共図書館から十カ国の憲法を集めて来たし、ミルトン・エズマン（Milton Esman）は著名な憲法学者、宮沢俊義教授の個人文庫から資料を借りて来た。ワイマール共和国とスカンジナビア諸国の憲法は、日本の憲法についての議論の際特に役立った。

日本の憲法の作成過程で、最も影響力をもっていた米国人はマッカーサーではなく、ケイディスであったように思われるが、一九四五年の秋、日本政府に明治憲法の改正を最初にもちかけたのはマッカーサーであった。マッカーサーがケイディスのグループを支持したことは、極めて重要であった。内閣法制局の佐藤達夫は国会審議前の時期に、日本側の起草者たちのリーダーであった。

他にも功績があったにせよ、この歴史的なプロジェクトへの参加について、参加者はその名前を述べるに値する。ビアテ・シロタ、ピーター・K・レスト（Pieter K. Roest）、ハリー・エマーソン・ワイルズ（Harry Emerson Wildes）、フランク・E・ヘイズ（Frank E. Hayes）、フランク・リゾー（Frank Rizzo）、ガイ・スウォープ（Guy Swope）、ミルトン・エズマン、ジェイコブ・I・ミラー（Jacob I. Miller）、オズボーン・ホーグ（Osbourne Hauge）、サイラス・ピーク（Cyrus Peake）、リチャード・プール（Richard Poole）、セシル・G・ティルトン（Cecil G. Tilton）、ジョージ・A・ネルソン（George A. Nelson）、およびロイ・マルコム（Roy Malcolm）である。ケイディスによれば、小委員会のメンバーのうちでは、ヘイズ（ワイオミング州ランダー出身の弁護士）、リゾー（民政局の長として、ホイットニーの後任）、シロタ（日本で育った二二歳のミルズ・カレッジ卒業者）とスウォープ（元ペンシルバニア選出下院議員、プエルトリコ会計検査長、知事）が、『運営委員会』と同様に」最も重要に思えた。彼らはみな、戻るべき民間の職をもっていた。誰も憲法学者ではなかった。シロタを除いて、数週間以上東京にいた者はなかった（もう一つ特筆すべきことは、書き取りもし、起草もするルース・エラーマン（Ruth Ellerman）の貢献であった。二人の民間の秘書と二人の翻訳者が、「運営委員会」とエラーマンの助手として配属された）。

二月二二日、日本政府は米国側が二月一三日に出した最初の草案に対して回答、議会は一院制でなく二院制としたいと反対提案して受け入れられた。しかし内閣は新しい日本語の草案を作成するに当たって、SCAPの諸原則を使うことに同意した。三月四日の午前一〇時、松本烝治と他四人の職員が、多くの変更点を詳しく記載した最新の草案を民政局に提出した。民政局の職員と松本との間の本文に関する議論の結果、午後二時三〇分、松本は怒って席を蹴った。午後六時を過ぎて民政局側が、最終版にその夜のうちに同意しなければいけないと言った。松本は残っていた日本側の人たちに、仕事を続けるように言った。日本側で最後まで残っていたのは佐藤達夫と白洲次郎、そして二人の通訳だけであった。内閣は話の進展の連絡を受けていた。午後八時三〇分頃、逐条の検討が始まり、三月五日の午後四時ごろまで続けられた結果、憲法草案の全文について同意を見た。

憲法改正の過程

三月六日、日本政府はポツダム宣言の条件に従うことに留意し、明治憲法の第七三条に基づく改正手続に従って、天皇の勅語と共に新憲法草案を国民に提起した。その同じ日に、マッカーサーは、「新しく、賢明な文書を称え、わたくしが全面的に承認する」と述べた。後の最高裁判所長官になった横田喜三郎や三宅正太郎判事のような高名な人物が中心となっていた「国民の国語運動」は、政府に憲法および将来作成される法律は堅い文語体でなく口語体を使うよう、強く要請して受け入れられた。それによってその後ずっと、一般の市民にとって法律の文言の理解が容易になった。文言の中には、英語から訳されたことが明らかなものもある。それでも、この新しい基本法は民主憲法としてのその内容においてだけでなく、明快な書き方においても明治憲法より優れている。

四月一〇日、日本の歴史でそれまでに最も民主的な選挙で、新しい衆議院議員が選ばれた。その前の一九四二年の選挙では、東条英機と「大政翼賛会」が八〇パーセントの候補者を選出させたが、そのすべては極端な国家主義者であった。一九四六年の選挙では、二五歳から八七歳までの二六九七人が立候補したが、七九人の女性候補者のうち三八人が選出され、当選者の六〇パーセントが大学卒業者であった。

憲法草案に対する一般国民の反応は、極めて肯定的であった。一九四六年五月『毎日新聞』は、憲法についての世論調査を行った。その結果分かったことをいくつか挙げると、七二パーセントが戦争放棄の条文（第九条）を必要と考え、七九パーセントが二院制の議会を支持し、八五パーセントが象徴的役割に引き下げた天皇制の維持に賛成したが、一三パーセントはその形態にかかわらず維持に反対し、五八パーセント（学生の七八・二パーセント）が家長制家族制度（家）の廃止を望み、六四・五パーセント（女性の七四・四パーセント）が男女平等を憲法が認めたことに賛成した。

内閣は四月一七日、憲法草案を枢密院に正式に提出した。枢密院はその調査委員会の勧告により同文書を承認し、一九四六年六月に新しい首相として吉田茂を承認した。六月二〇日、天皇は、ポツダム宣言の条件を実施するためのその役割を認めて、正式な憲法改正手続を始め、国民の意思に従って憲法改正を承認した。六月二五日同文書は衆議院総会に送られ、憲法議会としての審議にかけられた。

政府だけでなく、野党の社会党やその進歩的な基調を喜ぶその他の人たちの支持を得て、一九四六年の新国会で憲法は予期どおりに承認された。六月二八日、法案は、衆議院議長が指名した全政党を代表する七二人の議員から成る特別委員会に提出された。その審議結果は次に、全政党（共産党を除く）から成る一四人の小委員会に回され、七月二五日から八月二〇日まで秘密裏に手続が続けられ、日本案と民政局案の間の食い違い（たとえば、日本側の大変貴重な報道機関への情報提供）が取り除かれた。八月二一日、特別委員会は法案を承認し、八月二四日の衆議院本会議に報告した。修正された憲法改正案は八月二四日に投票に付されて、四二一対八（うち六名は共産党員）で承認され、貴族院に送られた。

特に〝国体〟と天皇制に関し、著名な憲法学者による学問的な討議と文言の挿入の後、貴族院は修正された法案を承認し、一九四六年一〇月八日国会に戻した。新日本国憲法を承認する修正手続は枢密院の形式的な検討を経て完了し、一九四七年五月三日施行の予定で一九四六年一一月三日に公布された。公布文の中で裕仁天皇は、「朕は、日本国民の総意に基いて、新日本建設の礎が、定まるに至ったことを、深くよろこび、枢密顧問の諮詢及び帝国憲法第七十三条による帝国議会の議決を経た帝国憲法の改正を裁可し、ここにこれを公布せしめる。」と宣言した。日本が主権を回復した一九五二年四月の占領終了以後それまで、日本国民は一度も憲法を改正しないと自由意志で決めたことはなかった。

広く歓迎されたこの文書のコピーは、その何百万部もが老若すべての人たちに配布された。それはすぐに学校の課程の一部となった。一九四七年四月、歴史上初めて、すべての県、市町村の行政、立法の諸職位が、中央政府の指名でなく、民主的な選挙によって決定された。

憲法が発効した前後長期間にわたり、既存の制度の修正、廃止あるいは新しい法的原則の構築がなされた。そしてそのために、裁判所法、皇室典範、教育基本法、内閣法、参議院議員選挙法、請願法、財政法、商法、労働基準法など多くの法令が成立した。刑事訴訟法は大幅に民主化された。一九四八年六月一九日、国会は、教育勅語（一八九〇年）廃止の決議を通過させた。

憲法に基づく法制改革の大作業に対し、最も重要な貢献をした米国人は、ドイツから亡命した判事、アルフレッド・C・オプラー（Alfred C. Oppler）であろう。第5章で説明するように、日本の近代法律制度は、米国の慣習法よりもドイツやフランスのものとの共通性の方がはるかに多い。オプラーとその日本の協力者は、法律の専門的な面での考え方が同じであった。日本法をよく勉強していた唯一の米国人であるオクラホマ出身のトーマス・L・ブレークモア（Thomas L. Blakemore）が、立派に彼らを助けた。戦前ブレークモアは東京帝国大学に学び、戦後になって昔の友人たちと法制改革に取り組むことになった。

憲法に関する日本の指導者たちの意思決定

英語での研究は普通米国側に集中し、米国側の寄与を誇張することが多く、また米国とその「連合国」が日本に憲法を「押し付けた」と結論付けている。残念ながら米国のマス・メディアや学界の世論形成者たちが日本国憲法に注目するのは稀なのだが、その際彼らは憲法が単に無力な日本に押し付けられたのだという神話を固めてしまう。日本ではそのような見解は、完全な再軍備を可能にするような憲法改正に賛成する極めて保守的な右翼分子と関連している。米国では、このような歴史の解釈は、アジアの安全を保持するため日本にさらなる責務を負担させたいと望む者たちの政策選好に合致する。そのように分析する人たちは、自らの位置の地政学的意味を通して考えることがほとんどない。しかしレイ・ムーア（Ray Moore）、ドナルド・ロビンソン（Donald Robinson）や日米の他の学者が行った影響力の大きい学問的研究によると、押し付けられた憲法という理論は受け入れがたいということになる。

さらに以前の研究では、大きな日本側の貢献と両サイドに実にさまざまな意見があったことが軽視されていた。一九四六年の憲法に関する議論では、米国側と日本側で大きく意見が分かれたのではなく、天皇制の維持、独立した強力な司法権、法の下での平等、市民権と市民の自由の保障、戦争と軍隊の放棄、宗教と国家の分離、そして憲法上の社会的、経済的権利の認識に関し、どの程度の熱意をもって賛成するか反対するかという点において、両サイドの個人およびグループの見解の間で、意見が分かれたのである。

裕仁天皇をどう扱うかについての提案の中には、退位、天皇制の廃止、そして戦犯としての裁判があった。

天皇や他の人たちの戦争責任については依然として論争があり、過激論者は天皇だけでなく日本をすべての犯罪的行為に関する責任から免れさせようとする。しかし天皇制の継続は、広く日本国民の心の中に圧倒的な支持を得ている。いずれにせよ内閣と衆議院での討議で、天皇（第一章）やその他の核心的な諸問題に関する日本人の論議の全面的な基調が進歩的民主主義の方向へ変わったことは、大いに注目に値する。SCAPではホイットニーがケイディスの手に問題を任せ、ケイディスは日本側が自らのイニシアティブで相談をもち掛けてきたときには、いろいろな修正に反対しなかった。

無責任な官憲主義的軍国主義の繁栄を許した欠陥のある憲法制度の失敗の下での惨めな敗北と徹底的な荒廃の苦痛の中で、憲政よりも生き残りの方に、国民の注意とエネルギーは集中していた。しかし一たび生き残りが確実になると、国を地獄に落とした政府指導者に対する深刻な幻滅と怒りが国中で熱烈に表明された。高名で権力があった人たちは信用を失った。彼らはヒットラーやムッソリーニのような圧制者と手を組んでいたのである。政治、教育、軍事、政治、宗教、マス・メディア、そしてビジネスのリーダーたちは、敗北に終わっただけでなく、文化の崩壊と全国の荒廃に終わった無分別な侵略戦争を支持したのである。

一九四五年秋から一九四六年までは、日本の歴史の中で、高度の表現の自由が奨励された（占領に関するものは除き）初めての時期であった。日常の政治においては、日本国民の大多数とその社会的指導者たちは、現在と同じようにそのときも、信用を失った体制に対する敬意をもつことはなかったが、米国やその他の国々には感覚の違う人もあり、「欺瞞に満ちた」日本の政治家も同じであった。比較の上では、状況は「連合規約」と米国憲法が制定された米国独立戦争後の状況よりも革命的であった。それは政治の原則、構造、そして手続に基本的な変革があった時期として、広く認められている。

憲法起草の過程についての歴史に詳しい日本側の学者の中でも指導的人物であると共に、起草作業への重要な参加者でもあった佐藤達夫は、米国側が日本側の諸選択を尊重する態度を示し、国会審議中は圧力をかけることを控え、日本側が提言した変更点はほとんど皆承認したと語っている。米国側が提案した考え方は、日本にとって新しいものではなかったが、政府が新しく認めたものであった。一九世紀末以降、教育のある日本人は、北米や欧州の同じ立場の人たちと少なくとも同じくらい、欧米の憲法についての考え方の傾向を承知していた。一九四五年まで、憲法についての進歩的な考え方は日本の政治の舞台において、超国家主義に抑えつけられていたのである。

一九四六年、米国側は、米国憲法についての教養ある市民の限定的で直感的な理解を持ち込んだが、日本側は法律討議、問題討議に影響を与えるはるかに高度の専門知識を持ち込んだ。憲法の誕生についての著名な学者である古関彰一は、次のように断定している。

日本国憲法を生み出した力、それは決して国家対国家の、勝者対敗者の政治的力学からだけではなかった。制定課程の関与の、その大小はあったにせよ、本質的にはその個々人の憲法観、人権思想が反映されている。日本国憲法には国家を超え、民族を超えた人々の憲法観、人権思想が反映されている。

ケイディスは、「三十余の修正」が衆議院から出されたが、そのうちの二、三は民政局の選好に反するものであったと回想している。すべてを挙げるつもりはないが、日本側の提案の影響を受けた憲法の条項について いくつか下記する。

・民政局が提案した一院制でなく、衆議院と参議院から成る二院制議会が設けられた。
・国民主権が認められ、天皇は「主権の存する日本国民の総意」に従うこととなり、儀礼的なものおよび象徴的なもの以外の天皇の役割がすべて否定され、外国から出たものでなく、一九四五年一二月一六日に公表された憲法研究会の提案から取られた国民主権が〝明示的に〟認められた（第一条・三条・四条）。
・天皇は、内閣の指名に基づいて最高裁判所の長たる裁判官を任命する（第六条二項）。これは政治の司法部門を、「国会の指名に基いて」天皇が任命する内閣総理大臣（第六条一項、衆議院による追加規定）の行政部門と、地位において同格のものとするように考えられたものである。
・意味が曖昧な所もある明治憲法と比べて、憲法の文言の明快さを作り出すことの助けとなるよう、「憲法」に古風な文語体でなく口語体の日本語を使う（内閣の決定）。
・逮捕が間違いであったことが分かった場合（第四〇条）、あるいは公務員の不法行為により損害を受けた場合（第一七条）は、訴訟を起こすことができる（衆議院）。
・国民は、「健康で文化的な最低限度の生活を営む」権利（第二五条）、およびその他の社会経済的権利を有し、また「勤労の権利を有し、義務を負」い、それと共に、「……など勤労条件に関する基準は」（第二七条）、法律でこれを定める必要がある（民主社会党）。二〇〇一年の世論調査では、市民の自由に関する条項よりも、これらの条項の方が国民に好まれていた。
・貴族制度は、現世代の死亡により徐々になくすのでなく、ただちに廃止された（第一四条二項）（社会党からの寄与)。
・内閣閣僚の過半数は、国会議員の中から選ばれなければならない(第六八条)。
・総理大臣の内閣閣僚任命は国会が確認するという要件は否決され、したがって総理大臣の地位は強化された。
・第三章(個人の諸権利)に関するもの以外のすべての場合において、衆議院の三分の二の投票で最高裁判所の判決を覆すことができるという民政局の勧告に反して、最高裁判所の判決は国会の見直しに従うことがないとされた。
・外国人に平等の権利を与えるという条項は削除された(これが一九四〇年代の米国における外国人の法律上の扱いと同じであったので、ケイディスは許可した)。
・国会は秘密会を開くことができる(第五七条)。
・地方自治は強化された(第九三～九五条)。
・予算を均衡させる必要は削除された。
・憲法改正に必要な多数は「各議院の総議員の三分の二以上」に引き上げられた(第九六条)。
・交戦権と軍隊を放棄する準平和主義的条文である第九条に基づく国家の目的に関する文言においては、「国際紛争を解決する手段としての威嚇又は武力の行使」は決して許されないとした。自衛は容認可能だが、明白にはされなかった(衆議院)。

何人かの憲法作成者

もっと単純な状況において、同様に秘密裏に審議した「米国憲法を制定した人たち」の場合のように、一九四六年に現行日本憲法の体制の基礎を築いた人たちの組み合わせには、ちょっとした偶然の好運があったのは明らかである。多くの日本人と一九人の米国人が貢献した。ビアテ・シロタ、加藤シズエ、田中耕太郎、芦田均と金森徳次郎という一人の米国人と四人の日本人の事例が、この好運を立証している。

若かったビアテ・シロタは、第三章、国民の権利及び義務、第一〇条から四〇条までの主な起草者であった。特に印象的なのは、男女同権主義が米国でも日本でも政治的に当然なものとされるずっと前に、女性の権利に関する条項に彼女が影響を与えたことである。それで三月四~五日の長い討論の間、シロタは両国の男性を説得して、不承不承女性のための平等な権利の保証(第一四条・二四条・四四条)を受け入れさせたが、そのために法律と社会における日本女性の地位の革命的な改善が促進され、今日に至るまで多くの日本人から感謝の念を勝ち取った。さらに彼女は、将来の夫、ジョーゼフ・ゴードン(Joseph Gordon)中尉と一緒に、日本語と日本文化についての彼らの知識を使って、憲法のその他の条項の文言にも影響を与えた。チャールズ・ケイディスは、さらに彼女をこう褒めている。

[シロタとゴードン]は二つの案文を調整するに当たって、米国側(「運営委員会」)に対してだけでなく、日本側の学者や弁護士に対しても計り知れないほど重要であった。だから、彼女の魅力と、第三章

だけでなく「憲法」全体の英語の案文と日本語の案文の調整における彼女の魅力と建設的貢献がなかったら、日本側がいくつかの比較的に抜本的であった条項を受けたかどうか疑わしいと思っている。これは誇張ではなく、ある時点で「ミス・シロタの心が休まるように」（あるいはそのような意味の別の言葉）と言って、ビアテが（彼女から直接、それについて働きかけを受けていた）心に決めていたのを知っていた条項（日本側はその全体を削除したいと思っていた）を、受け入れるようわたくしから日本側に頼み、日本側がまさにそれを受け入れたのを覚えている。（著者への手紙、一九八六年）

四月の衆議院選挙で日本の指導的な男女同権主義者であった加藤シズエが選出されたが、その得票数は候補者のうちでも最も大きかった多数票の事例の一つである。彼女の夫も選出された。七月六日、国会討論の中でも忘れがたい演説の一つの中で彼女は、社会の基礎としてまた日本の民主主義の舞台としての家族を、強く支持する内容の話をした。しかし彼女は、結婚、財産権、法律上の権能、相続権、および離婚のような諸問題における女性の平等な権利を憲法で明確に認めるよう強く要請して、多くの人々、特に多くの男性に衝撃を与えた。新憲法を施行するために、「民法」の改正を勧告する任務を帯びた政府の「臨時法制調査会」は、「この国の伝統的な風習と慣習」を改革の基準とした。加藤はこれを明らかに不適切と考え、女性が法律上の権能をもっていないこと、夫の同意なしには法律上の行為ができないこと、「民法」が男性には、一回の不貞の事例をもってその妻を離婚することを許しながら、女性が離婚訴訟を始めるための理由は「重大な不品行」だけであること、子供をもった未亡人は再婚を許されないことなど、いくつかの大幅に差別的な「慣習」を列挙した。これらの、そしてその他の差別的な法律は、提案されている憲法改正案の諸条件に基づいて廃止されるべきだと彼女は述べた。

彼女は、政府の戦争政策によって大きな被害を受けた女性と子供のために、平等以上の扱いを求めた。教育の権利に関する条文案は、両親または保護者のない子供たちの教育に対する国家の責任に何ら言及していないと彼女は指摘した（第二六条は結局、「すべての国民」に、無料の義務教育と能力に応じての平等な教育に対する権利を保障することになった）。教師に思想の自由を約束することは、いいことだが十分ではないと彼女は主張した。高校の教科課程は、女性が「良妻賢母」になるためだけに教育されるべきだという旧来の思想を排除するために、改訂されなければならない（民法を解釈するための基本原則はその後、「第一条第一項　私権ハ公共ノ福祉ニ遵フ（〔訳注〕私権は、公共の福祉に適合しなければならない。）……第一条の二　本法ハ個人ノ尊厳ト両性ノ本質的平等トヲ旨トシテ之ヲ解釈スヘシ（〔訳注〕第二条　この法律は、個人の尊厳と両性の本質的平等を旨として、解釈しなければならない。）」というように変更された）。

文部大臣となった東京大学教授、田中耕太郎は、これに心から同意した。商法と国際法の著名な学者でローマン・カソリック教徒の田中は、その学識と日本の伝統と世界的な諸原則の間の平衡を保つに際しての公平さのために、広く尊敬されていた。彼はその後、最高裁判所長官として、また国際司法裁判所（ハーグ）の判事の役を勤めた。明治憲法の下で公共の教育の基礎にあった儒教的道徳の神聖な声明、教育勅語を廃止する決議を国会に提出したのは彼であった。

憲法についての国会討論中に、新しい国家の土台に基礎を置いて各学生の個性と自己開発を促進するように、公立学校制度を改革すべきであると田中は主張した。男子と女子はお互いを尊重し、平等に扱われるべきである。加藤シズエはまったく満足し、この精神をもって日本女性の尊厳は強固に確立することができた。

夏季の討議の間、他の女性や男性がこれらの見解を強く支持し、それが二〇〇四年においても顕著であり続けている。将来の教科書に関する憲法絡みの大論争について言えば、歴史教育は神話でなく、「事実に基づいて」なされるべきであるとも田中は述べている。「世界の知識および世界の諸問題に関する情報の吸収において、教科書の内容は、大いに重視されなければならない……しかしまた、外国の歴史も普及されなければならず……［したがって］外国語についても同じである。」

一九四五年になって初めて政界入りし、一九四八年に短期間首相を勤めた職業外交官の芦田均は、国会の衆議院帝国憲法改正特別委員会およびその小委員会の議長に選出された。同小委員会は一九四六年七月二五日から八月二〇日までの間、秘密会合をもった。佐藤功によれば、「議長としての芦田は風格があり、会議の議長を巧みに務めた。彼は確かに立派な議長であったと言えよう。彼自身その地位を得たことを喜んでおり、それに誇りをもっているように思えた」。事実、それが政界における自分の高い到達点であると芦田は思っていた。

おそらく芦田は、第一項で国際紛争を解決する手段としての威嚇又は武力の行使を放棄すると規定している第九条への「芦田修正案」によって、最も記憶されるだろう。「前項の目的を達するため」という第二項の最初の文を、彼は加えた。彼は第一項で、侵略戦争を放棄するが、自衛権は放棄しないことを明らかにしたかったのである。第二項の残りの部分では、「戦力」を決して保持しないと述べられている。第九条の解釈については議論が多かったが、それが憲法の核心をなす条項であることに変わりはない。

学識の深い国務大臣、金森徳次郎は、「憲法改正案」の国会審議中、政府説明の調整をした。討議の間に、彼は一三六五回と誰よりも多く発言した。金森は自由主義憲法論者で、一九三六年に超国家主義者たちによって内閣法制局長官の職務から追われた。彼の罪とは、その中で天皇を国家の「機関」に引き下げた穏健な本を書いたことであった（憲法学者たちが軍部の圧力に屈する前の一九二〇年代には、天皇制の解釈の主流はいわゆる天皇機関説であった）。

しかし金森もまた、国の検閲に屈していた。憲法に関する討論の間、自分の著作からの引用が出されたとき、その失敗について彼は当惑のうちに謝罪した。同時に彼は、ほとんどのエリートが彼と同様に気弱な体制順応的態度を取ったことを、彼の批判者に対して指摘した。ドナルド・ロビンソン（Donald Robinson）は、金森の行動を次のように説明している。「彼のやり方は多くの場合学者的であったが、人を見下すようなところはほとんどなかった。彼の弱みや役割の微妙さにも拘らず、国会議員は尊敬と感謝の念をもって彼に接した……質問に対しての忍耐心と担当の仕事を捗らせる必要の間で、彼が打ち出したバランスは、ほとんどの場合やむを得ないものとして、国会議員にとっても受け入れられ、理解できるものと思われた」。彼は、政府を責任あるものとする努力をした「主人公の一人」であった。

金森や他の人たちにとって一九四六年における憲法改正推進者の中心的な仕事は、天皇を遮断幕として使い、行政や政治の指導者たちがその陰に隠れて、誰に対しても実質的な責任を取ることなく、自分が採用したどんな政策をも正当化し、それへの遵守を得るというやり方を終わらせることであった。長い討論と国会内外からの圧力の結果、主権は「国民」の下に置かれることになった。一層正確な〝国民〟の意味は、国の人々ではなく、「国家」であって、天皇は単に国家の一部であり、国とその団結の象徴である。しかし明治憲法下でのように、国民は天皇の臣民ではない。つまり、天皇も臣民である。

天皇の将来の適切な地位についての議論の激しさと複雑さは、天皇の権力の歴史的な継続性の尺度となるものではなかった。明治時代の前の約一〇〇〇年間、天皇は、国家主権に相当するものをもっておらず、競い合う封建君主間の戦いの勝者が誰であろうと、その体制を儀礼的に正当化させられたのであった。天皇は、日本の実際の指導者あるいはその他ほとんどの日本人の日常生活においては、希薄な存在であった。

さらに明治憲法は古来の伝統とは異なり、革命的なものであった。例えば明治の法典化の前は、女性は女帝になることができた（徳川時代の間に女帝は二人いた）。二〇〇四年において、神道関連の問題の論争と、弱まりはしたがそれへの敏感さが継続していることは、教化と管理の近代的手法を使い、伝統を変えるに当たっての、国家と共同社会の有効性への賞賛である。一九四六年まで若者は、変容し、神聖化された天皇を熱心に信じ、天皇に絶対的な忠誠を尽くすよう教育された。成人の思想や行動に対する国家主義的管理もまた、手の込んだものであった。一九四七年の日本国憲法は、明治憲法よりも日本の伝統的な天皇制の現実によりよく適合するものであった。

金森は、最終的には採用された〝社会権〟と経済権の条項案（第二五～二八条）は司法判断になじまず強制できないとして反対しながら、市民の自由と刑事裁判の権利の、憲法による保障を支持した政府と民政局の代表に同調した。例えば、第二五条二項は、「国は、すべての生活部面について、社会福祉、社会保障及び公衆衛生の向上及び増進に努めなければならない」と規定している。

金森が、共産党の指導者、野坂参三と自由主義の弁護士藤田から言論の自由と政治活動の自由に対する不当な抑圧の可能性について訊かれたとき、権利は「公共の福祉のために」（第一二条）行使されなければならないという一般条項を引合いに出した。国民は天皇でさえも自由に批判できなければならず、犯罪行為を行ったり、暴動をせん動したりするのでない限り、自由に自分の言いたいことを言うことができることになる。裁判所は言論の自由の要求と公共の福祉とを比較衡量することになろうと彼は述べた。野坂は「大体満足した」と答えた（ロビンソン）。

「公共の福祉」はまた、財産権、信仰の自由、そしてその他の個人の権利を制限するための基準として論議された。「財産権は、これを侵してはならない」が、「財産権の内容は、公共の福祉に適合するやうに、法律でこれを定める」（第二九条）。日本の自由主義者たちは（ケイディスと同様）、公共の福祉に関する基準（「地域住民の福祉」とも言える）の一般性について不安をもっていた。その採用後数年して宮沢が書いたように、一九四七年の「憲法」に述べられている公共の福祉は、「その意味が個人［の尊重］に深く根ざしているという点で」、戦時中の同じ言葉とは大幅に違っている（宮沢）。

日本が「深刻で、身の竦むような倫理の混乱」（ロビンソン）といった精神的危機にあったのは、国会でも皆の意見が一致するところであり、道徳の再生は宗教的感化に大きく依存するであろうと多くの人が感じていた。政治はどんな役割を演じるべきなのか。憲法改正法案はどれか一つの宗教を支持することなく信教の自由を提案し、さらにまた宗教の国家からの分離を提案した（憲法第二〇条および第八九条）。日本が何らかの意味で「神聖」であるという教えは止められていた。一九四五年一二月一六日、神道の神社に対する政府補助金は停止された。

欧米の憲法がユダヤ教・キリスト教の信仰に根ざしているように、日本の憲法は日本の宗教（例えば、仏教）に根ざしていなければならないと主張する熱烈で説得力をもつ議論があった。日本の体制は、宗教の復活なしに成功できるだろうか。田中耕太郎はこのような分析に同意したが、すべての宗教が平等に扱われ、宗教が政治から分離されることを強く主張した。公立学校ではさまざまな宗教について教えることはできるが、学術的に教えなければならず、どれかを支持したり、改宗させようとしたりしてはならない。宗教法人に対する免税措置も、考慮から外してはならない。地方の霊を祭る、地域の神道による民俗慣習やお祭りはどうか。金森は、政府が主催したり、費用を出したりしない限り、憲法に反しないと答えた。天皇が「国の象徴」として、宗教の行事に出席することは禁じられるべきだろうか。回答ははっきりしたものではなく、私人としての、また公人としての天皇の行事は裕仁天皇の亡くなった一九八九年の葬儀と即位式の際に問題となった。

一九四六年における、日本の一般社会での憲法に関する論議は、重要問題を扱うのにあたり、性急でも浅薄でもなかった。それらは、米国と極東委員会からの圧力にきちんと対応はしたが、追従的ではなかった。当時の政治の現実において必要とされた好機を逃さなかった。その観点は、過去一〇〇年間の米国およびその他諸国の憲法作成会議におけるものよりはるかに広かった。日本国憲法が外部から単に押し付けられたものだと主張する人たちは、日本のために新たな礎を築いたさまざまな日本の討議者のほとんどがもっていた、知的で、博識で、民主主義に傾倒した愛国心を正当に評価していない。異なる言語間の文化的差異が、日本側と米国側の起草者の間に大きな誤解を生じさせたという人たちは、問題を誇張している可能性がある。日本側と米国側の翻訳者や重要な草案の作成者に課せられた言語上の要求は確かに極めて大きかったが、この五〇年以上の間、一九四七年の「憲法」の英語と日本語の文言の違いがその後日本の憲法についての注目すべき問題の原因となったことは、ただの一度もない。

民政局の初期の貢献は、日本側の同じ立場の人たちが憲法を作成するための触媒として必要であったのかも知れないが、これら日本側の人たちは、日本の国民の関心と、再出発のための大きな願望を反映した意欲的な共同作成者だったのである。その後の年月にわたり、何十もの新しい法律や改正法が憲法の諸規定を制度化し、実施するために制定された。

対日平和条約

朝鮮戦争（一九五〇～一九五三年）と、中国の内戦（一九四六～一九四九年）における共産党の国民党政府に対する勝利は、北東アジアにおける大きな地政学的変化を日本と米国にもたらした。右翼国家主義者たちの追放と、報道および労働組合運動の自由の奨励に始まった占領は、報道陣と組合における左翼分子を敵視し、態勢を立て直した国家主義者に対してより寛容な態度を取るようになった。しかしほとんどの実際面では、占領時代の後期に日本憲法は確立した。

一九五二年四月二八日に日本が国家主権を回復して、「連合軍の占領」は終わった。一九五一年九月八日、日本と四八カ国（中国、ロシア、ポーランドは含まれていない）は、サンフランシスコ平和条約（公式には、対日平和条約）を締結し、これがこれら諸国間の戦争状態を終わらせた（二時間後に日本と米国は相互安全保障と相互協力の条約を締結したが、その不平等な条項は、後に論ずるように、一九六〇年の改正まで是正されなかった）。日本は、中国およびその他の地域（台湾、千島列島、その他の小さな島々、朝鮮半島、南サハリン）において一八九五年以降に獲得した領土をすべて失ったが、条約の諸条件は、「冷戦」時の政治のためもあって、比較的に寛容なものであった。

日本は、「連合諸国」に「戦時中に生じさせた損害及び苦痛に対して」賠償を支払うこと（第一四条）と、

「日本国の捕虜であつた間に不当な苦難を被つた『連合国』軍隊の構成員に」償いをすること（第一六条）に同意した。民間の犠牲者たちについては記載されていないが、後に述べるように、「慰安婦」、奴隷的労務者、およびその他の人たちに関する訴訟は二〇〇四年においても継続している。また、特別な興味を呼ぶのは、国連に将来日本が加盟すること（一九五六年に実現した）を仄めかしている条項と、憲法第九条の不戦条項に関する条項である。例えば、下記のような条項がある。

……

第五条　(a)日本国は、国際連合憲章第二条に掲げる義務、特に次の義務を受諾する。(i)その国際紛争を、平和的手段によつて……解決すること。(ii)その国際関係において、武力による威嚇又は武力の行使は……慎むこと。(iii)国際連合が憲章に従つてとるいかなる行動についても国際連合にあらゆる援助を与え

(c)連合国としては、日本国が主権国として……憲章第五十一条に掲げる個別的又は集団的自衛の固有の権利を有すること及び日本国が集団的安全保障取極を自発的に締結することができることを承認する。

一九五二年四月二八日の主権回復まで、日本国憲法が完全に発効していなかったと論じる人がいるかも知れない。どちらにしても、重要な質問として、次のような質問などが問われるべきである。これまでの何十年間に、国の法律、政治、経済活動において、日本国憲法はどのようにやって来たであろうか。二〇〇四年において、日本の憲法下の秩序と原則は、どれほど効果的に維持されているだろうか。日本の実績は、他の先進民主主義諸国と比べてどうだろうか。日本国憲法の、将来の見通しはどうだろうか。

参考文献目録

Lawrence W. Beer, "Constitutionalism and Rights in Japan and Korea," in Louis Henkin and Albert Rosenthal (eds.), *Constitutionalism and Rights : The Influence of the United States Constitution Abroad* (New York : Columbia University Press, 1990). 東アジアの比較展望を提供。

________, *Freedom of Expression in Japan : A Study in Comparative Law, Politics, and Society* (Tokyo : Kodansha International, 1984), Chapter 2. 占領時代を通じた自由の近代史を説明。

John W. Dower, *Embracing Defeat : Japan in the Wake of World War II* (New York : W. W. Norton, 1999).

General Headquarters, Supreme Commander for the Allied Powers, Government Section, *Political Reorientation of Japan : September 1945 to September 1948*, 2 vols. (Washington, D. C. : U. S. Government Printing Office, 日付なし、恐らく一九四九年)

Beate Sirota Gordon, *The Only Woman in the Room* (New York : Kodansha, 1997).

Charles L. Kades, "The American Role in Revising Japan's Imperial Constitution," *Political Science Quarterly* 104, No. 2 (1989) : 四〇年後にケイディスは、憲法起草における米国側の主要な参加者として、信頼の置ける回想を提供した。

Koseki Shoichi, *The Birth of Japan's Postwar Constitution*, Ray A. Moore (trans.), (Boulder : Westview, 1997). 『新憲法の誕生』。一般の読者向けに最も推奨できる本。

Theodore McNelly, *The Origins of Japan's Democratic Constitution* (New York : University Press of America, 2000).

宮沢俊義『日本国憲法』(東京：日本評論新社、一九六三年)。

Ray A. Moore and Donald L. Robinson（eds.）, *The Constitution of Japan : A Documentary History of Its Framing and Adoption, 1945–1947*（CD-ROM）（Princeton : Princeton University Press, 1998）. 日本の憲法の制定に関する英語文書の記念碑的編纂。八〇〇〇頁に相当する電子的保蔵、年表が有用。

________, *Partners for Democracy : Crafting the New Japanese State Under MacArthur*（New York : Oxford University Press, 2002）. 優れた著作、古関の著作と並んで最もよく読まれている。

Alfred C. Oppler, *Legal Reform in Occupied Japan : A Participant Looks Back*（Princeton : Princeton University Press, 1976）. 占領中に憲法を施行する立法を促進した、欧州法学者の回想録。

Donald L. Robinson, "Made in America? A Study of the Origins of the Japanese Constitution," Seminar on Comparative Constitutionalism, Princeton University, April 21, 1995.

佐藤達夫『日本国憲法成立史』、第一巻（東京：有斐閣、一九六二年）、第二巻（東京：有斐閣、一九六四年）、佐藤功との共著で、第三、四巻（東京：有斐閣、一九九四年）。日本語の関連資料の独創性に富んだ収集。

Robert E. Ward and Sakamoto Yoshikazu（eds.）, *Democratizing Japan : The Allied Occupation*（Honolulu : University of Hawaii Press, 1987）. 日本と米国の政治学者たちの論文集。

5　法律、憲法、および改革

二〇〇一年、代表的な憲法学者である樋口陽一は、「われわれにとっての仕事は、米国にとって『独立宣言』（一七七六年）がもつ、またフランスにとって『人間の権利、市民の権利の宣言』（一七八九年）がもつのと同じ重要性を、日本の社会に対してもっている、文書としての『憲法』の本質的要素を守ること」（樋口）であると、的確に指摘している。

過去半世紀、日本国憲法は、平和的な国際関係や人権を尊ぶ立憲政治を追求する法律、政治、社会慣習を正当化し、奨励するのに世界で最も成功した文書の一つであった。二〇〇四年になっても、一九四五～一九四七年の軍国主義的国家主義の終焉、憲法で保障された自由やその他の人権の激増、そして神聖化された天皇に代わる国家主権の人間化などの影響は依然として感じられている。一九四五年九月に効力のあった明治憲法は、三つの相互に依存する不可欠な要素をもっていた。

1　「天皇国家」あるいは「国体憲法」を中心とする極端な神道国家主義。これら翻訳できない日本の新造語は、父なる天皇とその寵臣に対する絶対的な服従を求める有機的絶対君主の神話めいた、独特な日本的形態を言う。天皇制の詳細を規定した皇室典範は、憲法の下位にあるというよりはむしろ技術的、実務的には同等の地位にあった。

2　国内政治、国際関係の双方における侵略的軍国主義。

3　個人の人権と自由、特に精神的なものに対する手の込んだ抑圧、そして完全な自己犠牲と慈悲深いとされていた天皇への絶対的忠誠の精神を奨励すること。

第4章で見たように、ポツダム宣言（一九四五年七月）の降伏の条件は、天皇とその政府にとって優先順位が最も高い天皇制が、何らかの形で継続することが保証されているとの解釈に至ったとき、初めて受諾された。特に東アジアには、日本政府は、世紀半ばの侵略と残虐行為について、未だ十分な改悛を示していないと主張する者もいるが、戦後のこの国の実績は、日本が昔の超国家主義、官憲主義、そして軍国主義をきっぱりと拒否していることを強く証明している。一九四五年に始まった革命は、今日でも続いている。

日本の大陸法の伝統

一九四七年以来、日本の憲法は、多くの法令、政府の政策、規則、そして判例を通して、また多数の公務員、弁護士、そして民間の市民によるその他の実際の活動において、国の法として生きてきた。国家の法律制度は、憲法の下における生活の質の重要な指標を提供する。一〇〇年以上前に、代案に関する長い研究と討論の後、日本は自主的に欧州の大陸法の伝統に従って、その近代法を作り上げることを選択した。現在世界的に有力な法伝統は、数の上で非常に少ない。すなわち大陸法、英米法、イスラム法、そして儒教の法伝統である。それぞれが、近代法に対しての考え方や近代法の組み立てと実行に、独特な取り組み方をもっている。

大陸法の伝統は、ローマ法と皇帝、ユスティニアヌス一世（四八三〜五六五年）の治世の間とその後に作り上げられた諸法典に、その端を発している。何世紀もの法思想、国家理論、包括的な法典、戦争、そして国内の革命、さらには内戦、加えて権力を中央に集中し、取引と財産を組織化しようとする政府の努力に影響されて、ほとんどの近代欧州の法制度は大陸法の伝統によっており、それが世界で最も広く採用されている、法への取り組み方になっている（アジアでは、日本、中国、南北朝鮮、インドネシア、ベトナム、フィリピン、東チモール、スリランカ、台湾、タイ、カンボジア、そしてラオスが、この伝統の影響を受けている）。大陸法諸国の法学者たちは、彼らの法律の合理性と一貫性に特別の文化的誇りをもっているのが普通である。法的には混乱した英米法制度に対して、優越感をもっている者もある。この法律に関連した熱狂的愛国主義は、多くの米国の政治家、弁護士、そして学者のものと同じである。

西欧諸国と同様で他の非西欧諸国とは違うのだが、日本は二〇世紀の初頭までに不平等条約から解放された独立国になっていた。このような解放が見られたのは、一つには、一九〇〇年までには日本の法律が西欧化され、したがって西欧諸国にとって分かり易く、立派なものであったからである。現在、大陸法国家はそれぞれ、欧州大陸から得た要素を自国の固有の歴史から生まれた法制度と組み合わせている。例えば、インドネシア法は大陸法、イスラム法、そして内容豊富な自国の慣習法の混合である。日本人は、何世紀もの慣習に見られるように、紛争を解決するのに訴訟でなく、和解によることが多い。徳川時代の間、和解は強制的であったが、今ではその利用は自由意思で選択する。

占領時代以来日本の法制度は、大陸法と英米法の諸要素を組み合わせたものであった。どちらの伝統も必ずしも、もう一方より人権を強く守るわけではない。どちらの伝統においても、いろいろな時代や場所で、抑圧、奴隷制度、そして投票権の制限が自由と同様に存在していた。他方では、日本が一九四五年には近代的な法律と行政の制度化された体制をもっていたという事実は、一九四五年以降の国の民主化を容易にした。既存の枠組の中で新憲法で許されるところにより、法律が追加、修正、あるいは廃止された。

すべての日本の法律は、六法と呼ばれるものの下で、階層状に組み立てられている。すなわち日本国憲法、民法、民事訴訟法、刑法、刑事訴訟法、そして商法があるが、その他すべての法律の解釈は憲法に準拠している。これら諸法は憲法のすぐ下のレベルをはっきりと形成しており、その他すべての制定法の上位にある。六法のすぐ下には、政府の主要機関を対象とする基本法（例えば、国会法や裁判所法）、または政策分野の基本的な規則を規定する基本法（例えば、教育基本法）がある。国のすべての規則、規制、地方条例、内部管理規則、そして判決は、六法に論理的に合致することが期待されている。

そのような包括的で内部的な一貫性をもった全国体系は米国にはない。政策分野によっては連邦法が地方の法律に優先するが、各州は別個の憲法と法律の体系をもっており、それに郡と市町村の下位体系が付いている（米国法における〝法典〟は、日本におけるように、原則として、あらゆる場合や状況をカバーする論理的に整理された国の法律体系を構成する部分ではない。米国における〝民法〟は道徳律からは区別され、私人間の法的関係についての法律あるいは政府関係の法律を指す。〝民法〟で使われる〝民〟は、政府と市民の関係でなく、私人間の関係を律する法律のことも意味するが、〝大陸法の伝統〟における〝大陸法〟は、法思想、法制度、および法実践の長い歴史を指す）。

日常生活においては、日本の市民がある問題に関する法律について知るために弁護士を呼ぶ可能性は、細かい字で四〇〇〇ページ以上の六法全書の要約版を調べる可能性より少ない。法典は国会の会期の後で定期的に更新されるが、それは法律関係の出版社（例えば、有斐閣）が多額納税者の一つになっている理由である。特定の職業や特定の関心事あるいは生活の特定の状態（例えば、学生、女性、人権、タクシーの運転手、公務員）に、深く関連する諸法律を集めた便利な小冊子が使いやすい。現代の法律は他の国々におけると同様、日本の専門家でない人々には複雑に思えるだろうが、連邦法、州法、地域法そして判例などが厄介に混ざっている米国ほど、法律が複雑な所はない。普通誤解されているのとは違って平均的な日本人は、平均的な米国人と少なくとも同じくらいの法律の知識をもっている。

法学教育および法律の実務

日本と米国はまた、法律制度で働く人々の訓練のされ方、選ばれ方、そして自分の職をどう思っているかについても違っている。長年にわたり、市民のニーズを満たすための判事、検事そして弁護士が日本には少な過ぎるという大多数の意見が形成されており、二〇〇二年には大改革が進行中であった。実質的にすべての日本の判事、検事、そして弁護士が大学卒業後、最高裁判所の司法研修所で同じ訓練を受けており、さらに法律事務所、検察庁、そして民事と刑事裁判所の双方における一連の三ヵ月の実務修習を受けている。二〇〇二年の法律大改正の一環としてこの修習は二年から一年に減らされ、その分実務修習が一層重視されることになった。

非常な狭き門である司法試験を通らなければ、司法研修所へは入れない。二〇〇四年に、短答式試験を受けた四万三三五六人のうち七四三八人だけが通り、さらに小論文の審査による大幅な選抜が行われた。大陸法の伝統の中での他の制度と同様、判事と検事は米国でのように選挙で選ばれた職員、ないしは政治的に指名された者としてでなく、職業的専門家としてその地位に就いている。二〇〇一年に法務省は検事の数を約一三〇〇人から二三〇〇人に増やすことを提案し、最高裁判所は判事の数を五〇〇人増やして二六〇〇人とするよう政府に要請した。二〇〇一年の後半になって、裁判所の人的資源に関する負担を軽減するために、最高裁判所と日本弁護士連合会は初めて、弁護士が非常勤の判事の仕事をすることを認める新制度について合意した。それまで、弁護士は常勤の判事になることはできたが、非常勤の判事になることはできなかった。一九九〇年代に判事になった弁護士は約四〇名に過ぎなかった。

さらに法学者とオピニオン・リーダーたちは、グローバリゼーション、規制緩和、そして国際知的財産権法にまつわる新たな難問の数々に対応するため、弁護士の数を大幅に増やすよう強く要請した。法律の専門家を増やすことについての要求のもう一つの推進力は、民事の裁判に取られる過大な時間で、一九九九年に平均的な民事裁判の所要期間は二〇・五カ月であった（医療問題が関係している場合のように、裁判所が技術専門家の助力を求めた場合は三四・六カ月）。

「修習生」と呼ばれる司法研修所の学生の大多数は、判事や検事よりは弁護士になろうとするが、毎年の卒業生の総数は少ない。一九九〇年代になって初めて、司法研修所に入る人の数が年間で五〇〇名から一〇〇〇名へ増加した。司法研修所の目標は、二〇一〇年までに新しく弁護士になる人の数を年間三〇〇〇人へ増やし、弁護士数の人口に対する比率を市民六三〇〇人につき一名から、二〇一八年までに二四〇〇人につき一名に引き上げることである。こうなれば、弁護士の総数は約二万人から五万人に増える。これに比べると、フランスでは一六四〇人の市民につき、英国では七一〇人につき、ドイツでは七四〇人につき、そして米国では二九〇人の市民につき一名の弁護士がいる。

米国型のロー・スクールがある国は極めて少ない。日本は新しい制度を考え出すことにより、弁護士の不足を緩和することに向けて、革新的な措置を取った。二〇〇四年四月には、私立大学で五〇、国公立大学で一八、合計六八の新しい「法科大学院」が六〇〇〇人近くの大学院学生のために開設された。特に多くの受験生の中には、すでに職に就いていて安定している者も多く、（それを捨てて出願しているのだ）法科大学院への入学のための競争は激しい。日本に九三ある法学部の一つからの卒業生は二年間の法曹養成講座を受け、他の学科分野の卒業生は三年の課程を取る。法科大学院の卒業生が受ける新しい司法試験は、以前のものよりも多くの者が弁護士の地位へと進むことができるようにしている。二〇〇一年に、一部の法律専門家が、弁護士の不足を是正するために、米国のロー・スクールに類似した機関をいくつか創設することを勧告した。しかし法律の専門家の間では、そのようなロー・スクールと司法研修所、大学の法学部、弁護士会、そして国家司法試験を受けようと（またはもう一度受けようと）している人たちのための営利予備校との関係を、どうすれば一番よいかについて、意見が分かれている。

毎年およそ五万人の男女学生が日本の巨大な高等教育制度中の九三の法学部から卒業するが、判事、検事、あるいは弁護士として法律の専門家への道に入るのはそのうちの一パーセントに過ぎない。その他の者は名目上は法律家だが、裁判で依頼人を代理する資格もない。とは言え、彼らの多くは政府、民間そして団体の場で法律の専門知識を身に付け、米国人ならば法学の修士号を必要とするような仕事をしている。また弁護士ではないが、法律上の契約書を正式に作成する際に重要なのは公証人の役割である。

日本を研究する者の中には、このように弁護士の数が少ないことを、訴訟行為を避けて融和に重きを置こうとする文化的傾向のためだという人もあるが、法社会学の研究によるとこの主張は否定されている。人間というものは普通、裁判所や弁護士との関わりを厄介なことと思い、励ましを受けないと自分の権利のために立ち上がらない。日本では、どこに住んでいるかによって弁護士がいないことがある。全弁護士の約半数が東京と大阪に住んでいて、実際に仕事をしている弁護士が極めて少ない県もある。二〇〇四年に国会は、民事と刑事の双方に基づく法律サービスが日本中でもっと容易に得られるようにする法律を通過させた（総合法律支援法）。

二〇〇一年に政府は、弁護士法の大改正法案を議会に提出し、日本中での法律関係のサービスと、それによる権利の保護を改善しようとした。現在、サービスを受けるのに依頼者は法律事務所でなく、個々の弁護士と契約を結ぶ。訴訟の係争中にその弁護士が死んだり、引退したり、病気になったりすると、別の弁護士と一からやり直さなければならない。弁護士は普通、判事や政治家や教授としての業務を何年かすることにより、依頼人との長年の関係を切りたくないと思う。改正法案は、依頼人の弁護士がいなくなっても、同じ事務所内の他の弁護士がそのニーズの面倒を見ることができるようにするため、法律事務所（弁護士法人）の設立を認める。また、この法案により、大きな法律事務所が地方でその地域の弁護士の実務を引き継がなくても、その支店を通したり、短期間人を派遣したりして、専門的なサービスを提供することができるようにする。

弁護士としての公式資格を必要とする法律関係実務を構成するものが何かは、国の法伝統やその他の国内要因によって違ってくる。日本における法律実務と法学教育の意味は、米国の定義とは異なる。五〇州の一つであるニューヨークで何人かの日本の弁護士が仕事をすることを認めていたので、一九七〇年代と一九八〇年代になって米国は日本に圧力をかけ、日本中で外国の弁護士が「法律事務」を行うことが認められるよう、法律を改正させることに成功した。残念ながら外国の弁護士の中には、前よりも実務上の制限をより多く受ける結果になってしまった者もあるが、これは、日本の定義では、「法律事務」を構成しないとして以前には認められていた活動が、米国の了解を反映した新しい法律では認められないことになってしまったからである。

国会

日本の憲法の基本原則は、国民主権、平和主義と人権の保障である。日本国憲法では、根本的に新しく、独立した司法権と平衡を保つ形で議会制民主主義が規定されている。「最高法規」に関する章の第九八条には、次のように規定されている。「この憲法は、国の最高法規であつて、その条規に反する法律、命令、詔勅及び国務に関するその他の行為の全部又は一部は、その効力を有しない。2　日本国が締結した条約及び確立された国際法規は、これを誠実に遵守することを必要とする。」

「主権」は国民に存し（前文と第一条）、天皇は、日の丸の国旗のように、「日本国の象徴であり日本国民統合の象徴であつて」（第一条）、「国政に関する権能を有しない」（第四条）。新国家主義者の主張とは違って、単なる儀礼的、象徴的役割への天皇の降格は、前近代における天皇の伝統的な地位からの重大な乖離を示すものでなく、むしろ明治憲法が天皇の適切な歴史的機能を無視していることを矯正するものである。天皇の仕事は、所与の時期における大名間の戦いに勝った者の行政面のリーダーシップを、勝者の命令に従って、公式に認めることであった。天皇は、日本国民の生活において、行政主権や中心的な重要性をもっていなかった。

日本の議会である国会は、「国権の最高機関」であって、「国の唯一の立法機関」である（第四一条）が、最高裁判所は、「一切の法律、命令、規則又は処分が憲法に適合するかしないかを決定する権限を有する終審裁判所である」（第八一条）。国会は、参議院（議員数二五二名）とそれよりも権限の大きい衆議院（四八〇名）から成っている。国会は両院の議員数を決定し（国会法）、選挙関係諸事項を決定する（公職選挙法）。

一九九四年の細川護煕首相下の選挙法改正まで、日本は人口の変化に基づく定期的議員定数是正のない、珍しい一票に一名記入するが一選挙区から複数議員（二から六議席）を選出する制度であった。国会議員は参加することのできない衆議院議員選挙区画定審議会は、国勢調査結果を反映し、選挙区間における一票の重さの違いを是正するため、一〇年ごとに議席を再配分するよう法律で命ぜられている。

現在、一人二票制度で四八〇人の衆議院議員が選出されている。一票は三〇〇の議席を埋めるために選挙人の選挙区の候補者に投じられ、もう一票は全国政党に投じられる。一一の選挙区で各政党に比例配分される一八〇の議席を取るためには、政党は少なくとも二パーセントの票を得なければならない。「重複立候補」は認められているので、自らの選挙区で敗北した候補者でも党の比例代表名簿で十分に高い順位にあれば、議席を獲得することができる。衆議院議員は、よくあることだが、衆議院が早期に解散しない限り、四年の任期をもつ（第四五条）。衆議院が解散されたときは、四〇日以内に総選挙を行わなければならない（第五四条）。

二五二名の参議院議員の任期は六年で、三年ごとに議員の半数（一二六名）を改選する（第四六条）。各党の全国得票数に比例して、全国政党の名簿から一〇〇議席が埋められる。この投票は個人でなく、政党に対して行われる。四七の都道府県の選挙区に、一五二議席が与えられる。各選挙区には最低二議席、また人口の多い都道府県には追加の二、四、あるいは六の議席が与えられる。二〇〇〇年九月に、最高裁判所は本制度下における一票の重さの違いを違憲ではないとしたが、その議論の仕方には、米国連邦制度において各州の二上院議席が支持されたときのことを想起させた。フランスや英国と同様、日本には連邦制はない。

日本は、多彩な複数政党民主主義である。一九五五年の設立以来、自由民主党は大体与党であり続けてきており、おしなべて不人気の諸政党の中では投票者に嫌われる程度が最も低い。米国における と同様、投票者は他の選挙区からの国会議員に対してと比べ、自分の選挙区からの議員に対しては厳しさが少ない。二〇〇四年においては、自由民主党は公明党と連立政権を組んでいる。他の注目に値する政党は、日本共産党、社会民主党、そして民主党である。自民党はさまざまな派閥の緩やかな連合体で、行政および立法計画を管理するために小党と協力し、手を組む。日本の立憲政治の文化においては、強力な一党ないし二党制よりも競合する多数の小グループをもつ型の方が自然のように見える。二つのチームが競うというスポーツの文化との調和という点から、米国の民主的な政党政治にとっては二大政党制がうまく機能する唯一の型のように思われる。

総理大臣と内閣

総理大臣は国会が選出する。総理大臣と内閣の過半数は、国会議員でなければならない。「行政権は内閣に属し」（第六五条）、総理大臣が「その首長」となる。内閣は「国会に対し連帯して責任を負ふ」（第六六条三項）。総理大臣は内閣閣僚の任命権、罷免権をもつ。ほとんどの場合、政治家は数回議席を獲得して初めて、垂涎の的である閣僚の最初の椅子を与えられる。一般的に言って日本の総理大臣は、世界のいろいろな国の首相の中では権限が小さい方である。議論のあるところではあるが、閣内の一致した意見でリーダーシップを発揮するというやり方は、日本の憲法に絡む文化によく合うときもある。

国会を通過する法律のほとんどは、内閣を代表して首相が提出する法案に基づくものだが、国会議員が提出する「議員立法」も考慮の対象になる。憲法に内閣法制局の規定はないが、同局は憲法および既存の法律との整合性について全法案をチェックする。あまりにも注意されないことだが、この法案の考査は、法律の合憲性が法廷で争われても敗訴になることがほとんどないことの一つの理由である。内閣は、党の政策グループや法案が対象とする問題に最も深い関係をもつ省庁（あるいは複数の省庁）から指導や調査の裏づけを受ける。法案は普通、最終討議と票決の前に常任委員会にかけられ、両院を通過すると、法案は自動的に法律になる。法律はすべて「主任の国務大臣が署名し、内閣総理大臣が連署することを必要とする」（第七四条）。

憲法第一五条に基づき「公務員を選定し、及びこれを罷免することは、国民固有の権利である。2　すべて公務員は、全体の奉仕者であって、一部の奉仕者ではない」。日本国民のために仕事をする行政制度と行政指導者は、長期間にわたる安定度、能力、そして国の諸問題に対する影響力でよく知られている。官僚組織が内閣や党の指導者たちという犬を振り回している尻尾なのかどうかについては、議論のあるところである。内閣は頻繁に変わり、官僚の専門知識への依存度は高まる。米国と比べると、政治的に任命されて、権力のある政府内の地位を占める者の数は極めて少ない。

一般的に言って、中央、地方の公務員は、公務についての強い倫理観と独立した専門家気質を共有し、前の憲法下に比べて、市民に対する態度における尊大さははるかに少ない。しかし高級官僚の多くは引退後、「天下り」したり、政界に入る。多くの場合、長年行政で一緒に仕事をした相手である自民党に入る。同じグループにいるという強い自意識、忠誠心と競争心が省庁間の関係にみなぎっているが、それと共に非公式な階級差の意識もある（例えば、財務省は地位が高く、皮肉なことに、文部科学省の地位は低い）。

内外の批判に応じて、政府は国家行政制度改革の多年度計画に乗り出した。二〇〇一年九月に発足した内閣閣僚の新しい顔ぶれは下記のとおりである。

総理大臣
法務大臣
外務大臣
総務大臣
財務大臣

文部科学大臣
厚生労働大臣
農林水産大臣
経済産業大臣
国土交通大臣
環境大臣（庁から省へ格上げ）
内閣官房長官
国家公安委員会委員長
防衛庁長官
国務大臣（沖縄及び北方対策、個人情報保護、科学技術政策担当）
国務大臣（金融、経済財政政策担当）
国務大臣（行政改革、規制改革担当）
国務大臣（構造改革特区、防災担当）

（直近の内閣の顔ぶれ中、防衛庁以下については下記のようになっているが、それ以外は変わっていない。

内閣府特命担当大臣（青少年育成及び少子化対策：法務大臣が兼任）
内閣府特命担当大臣（沖縄及び北方対策：環境大臣が兼任）

内閣府特命担当大臣（男女共同参画：内閣官房長官が兼任）
内閣府特命担当大臣（防災：国家公安委員会委員長が兼任）
内閣府特命担当大臣（金融）
内閣府特命担当大臣（経済財政政策、郵政民営化）
内閣府特命担当大臣（規制改革、産業再生機構、行政改革、構造改革特区、地域再生）
内閣府特命担当大臣（科学技術政策、食品安全、情報通信技術）
同内閣は二〇〇四年九月二七日発足した。）

この政府再編の最終的な効果は、これから明らかになろう。さらに、一六三の公社のうち、小泉純一郎首相の政府は一七の廃止、三八の改組、そしてその他の民営化を提案した。影響を受けた団体の管轄問題は、さまざまである。例えば、財政（例えば、住宅金融公庫とその他七つ）、道路建設・保守、国際空港管理、そして賭博（例えば、日本中央競馬会）。国際協力機構、水資源開発公団、その他は独立行政法人に改編される。小泉は二〇〇二年に、今後の膨大な事業を監督する新しい機関の創設を提案した。

最高裁判所

日本人の間で、もっとも信頼され敬意をもたれてきた国家機関は司法裁判所である。一九四七年、歴史上初めて日本の司法は行政から分離した国家組織の一部門になったのだが、それは憲法上の地位において国会と内閣と同位にあり、司法審査権をもってあらゆる法律訴訟事件の最終裁断者となる最高裁判所が独立して管理運営するものである。軍法会議、行政裁判所、あるいはその他の特別裁判所を設置することは許されない（第七六条二項）。すべて裁判官は「その良心に従ひ独立して……この憲法及び法律にのみ拘束される」（第七六条三項）。

昔は、裁判官は私人間の法律上の争いや刑事事件について判決を下す権限をもっていたが、臣民の限られた権利を官吏が侵害したとの申し立てを扱うことができたのは、法務省の下の一行政裁判所だけであった（使われることはきわめて稀であった）。けれども、法律に関する個々の訴訟事件の判決を下す際の独立性については、誇り高い伝統が作り上げられてきた。重要な事例は一八九一年の大津事件である。訪日中のロシア皇太子の暗殺未遂に対して、政府と世論は普通の殺人関係法でなく、日本の皇室罪に関する法律を適用して死刑を科すことを要求した。大審院は世論の圧力に屈することを拒み、普通の法律の方に従い懲役の判決を下した。

さらに世情騒然たる一九三〇年代に裁判所は、二つの戦争間では最も重要な政治贈収賄事件であった帝国人絹事件（普通、帝人事件と呼ばれる）において、検事、その他の官僚、軍部、そして一部のメディアに対して立ち上がり、その独立性を主張した。内閣は倒れ、いわゆる汚職に対する広範な怒りが政治情勢を毒した。しかし記録的な二六五回の公判を含めた二年にわたる裁判の後、一九三七年一二月一六日に東京地方裁判所は、証拠不十分との理由で、不当、不法な株式売却の罪を問われた一六人の著名な政治家、官僚、そして経営者を無罪とした。藤井五一郎裁判長は、検察側の申し立てを寓話になぞらえて「水面に映る月を掬おうとするもの」として切って捨てた。判決文を再調査して、政府は控訴しないことに決めた。

最高裁判所は現在、一四人の裁判官と長官から成っており、下級裁判所からの上訴に対する最終判決を下し、裁判所の規則を作成し、人事上の決定を下し、全国の裁判所を管理し、法律の専門家を養成している。その裁判官は、職業判事、職業検事、弁護士、そして法学者（一名）から選ばれるが、時には他の経歴をもった（例えば、外交官あるいは行政官）著名人が選ばれることもある。一九九四年、元労働省婦人少年局長、高橋久子が女性として初めて最高裁判所の裁判官に任命された。裁判官はほとんど常に、長官の推薦に従って内閣が任命する。法律上の要件ではないが、長官は出身母体に空きができた場合、検事総長と東京の弁護士会あるいは大阪弁護士会の推薦に従うのが普通である。

地区検事長や、州によっては判事を選挙で選出するという米国の慣習が、公正な司法制度の達成に最善の方法であると思っている日本人はほとんどいない。前に述べたように、日本では判事が不足しており、その数を増やす一つの方策として論議されているのは、経験の豊富な弁護士を下級裁判所に入れることである。日本での最近の行政改革により人員が削減される結果となったが、司法改革計画では人的資源の拡大が求められている。

ほとんどの訴訟事件に対し判決を下すために、最高裁は五名から成る三つの「小法廷」に分かれる。すべての裁判官から成る「大法廷」は、比較的数が少ないが、憲法関連の問題あるいは従来の判例を変更する可能性のあるものに関する訴訟事件について判決を下す。多数意見に完全には満足できない裁判官は、反対意見あるいは補足意見を書かなければならない。明治憲法下の大審院では、意見は一つしか出されなかった。米国ではロー・スクールを出たばかりの卒業生は、米国最高裁判所やその他の下級裁判所でクラーク（裁判官付調査官）を勤める。日本の裁判官は、二、三年間最高裁判所に配属される経験豊かな下級裁判所の判事である司法調査官に、仕事を手伝ってもらう。米国の判事と違って、日本の判事は法律問題に対する視野を広げるため、外国の法廷の見解を調べる。

最高裁判所の下には、東京、大阪、名古屋、広島、福岡、仙台、札幌、そして高松に高等裁判所がありその他の都市に六支部がある。約二七〇〇名の裁判官が、約一億二七〇〇万の人口のために法律で権限を任されているが、実際の数は二一〇〇に近く、まことに少な過ぎる。五〇の地方裁判所が県や大都市にあり、その他の市や町に二〇一の支部をもち、三〇〇以上の家庭裁判所と約四五〇の簡易裁判所がある。九一〇名の裁判官（その官名は「判事」）が地方裁判所に配属されて、四六〇名の判事補が補助をしている。司法研修所の修了生は一人前の判事として任命されるまでに、一〇年間判事補として勤める。法廷で働いていない判事は、行政活動あるいは教育活動に従事している。ほとんどの訴訟事件は裁判長が一人で判決を下し、特に重要な訴訟事件は三人の判事から成る合議体が扱う。選挙法に関する争いについての訴訟は、高等裁判所で初審が行われる。裁判は公開される（第八二条）。

日本のように裁判所の判決が高度の正当性をもっている国では、市民の自由権、法の下での平等、刑事裁判権、その他の憲法関連の問題がどのような状態であるかを評価する際、個々の訴訟事件を検討することは特に有用である。現実の人々と具体的な争いに関する法律上の事件の判決が、国の法律の歴史を語る上で最も確実で信頼できるものの一つだからである。というわけで、これからの各章ではかなりの数の司法判決について述べる。

しばしば日本の裁判官は、以前の訴訟事件における他の法廷での解釈、あるいは自分の法廷での解釈ですらもあっさりと覆す。判例は日本の裁判所にとっても重要ではあるが、米国におけるほどの法的拘束力をもたない。二、三週間ごとに、流通部数の多い法律雑誌に最近の重要な司法判決と解説が記載され（例えば、『判例時報』）、専門家も一般市民も容易に読むことができる。大陸法の考え方にとっては、適法性やある法律の合憲性を決めるのに判事に頼る米国のやり方がまったく非民主的に思えることもあるかも知れない。結局のところ、その法律は民主的な選挙で選ばれた議会を通過したものなのである。このような選挙による議会が表明する国民の意思を尊重することと、同時に一方で憲法が最高位にあることの尊重を主張することは、一部の米国の関係者にとって、憲法の下での諸権利の問題における過度の司法による抑制と思えることの背景になっている場合がある。憲法改正に関する二〇〇四年の討議で、韓国、インドネシア、そして欧州連合内の数ヵ国と同様、憲法問題について迅速に決定できるように、その仕事を最高裁判所から引き取る憲法裁判所を設立することを提唱する者もあった。

裁判の問題と欧米の制度を長期間検討した結果、二〇〇九年四月一日までに、刑事裁判への一般市民の参加に関する抜本的に新しい制度を創設する法律が国会を通過した。著名な佐藤幸治教授が長となった司法制度改革審議会の勧告により、刑事裁判への一般市民の参加という根本的に新しい制度の創設に取り掛かった。選挙権をもつ人たちから無作為に選ばれ、偏りを最小限にするために法律の専門家が審査した「裁判員」が、専門家の職業裁判官と裁判における同じ権利をもって証人の話を聞き、質問し、多数決により評決や刑罰を決めることになる。重大な犯罪に関する裁判では、裁判官席には三人の職業裁判官と六人の裁判員が座を占める。多数による票決には、少なくとも裁判官の一票と裁判員の一票が含まれていなければならない。裁判員として勤めることは義務だが、学生、病人、および幼児の世話に関わっている者のような常識で考えても無理な人たちは、義務への招集から免除される。裁判員の名前と住所は公表されない。裁判員の側では裁判の間と後、裁判情報の秘密を守らなければならず、これに反すれば罰金や懲役となる。各年に必要になると予想される裁判員の数は、二万五〇〇〇人程度である。旅費と日当は政府から支払われる。これで期待されるのは、一般大衆の主権と社会責任に対する意識の高揚である。

家庭裁判所は家庭内の争いの訴訟によらない解決を求め、二〇歳未満の未成年者および未成年者に悪影響を与える成年の犯罪をすべて扱う。離婚訴訟は正式の訴訟が地方裁判所に出される前に、先ず家庭裁判所に持ち込まれる。離婚はあまりないが、離婚の手続は簡単で法廷を関係させる必要はない。離婚率は一〇〇〇件につき一・九四で、これに比し米国では一〇〇〇件につき四・三三、メキシコでは〇・四〇である。

通常未成年犯罪は非公開で扱われ、教育による矯正、訴訟事件の却下、あるいは保護観察となる。法律の専門家でない者と約一五〇〇人の家庭裁判所調査官が、家庭裁判所の判事の手伝いをする。二〇〇〇年に、一九四九年の少年法が一〇代の凶悪犯罪に対応して修正され、重大な少年犯罪についての犯罪責任の年齢が一六から一四に引き下げられ、一六歳以上の殺人事件が検察官に回されることになった。これまで非公開であった家庭裁判所の審問が、検事、弁護士、およびその他の判事に公開される。この議論の多い法律は五年後に見直される。

裁判所と公的機関、非政府機関に加えて、日本では代替の紛争解決制度、権利擁護制度が、いろいろと制度化されている。例えば、慎重に選ばれた何千人もの無給の人権擁護委員が人権教育を促進し、隣近所レベルで広い範囲の諸問題を扱っている。それに加えて、何千人ものボランティアが、地域の行政相談委員（平均年齢六〇歳）を勤め、政府の官吏に対する苦情を扱い、多くの場合効果を挙げている。彼らの仕事が如何に賞賛すべきものであっても、現在の一部の問題については、彼らの権限は今や小さ過ぎると考えられている。

二〇〇一年、超党派的な法務省の人権擁護推進審議会が、第7章で論じた問題をもっとしっかりとまた包括的に扱うために、独立した新機関の創設を勧告した。これらの問題の中には、女性、高齢者、犯罪の犠牲者、少数民族、〝部落民〟、HIV感染者、そして外国人の住民の扱いに加えて、ストーカー行為、家庭内暴力および学校での集団によるいじめなどがある。政府職員やマス・メディアによる権利の侵害も、同審議会のその他の関心事である。しかし二〇〇四年現在、国会は新しい人権擁護機関を創設する法律を通過させていない。

地方自治

他の多くの民主主義諸国と同様、日本は単一政府国家であり、連邦制ではないが、地方政府は憲法上重要である。近代以前の何世紀にもわたり、日本には〝連邦封建制度〟と呼べるかも知れない制度があり、大名が多くの地域の問題に裁判権をもち、全国的な利害が関係しているときは徳川将軍（政治的、軍事的国家指導者）が決定権をもっていた。何百もの封建領土は自らの独特な政治文化と法律を作り上げ、多くの場合かなりの程度まで地方自治が機能していた。日本人の大多数は農民か漁民で、自分の村の問題を処理し、貴族との接点はあまりなかった。明治憲法の下で封建領土に代わって県ができ、地方官吏が中央政府によって任命された。

現在、選挙による知事、市長、地方議会、そして町村議会をもつ何千もの地方政府が中央政府の地方事務所、地方裁判所と共に盛んに活動しており、伝統的な地方行政、政治を再生している。「地方公共団体」は「その財産を管理し、事務を処理し、及び行政を執行する権能を有し、法律の範囲内で条例を制定することができる」（第九四条）。地方自治体は限定的な課税権限はもっているが、国の法律と資金に大きく依存している。自民党を政権から追うことができない野党も、地方選挙の方では比較的に相当な好成績を挙げている。

日本でしばしば行われるデモや行進を規制するのに、最も重要な法律の形態は公安条例であった。中央政府が唱導したものではなかったが、過去二〇年間にわたり地方条例で多くの成功を収めたことが、一九九九年五月の国の情報公開法創設につながった。地方政府は活力、多様性と革新を提供するが、その他にも中央政府を多少ながら抑制し、スウェーデン、フランス、英国のような他の中央集権国家の地方政府と同等、あるいはそれ以上の権限をもっている。

日本の行政システムの贅肉を落とすための大きなステップとして、二〇〇二年、改革を唱える小泉首相は、合併により市町村の数を、三二〇〇から約一〇〇〇に減らすことと地方自治の拡大を提案した。

憲法学者

日本の憲法学者は、米国の法学者よりも世論の形成に影響力があり、全国民のために仕事をするよう求められる機会が多いように思われる。教壇に立つことや学術論文を書くことの他に、憲法学者は全国に流通する新聞や雑誌、テレビ、シリーズで行われる座談会で解説をする。さらに著名な憲法学者は、例えば新聞のコラムに一カ月にわたり憲法問題について書くことを頼まれたりする。また、これは、厳しい仕事として憂慮されているが、しっかり責務を果している。厳正な司法試験のための設問を作成したり、何千人もの採点をすることも依頼される。さらに高校や大学の教科書を書く者もある。立法、行政のプロセスにとって特に重要なのは、さまざまな公的、私的顧問としての立場で、また大きな問題についての新しい法律につながる法案を策定する審議機関で活動することである。

日本の憲法学者同士で、細かい点や理論において、時には大幅に意見を異にすることがあるが、欧米における現在の法思想についてお互いに話し合うことにより、自分自身の法学を作り上げて行く。日本における実際の憲法関連文化の主要な原則、価値、制度および法的プロセスを国民が理解するのに寄与することにより、憲法学者は一九四七年の日本憲法に関する解釈のほとんどについて、コンセンサスを形成していく役割の基礎となってきたのである。

残念なことだが、日本の憲法学者は海外ではほとんど知られていない。謙虚で物静かだが深い学識をもち、人権擁護の立憲政治に打ち込んでいる芦部信喜東大教授の場合がその実例である。芦部は、日本の国際人権法学会会長で、その創設者でもある。教授、学術論文の執筆者、顧問、そして法廷における専門家証人として、また日本で最も優れた憲法学者として尊敬されていた。それでも、一九九九年に亡くなるまで彼とその著作は日本の外で、また日本語以外の言語で、人々の目に達することがほとんどなかった。

本章で説明した枠内で作業する限り、過去半世紀にわたる一九四七年の憲法の成功について、日本国民はあらゆる賞賛を受けるに値する。同時に、憲法の誕生における米国人の日本人との礼儀正しい共同作業は、米国の歴史で最も大きな外交政策の成果の一つである。礼節を保ちつつ、効果的に共同作業する能力は、軍事力で勝つことよりもはるかに印象的である。

日米間の政治上、法律上の対話における相互理解にとって最も興味深いものであり続ける条項は、第6章で論じる「不戦」条項、第九条である。

参考文献目録

日本語文献

日本国憲法に関しては、膨大な日本語の文献がある。外国の学者で、日本の学者の豊富な研究について知っている人はほとんどないだろうが、それは、日本の憲法を語る際の基礎の大きな部分を構成しているのである。日本における憲法関連の問題についての、外国の新聞雑誌の記事も少しはあるが、必ずしも信頼できるものとは限らない。

日本の憲法と政策に関する最も信頼の置ける資料の中には、最高裁判所のホームページwww.courts.go.jp、日本の最高裁判所が発行するさまざまなシリーズの判例集、最も重要な法律関係書籍の出版社、有斐閣が毎月二回発行する最も有力な法律雑誌（ときどき臨時増刊もある）『ジュリスト』、毎月三回発行される主要な民間判例報告雑誌『判例時報』、進歩的な月刊誌『法律時報』、そしてすべての弁護士が所属しなければならない日本弁護士連合会の月刊誌『自由と正義』、などがある。

二〇〇一年の憲法に関する論文が入っている雑誌特集の具体的な例は、『ジュリスト』一一九二号（二〇〇一年一月一日、一五日）「世紀の転換点に憲法を考える」、『法律時報』九〇〇号（二〇〇一年一月）「これからの憲法学」、『ジュリスト』臨時増刊、一一九八号、（二〇〇一年四月一〇日）「司法改革と国民参加」、『憲法判例百選』（実際には二二七の判例の分析）第四版、別冊ジュリスト一五四号（二〇〇〇年九月）および一五五号（二〇〇〇年一〇月）。

上へ行くほど詳しさが増す、中学生、高校生、そして大学生向けの標準的教科書中の憲法を扱った記載に加え、日本には全般的な問題や特定の問題に関する学術書や論文が数多くある。第九条（戦争放棄の条文）に関する文書が最も多く、個人の権利と自由に関するものがこれに続く。

月刊『世論調査』は、公的機関、民間機関による広範な調査研究の結果を提供している。『朝日新聞』など主要な新聞には、信頼できる事実によるデータ、世論調査報告、そして憲法やそれに関連した特定の社会問題、経済問題に関する分析が記載されている。憲法についての雑誌の他に、高度に専門的な学会の出版物、例えば、法律、社会研究、刑法に的を絞ったものなどが憲法関連問題の一般の理解に寄与している。

要するに、日本には日本国憲法の継続的な正当性に寄与する入手可能な知識、理解および論議の広範で奥の深い基盤がある。

いくつかの英語出版物

Nobuyoshi Ashibe, Lawrence W. Beer, and Masami Ito, "Japan : The United States Constitution and Japan's Constitutional Law," in L. W. Beer (ed.), *Constitutional Systems in Late Twentieth Century Asia* (Seattle : University of Washington Press, 1992). 二人の著名な日本の学者の数少ない英語論文。

Lawrence W. Beer and Hiroshi Ito, *The Constitutional Case Law of Japan : Selected Supreme Court Decisions, 1961-1970* (Seattle : University of Washington Press, 1978). 翻訳。

________, *The Constitutional Case Law of Japan, 1970 Through 1990* (Seattle : University of Washington Press, 1996). 最高裁判所と下級裁判所の諸判決の翻訳。

Gerald Curtis, *The Logic of Japanese Politics : Leaders, Institutions, and the Limits of Change* (New York : Columbia University Press, 1999). 標準的な教科書。

John Owen Haley, *Authority Without Power : Law and the Japanese Paradox* (New York : Oxford University Press, 1991). 洞察に富んだ概説。

Dan Fenno Henderson, *Conciliation and Japanese Law, Tokugawa and Modern*（Tokyo : University of Tokyo Press, 1965）. 日本の憲法文化の重要な要素に関する最も優れた著作。

Yoichi Higuchi（ed.）, *Five Decades of Constitutionalism in Jaspanese Society*（Tokyo : University of Tokyo Press, 2001）.

Hiroshi Itoh, *The Japanese Supreme Court : Constitutional Policies*（New York : Markus Weiner, 1989）.

Japanese American Society for Legal Studies, *Law in Japan : An Annual*, vols. 1-27（1967-2001）. 日本と外国の専門家による翻訳論文及び原論文。

Percy R. Luney Jr. and Kazuyuki Takahashi（eds.）, *Japanese Constitutional Law*（Tokyo : University of Tokyo Press, 1993）. 日本と米国の専門家による論文。

John M. Maki, *Court and Constitution in Japan : Selected Supreme Court Decisions, 1948-60*（Seattle : University of Washington Press, 1964）.

________, *Japan's Commission on the Constitution : The Final Report*（Seattle : University of Washington Press, 1980）.

John Henry Merryman, *The Civil Law Tradition*（Stanford : Stanford University Press, 1985）. 日本もその一部である法律制度の、最も勢力の大きい系統に関する、最も読み応えのある説明書で、米国の慣習法とどのように異なるかも説明している。

Richard H. Mitchell, *Justice in Japan : The Notorious Teijin Scandal*（Honolulu : University of Hawaii Press, 2002）. 一九三〇年代後半、司法の独立の声高な主張により、一六人の著名な日本人が株式の不法売却に関し無罪となった。

________, *Political Bribery in Japan*（Honolulu : University of Hawaii Press, 1996）

Muramatsu Michio, *Local Power in the Japanese State*, B. Scheiner and J. White (trans.), (Berkeley : University of California Press, 1997).

J. A. A. Stockwin, *Governing Japan : Divided Politics in a Major Economy* (Oxford : Blackwell, 1999). 憲法問題を大きな対象としている標準的な教科書。

6　平和主義と戦争の放棄

おそらく日本国憲法のうちで最も注目に値するものは、第九条、いわゆる不戦条項だが、さらに注目に値するのは、半世紀以上も日本がこの「平和憲法」の精神に従ってきたことである。「前文」がその基調を設定する。

日本国民は、恒久の平和を念願し、人間相互の関係を支配する崇高な理想を深く自覚するのであつて、平和を愛する諸国民の公正と信義に信頼して、われらの安全と生存を保持しようと決意した。われらは、平和を維持し……われらは、全世界の国民が、ひとしく恐怖と欠乏から免かれ、平和のうちに生存する権利を有することを確認する。

第九条は、下記のようなものである。

日本国民は、正義と秩序を基調とする国際平和を誠実に希求し、国権の発動たる戦争と、武力による威嚇又は武力の行使は、国際紛争を解決する手段としては、永久にこれを放棄する。

2　前項の目的を達するため、陸海空軍その他の戦力は、これを保持しない。国の交戦権は、これを認めない。

日本は一九四五年に武器を放棄し、国際紛争の解決のために再度それを手にすることは決してなかった。憲法第二章の正式表題との調和を保つために、「戦争の放棄」と呼ぶのを好む人もいる。日本の平和主義の性質は歴史的にも独特であるかも知れない。第九条は、人々が同様な戦争の防止を強く望んでいた戦後の数カ月内に起草された。確かに、憲法の草稿に含められるべき事項についてのマッカーサー元帥が書いた当初のメモでは、「［日本］自らの安全を護る」手段としてでさえも、戦争を放棄することが求められていた。その考え方はいくつかの理由で、おそらくは幸いなことに、憲法には含められなかった。一九五二年の占領終了までに、日本をめぐる状況は大幅に変わった。「冷戦」が進展し、人民共和国が中国の内戦に勝ち、朝鮮戦争が直ぐ隣で行われた。

一九五〇年に朝鮮戦争が勃発して数日中に、マッカーサーは軽武装の準軍事力である警察予備隊（NPR）の創設を日本政府に許可した。一九五二年、占領終了の結果、正規の軍隊制度になることへ向けての大きな一歩として、NPRは保安隊（NSF）になった。二年後NSFは陸上、海上、航空自衛隊（SDF）に変身させられた。これら三つのステップは日本を再び戦争へ導くものとして、多くの日本人が強く反対し、反対者はこれらの措置を憲法の文言と精神に違反するものとして見た。

理論的には、筋を通す哲学的あるいは宗教的平和主義は、自衛のためでさえも個人あるいは集団的な暴力に対しての個人、共同体、ないしは国家の暴力行為を排除する。純然たる平和主義があらゆる場合に求めるのは、人間の善良さに対する信頼と挑発に直面してもしっかりとした信念をもつことに基づいて、もう一方の頬を差し出し、敵対的反応を控えることである。悪に対する平和的抵抗だけが許される。これが日本の公式の平和主義ないしは国民の平和主義を説明するものではないが、日本人の中には、戦争があまりにも恐るべきものなので、侵略に対してすらも軍事的に対応すべきでないと信じている者もいる。

他の国の政府と同様、日本政府は国としての自衛権やある種の犯罪に対する警察力の使用の正当性を認めているが、国際紛争（例えば、領土権の主張に対する争い）を解決するために、軍事的なイニシアティブを取ることの正当性も否定している。この異例な立場は〝準平和主義的〟と呼ぶことができる。しかしこれにはそれ以上のものがあり、第二次世界大戦における日本国民のひどい苦難、惨めな敗北、そしてイデオロギー上の幻滅への反応としての非常に強く、広く行きわたった国民の拒絶がある。一九四五年以降の一〇年間、この「心理的平和主義」は国民の議論、マス・メディア、通俗文化、そして高度の文化に浸透した。

政党とオピニオン・リーダーたちは現在、第九条の第一項についてはほぼ一致した支持に到達しているが、第二項ないしはその適切な解釈についてはそうとは言えない。第九条は永久に国の主権の行使としての戦争と、国際紛争を解決するために武力で威嚇したり、武力を使ったりすることの双方、さらには交戦権をも放棄している。日本は半世紀以上の間、これらの誓約を実際に守ってきた。しかし「陸海空軍……［そして］その他の戦力」を決して保持しないという第二項の日本の約束は、憲法をめぐる論争の中心的なものであった。自衛隊を創設した一九五四年の法律は、陸上自衛隊、海上自衛隊、航空自衛隊という言葉を考え出すことにより、第九条の文言に対する違反を避けようとした。政府は「戦力」を自衛に必要な最低限を超える軍事力を意味するものとした。

おそらく、第九条の中に日本の自衛権をはっきりと認めることをしたら、国内の論争を弱めることになってもこの条文の意義がわずかしか残っていないことになろう。また、真剣に考慮する価値がある点は、大量破壊のための核兵器、化学兵器、生物兵器、そして電子兵器の生産、保有および使用を永久に放棄する第三項を第九条に加えることである。そうすれば、日本は他の国々に対しても、同じようにすることを奨励するような運動を始められるのではないか。それによる犠牲は少ないし、少しでも前進があるならば人類にとっての勝利となるだろう。しかし第九条を改正しようとするどんな動きも、海外での、少なくとも戦争で日本から被害を受けたアジア諸国の間での恐怖を呼び起こすだろう。

法律と司法における第九条

最高裁判所は、第九条の下でも日本は自然法上の自衛権を保持するし、日米相互協力および安全保障条約は、表面的には違憲ではないと考えている。しかし最高裁は、一九五四年に創設された自衛隊が違憲かどうかについて、直接的に判決を出したことは一度もない。

有名な長沼ナイキ・ミサイル基地事件で、札幌地方裁判所（一九七三年）は、自衛隊が違憲であるとの判決を下した。しかし控訴の結果、札幌高等裁判所（一九七六年）と最高裁判所（一九八二年）は憲法問題は避けて、技術的理由によりこれを覆した。北海道長沼町の農民たちは、保安林にナイキ地対空ミサイル基地を建設するという政府の決定に異議を申し立て、基地が彼らの水の供給と洪水対策を妨げ、第九条の「平和に対する権利」をも侵害すると主張した。控訴審は、政府が水の問題を解決する措置を取ったので、農民たちの法律上の利害関係はなくなり、したがって訴訟をする当事者適格もなくなったとの判決を下した。

それより前の日米安保条約に関する砂川判決（一九五九年）でも、最高裁判所は、デモ参加者が強く反対した米軍立川基地の滑走路延長が国の政治部門に対する政治問題にあたり、司法が決定する憲法上の問題ではないとの判決を下した。それほど注目されなかったが、一九八七年の東京高等裁判所の判決は、平和時には民間の飛行場やその他政府機関の活動に対するよりも、防衛庁の活動に対しての一般の関心が高いことを否定したが、最高裁判所はその判決を支持した。憲法の精神と第九条において、騒音公害は一般国民の関心事であり、軍用機による騒音公害は市民の個人的権利を侵害したと裁判所は述べた。

日本が第九条に基づいてやらなかったことは、やったことと同様に教訓的である。政府はその政策として、憲法が集団的自衛権を認めていないと主張している。もし米国が侵略されたとしても、日本は助けには行けないが、米国は日本の防衛を助ける義務がある。日本には独立した軍事司令組織がない。多くの欧州諸国と違って、日本には緊急時に表現の自由を制限する可能性がある国家安全保障法がない。憲法にもその他の法律にも、宣戦布告や平和条約締結などのような戦争行為に関する条項がない。どの条文も戒厳令の布告や軍法会議、あるいは軍事秘密の保護（安全保障条約に従うためのものは除いて）に触れていない。しかし公務員は法律によって、最近できた情報公開法に影響される場合を除き、自分の仕事をする間に知った秘密を漏洩してはならない。憲法第一八条は、犯罪の刑罰としての場合を除き、「いかなる奴隷的拘束も」禁じており、また「その意に反する苦役」も禁止しているので、学者は強制的兵役は違憲だと主張する。

第九条に加えて、その他の日本の軍隊に関する現行の憲法上、法律上の制限は、明治憲法による秩序や戦前の政府の慣行にはなかった。国務大臣の職を文民に限り、往時強力であった軍部を政治から排除すること（第六六条）、国会を国権の最高機関とすること（第四一条）、行政権の行使について内閣が国会に対し責任を負うこと（第六六条）、包括的な法令審査権の一部として裁判所が軍事を含む紛争について判決する権限をもつこと、最終的には衆議院が予算を決めること（第八五条）、そして市民が軍事政策、軍事行動を批判する自由をもち、それによる刑罰を免れること（第二一条）。

一九四七年以来、日本語による論述としては、憲法の他のどの条項についてよりも第九条についてのものが多いが、司法では人権問題が最も注目を受けた。日本の憲法学者の大多数は、自衛隊を違憲であると考えている。多くの平和主義者は米軍の撤退を望んでいるが、一部の平和主義者を含むその他の多くの人たちは、米軍がいなければ、北東アジアの地政学的状況が予想しがたいものとなる可能性が高くなると思っている。

一般国民は、海外で戦争をせず、比較的小さい軍事力しかもたない限り、自衛隊は憲法上も許されると考えている。二〇〇〇年に、今後の自衛隊の主要な機能を二つまで挙げるように言われたのに対し、約七〇パーセントは主要な機能が災害救助と思うと答え、約四一パーセントは軍事抑止力を挙げ、三六パーセントは国際平和維持活動と海外の緊急援助が最も重要と考えると述べた。自衛隊の規模の拡大を支持したのは一〇・七パーセントに過ぎず、一三・九パーセントは縮小を求め、六一・七パーセントは現在の水準が適当と考えると言った。

野党は長く保持していた立場を修正し始めた。例えば、一九九〇年代に村山富市首相の下で、社会党は初めて自衛隊の合憲性を認めた。二〇〇〇年に、日本共産党は一九五八年から維持していた政策を修正し、自衛隊が違憲であるとの主張は継続するが、「緊急事態」においては事実上の軍隊である自衛隊の使用を認めた。議会における最大野党である民主党は、国連平和維持活動における自衛隊の使用の禁止を支持するという政策を転換した。

国連との平和維持活動

湾岸戦争によって引き起こされた激しく長かった論争の結果、一九九二年、国会は国連平和維持活動協力法（PKO法）を可決した。この法律により、二〇〇〇人までの自衛隊員を海外に派遣することができるようになった。目的が人道的な災害救助である場合を除き、国会の事前承認が必要である。戦後の機雷除去作業の他に、日本は湾岸戦争で大きな金銭的貢献をした。他の多くの国民と同様日本人は、この戦争が賢明なものであったかどうかについて確信がなかった（「砂漠の嵐作戦」を承認するための米国上院決議は、非常にわずかの票差で可決された）。

この論争は確かに、危機の状況において第九条を守りながら国際社会に対し責任ある貢献をするにはどうすれば一番よいかについての、引き続く論議の幕開けとなった。PKO法に基づき、日本は下記五条件の下で、国連平和維持活動に参加できる。

一　停戦協定が有効になっていなければならない。
二　紛争当事者による、日本の平和維持活動についての同意がなければならない。
三　平和維持活動においては、中立性を保たなければならない。
四　上記条件のどれかが満たされなければ、日本の部隊は撤退する。
五　日本の武器使用は、死傷を防ぐのに必要な最低限に限られなければならない。

ラインハルト・ドリフト（Reinhard Drifte）によれば、実際には日本の政策は二〇〇一年まで、周辺で他の部隊が攻撃されたとき防御に当たることに合意しないことにより、「国連平和維持活動一般指針」（一九九五年一〇月）に違反している。二〇〇一年一〇月、ワールド・トレード・センターの九月一一日の爆破に対する日本の反応の一つとして、新しい法律により、自衛隊員が自らを守るためだけでなく、避難民や外国の軍隊の負傷者などその「保護下にある」人たちを守るためにも、武器を使用できるようになった。

「国連カンボジア暫定統治機構」で日本は主要な役割を演じ、六〇〇名の自衛隊員、七五人の警官、そして四〇名の選挙監視要員を一年間にわたって派遣したが、うち二名が死亡した。他の規模がもっと小さい関与の中では、一九九四年に日本は四八名の自衛隊員をモザンビークに派遣し、二〇〇〇年にはイスラエルのゴラン高原において、「国連兵力引き離し監視隊」に四五名を参加させた。二〇〇〇年に可決された法律により、国際経済制裁の一環として、日本の領海内外の外国船に海上自衛隊が乗り込むことができるようになった。

二〇〇一年一〇月、自衛隊法が改正され、テロとの戦いの間、ディエゴ・ガルシア島から出動し、インド洋、アラビア海、そしてペルシャ湾において行動する米軍に日本船とＣ１３０輸送機が情報、燃料、食料、および後方支援を提供したり、アフガニスタンやパキスタンの難民やその他の戦争犠牲者に人道的救済手段を提供したりすることができるようになった。約一五〇〇名の自衛隊の支援人員が一年間展開した。一二月に国会は、すべて国連平和維持活動に参加するために、停戦監視、現地軍隊の武装解除、非武装地帯のパトロール、武器輸送の検査、そして放棄された武器の回収と処理に対する禁止を解除すべく、さらに自衛隊法を改正した。そのような国連の活動に自衛隊を派遣するには、事前の国会承認が必要である。

同盟諸国と国連の見解を無視した米国のイラク侵略には、大多数の日本人が反対した。米国の強い要望により、「人道的再建」を助けるために、五〇〇名以上の自衛隊員をイラクのサマワに展開したことは、一九五四年の創設以来最も論議を呼んだ自衛隊の活動の一つであった。

ケース・バイ・ケースで、日本は第九条へのかかり合いを再確認しながら、その非戦闘国際活動の範囲を拡大してきた。平和の研究に関与している学者たちは、平和主義者であると共に国際的な責任を果たそうとする日本の努力の中に、豊かな土壌を見出す。

日本の軍事力

大国のうちで日本は、一人あたりの軍事支出の率も、国民総生産（GDP）に対する割合（〇・九六パーセント）も最低であるけれども、軍事予算は世界でも最大の国の一つである。長年にわたり、実効的方針として日本の軍事予算がGDPの一パーセントを超えないようにしてきたが、日本経済は世界で二番目に大きい。その防衛能力は小さくはない。しかし日米軍事問題の有数の権威であるジェームス・アウアー（James Auer）は、強力な軍備をもつ東アジアでは、米国との「安保条約」がなければ、この軍事力は日本の安全保障には地政学的に見て不十分であると主張する。

自衛隊は首相の監督下にある。戦前の日本のような、独立した軍司令組織は存在しない。自衛隊員の総数は約二三万六〇〇〇名で、地上戦力は一四万六〇〇〇名を占める。日本は約五一〇機の戦闘機をもつが、これに比較して、米国、中国、ロシアはそれぞれ四〇〇〇機をもつ。専守防衛を旨とする特殊な航空機ないし武器の合憲性は、これまでしばしば論議されてきた。二〇〇一年には、そのような論争は、国連の活動を支援することを意図した大型空中給油機に集中した。日本は、長距離戦闘機あるいは国際間ミサイルの能力はもっていない。

第九条の精神では、武器の製造と貿易は厳しく制限されており、日本に経済的損失をもたらし、二〇〇四年には産業の不満が増大している。しかし米国の軍隊は、民間、軍事双方用（両用）の日本の技術（例えば、光学）から利益を得ている。その「非核三原則」に基づき、日本は核兵器を製造したり、保有したり、国内に導入したりすることはできない。賞賛されていることだが、毎年八月、日本国民とその指導者たちは、政府および民間が主催する記念式典により、一九四五年の広島と長崎における原爆投下の陰鬱な記憶を新たにする。ほとんどが民間人である、何十万もの市民が死んだ。

日本は一貫して、世界中の核武装廃絶を唱導している。二〇〇一年一一月の国連総会の軍縮・国際安全保障委員会では、日本の八回目の全核兵器廃絶決議案が採択された。一二四カ国が賛成票を投じ、二〇カ国が棄権、米国とインドだけが決議に反対した（米国はまた、包括的核実験禁止条約の批准にも反対した）。一九八九年以来の世界最大の非軍事的な援助供与国として、日本は受入国の武器製造と大量破壊兵器の貿易だけでなく、人権関連の行動、環境政策そして民主主義の水準も考慮に入れている。

日本は、長期にわたった戦争とタリバン体制からのアフガニスタンの復興に対する、主要援助供与国である。内閣が高い優先度を与えているのは、アフガニスタンで地雷を除去し、地雷の犠牲者を援助している非政府組織（NGO）の五〇〇〇人の個人活動家に、最先端の超音波、赤外線地雷探知機を提供することである。日本のＮＧＯの中には、不十分とされる政府援助の水準を公に批判する団体もあるが、二〇〇二年に田中真紀子外相が述べたように、ピースウィンズ・ジャパン（ＰＷＪ）のような「日本の非政府組織が行う仕事なしには」公的救済活動は不可能であろう。ＰＷＪは何万人ものアフガニスタン人に、食料と避難所を提供している。ＰＷＪやその他のＮＧＯは、二〇〇〇年に設立されたジャパン・プラットフォームという民間機関を通して、政府資金を受け取っている。

現実的なモデルか

日本の準平和主義の考え方と実際の行動は、国の安全保障と立憲政治に関する世界の思想に、独創的で貴重な寄与をしている。五〇年間以上にわたり、第九条は日本の国際関係にかなりの影響を生じさせた。明らかに、地域の地政学的状況は各国の政策の選択肢に影響を与えるが、大国のすべてとその他のほとんどの国が外部からの脅威に直面した場合のために、大きな軍事力を必要とするという世界中で行われている想定は説得力がないし、現実的でもない。多くの国は、その国の安全保障に対する外部からの確かな脅威には直面していない。

日本の「包括的安全保障」モデルは、現在の説明としては最も有用であろう。理想主義よりも現実主義により、日本国民と多くの社会・政治指導者たちは他の国からの軍事的脅威を感じてこなかった。国の安全保障は、一つには世界中の国々と友好関係をもち、それらの国々にとって経済的に有用に、さらには不可欠にさえなることによるし、また北東アジアの地政学的状況にも、自衛隊にも、日米安保条約にも、そして憲法や平和的な政治にもよる。

二〇〇四年、多くの日本人は何らかの憲法改正の必要を感じているが、圧倒的と言える七四パーセントは第九条の改正に反対している。日本は依然として、第九条に違反することなしに、国連の平和維持活動の努力を後方支援、また軍事上強化する方法を議論している。まだ議論が尽くされていない一つの問題は、国民が進んで力で平和をもたらすための国際的義務に沿い、他の国々から成る国連軍と並んで自衛隊員を死なせるかという点である。カンボジアでの軍事行動において二名が死んだことは一部の人たちを罵倒させ、考えられないと言っていいほどの状況を意識させた。三〇年前よりは人数が少なくなったが、一部の日本人は依然として、第九条のために組織的な軍事抵抗ができないので、侵略を受けた場合は降伏するしかないと思っている。

遅かれ早かれ日本とロシアは、第二次世界大戦を正式に終結する平和条約を結ばなければならないであろう。そのような真剣な意図をもって両国が交渉の席に着いたとき、日本側の交渉者は第九条の文言の精神に従って、「『正義と秩序に基づく国際平和』に向けて、日本は手段としての戦争をその憲法により放棄しているので、これに従い、また国際平和に対するロシアの強固な責務との調和において、将来の紛争を解決するための手段として武力で威嚇したり、武力を使用したりすることを両条約当事者は放棄する。両者は両国間の紛争解決のために、既存の国際裁定機関あるいは調停機関に頼ることにする」というような文言の提案をするだろう。同様の精神で二一世紀に中国の指導者たちは、東アジア、東南アジアの隣接諸国との領土紛争を解決する手段としての武力を放棄することにより、その政治的度量に対して世界の尊敬を得ることができるだろうか。

参考文献目録

James E. Auer, "Article 9 : Renunciation of War," in Percy Luney and Kazuyuki Takahashi (eds.), *Japanese Constitutional Law* (Tokyo : University of Tokyo Press, 1993).

Reinhard Drifte, *Japan's Foreign Policy for the 21st Century* (New York : St. Martin's, 1998).

John M. Maki, "Japan's Rearmament : Progress and Problems," *Western Political Quarterly* 8, No. 4 (December 1955).

Toshihiro Yamauchi, "Constitutional Pacifism : Principle, Reality, and Perspective," in Yoichi Higuchi (ed.), *Five Decades of Constitutionalism in Japanese Society* (Tokyo : University of Tokyo Press, 2001).

Peter J. Woolley, *Japan's Navy : Politics and Paradox, 1971-2000* (Boulder : Lynne Reinner Publishers, 2000).

Dennis Van Vranken Hickey, *The Armies of East Asia : China, Taiwan, Japan, and the Koreas* (Boulder : Lynne Reinner Publishers, 2001).

7　日本国憲法に基づく人権と義務　一九四七～二〇〇一年

日本の安定した民主主義は、その繁栄が原因であると強く主張する関係者もある（ある信頼できる調査は、世界で最も安定した民主主義国家だとして日本を評価している）。経済問題が大きく安定を損なう原因を引き起こさなかったと認めた上で、他の方法での議論もできる。日本の経済成長は、永続的な民主選挙、多くの政党が表明する広い範囲の意見を許容すること、そして人権の保護も促進もする配慮と責任ある資本主義もあって、立憲行政と法律の強固な基盤から、大きなプラスの影響を受けてきた。しばしば、そのような立憲政治の発展の重要性は、グローバリゼーションを続ける経済に付随して起こる多くの問題に気を取られている人たちには見過ごされてきた。

一九四七年の日本国憲法の下で、合意を尊ぶ規範は今や多数の支配と多数による意思決定という国民主権を超えて、地位にかかわらず、すべての日本人に多くの人権を保障するところまで行っている。〝人権主権〟という言葉は、憲法下の秩序における人権の最高の重要性を強調するためには、〝国民主権〟よりさらに望ましいものなのかも知れない。この枠組の移動は、平等主義的な多数意思の最優先から脱却し、すべての人に国会、内閣、地方政府、裁判所、および個々の市民という、人権体制を維持する責任をもたせる。二一世紀に、世界中で政治と法に求められる最も重要なものは、人間一人一人の尊厳と権利の平等な尊重を保護し、促進することである。この理想は、日本国憲法を通して輝いている。

民主的選挙権を行使することにより国民主権を推し進めることは、極めて重要である。一九四六年以来日本は、民主的な法律の下での自由な選挙を一度の途切れもなく続けてきており、民主主義の政体であれば通常どこでも伴っている、結果としては堕落といえるものが生じているにすぎない。しかし多数決による民主主義は、他の多くの人権の味方にも敵にもなり得る。民主的な選挙と多数決に対する国の強い責務感は、平等の権利、教育を受ける権利、労働者の権利、刑事裁判の権利、そして議論のある諸問題に関する意見表明の自由など、政策と法律における他の人権のための効果的な配慮を意味するものだという一般的な想定は、過去および将来における多くの民主国家の考えや来歴と一致しない。例えば、シンガポール、マレーシアやその他の国々は、一部の社会経済的権利やかなりの程度の選挙による民主主義を守りながら言論の自由を制限している。

日本やドイツでは、そもそも多数派が一九四五年まで、軍事侵略や残虐行為を暗に支持していた。拷問は、民主的な選挙でできた政府でも、官憲主義的政府においても、相変わらず反復される問題である。比較的に少数の人たちや企業の金融力が米国の選挙プロセスと優先度を動かす程度は、米国を立憲民主主義国と呼ぶよりも、立憲金権主義国と呼んだ方がいいのかも知れないと思わせるほどである。昔は、米国の自由市場が奴隷制度を広く支えていた。奴隷制度の廃止後も、アフリカ系米国人へのリンチ、差別、そして選挙権の否定が一九六〇年代まで続いた。他方、比較的に平和的な米国市民権運動の成果は、世界史における根本的な変革のための数少ない非暴力国民運動に匹敵するものであった。

日本の立憲政治の核心には、人権と第6章で論じた戦争放棄との間の独特なつながりがある。「前文」が述べているように、すべての人々は「恐怖と欠乏から免かれ、平和のうちに生存する権利を有する」。人権の重要性は第九七条に強調されている。すなわち、「この憲法が日本国民に保障する基本的人権は、人類の多年にわたる自由獲得の努力の成果であつて、これらの権利は、過去幾多の試錬に堪へ、現在及び将来の国民に対し、侵すことのできない永久の権利として信託されたものである」。それらは「侵すことのできない永久の」権利である（第一一条）。第一一条から第一三条では、権利は「濫用」してはいけないという禁止と、「公共の福祉」のために必要な場合だけ制限が許されるという注意をつけて、一般的な保障が規定されている。「すべて国民は、個人として尊重される。生命、自由及び幸福追求に対する国民の権利については……立法その他の国政の上で、最大の尊重を必要とする」（第一三条）が、他の人々との相関関係における義務を伴う必要がある。

〝公共の福祉〟条項の使用は抽象的であり、したがって権利と自由に対する政府の制限の可能性に根拠を与える懸念があるとして、過去に日本や米国で批判されてきた。しかしそれだけでは、〝公共の福祉〟の文言は自由の不当な制限の憶測の根拠を作るものではない。米国憲法修正第一条のような、絶対主義的、個人主義的な権利の声明に慣れた米国の弁護士は、〝公共の福祉〟というような文言や、「法律で規定されている場合を除き」というような文言で権利の保障を制限する憲法や他の法律の条項に、不当な制限を嗅ぎ付けることもある。この米国流の物の見方は、他の大陸における大陸法の伝統をもつ民主主義国では一般的でない。一つには、この違いは、大陸法の世界と英米法の世界の法案作成法の異なる伝統の結果であろ。

おそらく、米国人は一般的に、自主独立の重要性を評価するのに対して、日本人は相互依存をより高く評価するのかも知れないが（実際の生活では、両方共極めて重要である）、神話的に言う場合は違うとしても、米国人は心底は本当に「個人主義的」ではなく、自分がそうなのだと思いがちなだけである。一般的に言って、日本人は例えば学校や職場で擬似家族的なグループの中で行動することに居心地のよさを感じるのかも知れないが、個人主義というあのすばらしいものを自己のものとしている。多くの外国人で関心をもつ者にとって、米国人は体制順応的に見える。例えば、食品、音楽、衣服、そして自動車の最新流行の物を買って貰いたいという市場の要求に従わなければ、広告産業も米国の消費経済も崩壊するであろう。日本も同じかも知れない。日本の憲法は、「公共の福祉」を追求するが、法律の遵守を旨とする米国民の憲法は、「より完全な連合体」における「一般の福祉」を考えている。両国の憲法はいずれも、権利と自由を尊重している。

日本の知識人たちにとって、最も重要な問題は現在の用語と戦前の言い方との間の関係であった。著名な学者、宮沢俊義はこう総括している。

外国語の Salus publica, bonum commune, Gemeinnutz などの言葉は、言葉としては、「公共の福祉」と訳してさしつかえないものであるが、それらは、実際には、しばしば多かれ少なかれ反個人主義的な意味に用いられた。戦争中の日本で使われた　……　〝言葉それ自身としては〟、特に「公共の福祉」とちがったものではないが　……　たぶんにそういう色彩を身につけていた。日本憲法における「公共の福祉」は、それらとはちがい、どこまでも個人主義に立脚する。（宮沢）

日本の憲法には、米国憲法とその改正に見られるよりも、はるかに多くの権利が含められていることに読者は気づかれるであろう。日本の基本文書で扱われている事項の一部は、米国の連邦法令や州法令に記載されているが、保健の権利などのような他の権利は、米国の憲法体系には規定されていない。この点は、米国の「独立宣言」の方が米国憲法よりも、海外で賞賛され、より大きな影響力をもっている一つの理由である。二一世紀の憲法に通常含まれる権利に関する多くの考えは、米国憲法が書かれたときには議論の対象としてなかった。

一九四七年の「憲法」の第三章「国民の権利及び義務」、第一一条から第四〇条までは、日本では普通以下のように区分けされる。

法律に基づく権利の平等——婚姻関係の諸権利（第二四条）、差別なしに公務のために立候補する権利（第四四条）。第一四条の一部は次のように書かれている。「すべて国民は、法の下に平等であつて、人種、信条、性別、社会的身分又は門地により、政治的、経済的又は社会的関係において、差別されない。2　華族その他の貴族の制度は、これを認めない。」

経済的自由——職業、居住地、外国への移住を選択する権利（第二二条）、財産権、「公共の福祉」に適合する限り事業を営む権利（第二九条）。

社会経済生活の質に関する権利（社会権）——ある一定水準の生活をする権利、「健康で文化的な最低限度の生活を営む権利」、国が保障する社会福祉と公衆衛生を受ける権利（第二五条）、無償の義務教育とその能力に応じて、ひとしく教育を受ける権利（第二六条）。勤労の権利と義務、勤労者の勤労の権利と「団結する権利及び団体交渉その他の団体行動をする権利」（第二七条・第二八条）。

参政権——公務員を選定し、及びこれを罷免する権利と秘密の投票をする権利（第一五条）、立候補する権利（第四四条）。

各人の訴訟手続の権利（人身の自由）――公務員による不当な拘禁あるいはその他不法な扱いを受けた場合国を訴える権利（第一七条・第四〇条）、犯罪に因る処罰の場合を除いては、その意に反する苦役に服させられないこと（第一八条）、裁判所において裁判を受ける権利（第三二条）、「迅速な公開裁判」など刑事裁判を受ける権利、強制による自白と残虐な刑罰の禁止（第三一条・第三三〜三九条）。

精神的自由権――国に請願する権利（第一六条）、思想及び良心の自由（第一九条）、信教の自由（第二〇条）、そして世界の憲法で初めての学問の自由に関する規定（第二三条）。第二一条の一部には次のように規定されている。「集会、結社及び言論、出版その他一切の表現の自由は、これを保障する。2　検閲は、これをしてはならない。」

憲法が生きるか死ぬかは、法典を活気づけている文言によるのではなく、多くの年月にわたる国民の日常生活の細部がどうであるかであり、また公務員と普通の市民双方の行動によるのである。以下の記述の意図は、複雑な諸事、人道的な習慣、汚職、政府権力と個人の自由の双方に関する原則に則った使用と誤用、悲劇、時折のユーモア、そして民主主義のすばらしさの感触について述べ、一九五二年から二〇〇四年まで日本がどのように十分にあるいは不十分に、憲法にある権利の保障を実行してきたかを明らかにすることである。米国やその他の立憲民主主義国におけると同様、憲法の文言と精神の遵守の記録には両者が混在しているが、大部分は好ましいものである。

市民の自由をもって「自由を満喫する」

それは一九七〇年のこと、東京都心の学士会館の昼食時であったが、そこには国立大学の教授たちと卒業生が仕事と楽しみのために集まっていた。宮沢俊義教授が、著者のために一九四七年の憲法がどんな違いを日常生活にもたらしたかを要約しようとして、長期に続くであろう安堵の気持ちをこめて、「再び毎朝、自由を満喫しています」と語った。軍部の官憲主義と神格化された天皇の下での生活の強烈な記憶をもつ何百万の日本人は、この優れた憲法学者と同様に、自由の喜びを味わってきた。今日、過去の世代の記憶が過ぎ去り、若い日本人のほとんどは米国人と同様、自由を当然のことと思っている。

表現の自由がしっかりと制度化されているので、それは今や当然のものである。心を同じくする人々は自由に団体を形成して、政府の干渉なしにどんな政策をも、あるいは競合するグループをも支持したり、それらに反対したりできる。あらゆるレベルの政治指導者たちは選出されることもあれば、任命されないこともある。新聞、雑誌、テレビ局、ラジオ局、教授、芸能人は、政府からの注意を僅かばかり受けるだけで、自らを取り仕切っている。人々はそれぞれ自由にどんな信仰でも、哲学でも信奉することができる。

グループ志向の日本の社会政治は、牛乳の値段の上昇、住宅地にうるさいボーリング場を建設すること、大気汚染や水質汚染、ベトナムへの米国の介入、成田（東京）国際空港の拡張、時代遅れの大学政策、軍事支出の増大、米軍機の市街地飛行による「公害」、裁判にかけられている活動家に対する裁判所前の集会による支援など、広い範囲の問題についての頻繁な抗議ないし支援のデモなどで表現されてきた。毎年の「春闘」は、常によりよい賃金と労働条件を求める労働者の一種の祭典の行進である。多彩なデモは日本の政治文化の大きな特色である。普通、彼らは穏やかだが、一九五〇年から一九七一年の間には、時折暴力行為が発生することもあった。以下に重要な事例をいくつか挙げる。

メーデー事件　一九五二～一九七九年

一九五二年四月二八日、第二次世界大戦を終結するサンフランシスコ平和条約の発効日をもって、日本は独立を回復した。メーデーと他の春の日々に、東京と他の都市で破壊的なデモが起こり、暴力行為と集会の自由に関するいくつかの裁判が始まったが、そのうちの最後のものは一九七九年まで決着がつかなかった。東京でのメーデー事件では、明治神宮外苑での政治集会の後、何千人もの人たちが都心の日比谷公園（日本のハイド・パーク）に向かい、それから近くの皇居前広場へ進んだ。約三〇〇〇人のデモ参加者が、占領軍の職員が所有する自動車のフロントガラスを計画的に割った。警察や軍隊の車はひっくり返されて焼かれ、投石が見られた。共産党が先頭に立った参加者たちのこの暴力行為は、日本共産党への一般大衆の支持を何十年にもわたって減らしたが、二〇〇四年には日本共産党は平和を好み、日本の政党の中でも最も民主的なものの一つである。

警察は催涙ガスと銃を使ったが、デモ参加者は使わなかった。警察の銃火で二人が死んだ。二三〇〇人以上が負傷した。注目すべきは、これが日本の政治デモのこれまでの半世紀のうちで、警察が火器を使った最後のケースであったことである。逮捕された一二三二人のうち、二六一人が起訴された。一九七〇年初めの判決の日までに裁判所で一七九二回の審理が行われ、その間に一六人の被告が死亡し、その他少数が赦免され、北朝鮮への帰還を許された。ほとんどの刑事訴訟は、日本の司法制度により迅速に判決が下される。メーデー事件は、事件の何十年の後までも裁判の政治的意味の微妙さが残っていたことと、事件の審理を長期間引き伸ばす大陸法の慣習のために、時間がかかった。

一九七〇年一月二八日から二月一四日までの間に、東京地方裁判所は裁判が不当に遅れたことはないとして、一一五人の被告に有罪を宣告し、一一九人を無罪とした。裁判所は小額の罰金あるいは執行猶予付きの有罪判決をそれぞれ科し、検察側は、日本の大陸法制度では可能である無罪判決に対する控訴をしないことにした。一般的に言って、情状酌量は日本に独特である。一九七〇年六月一九日、無罪となった者のほとんどに、二四日から三五〇日にわたる拘留日数に応じた補償金が与えられた。有罪となったものについて法廷は、公務遂行中の公務員を妨害し、「騒擾の罪」を構成する「共同謀議」を示したとした。東京高等裁判所は一九七二年一一月二一日、控訴した有罪者一〇一名のうちの八四名について判決を覆した。

これらの裁判の進行中に、自由の歴史の中で重要な事件がもう一つあったが、それは一九五八年に自由民主党が、警察官職務執行法の規制を強化する改正についての国会承認を取れなかったことである。一九四五年以前の警察による弾圧の強烈な記憶が、議会内の掴み合いと暴力による議事妨害、議会外の多数参加デモに油を注いだが、穏健派が勝って、腹立たしい内容の条項が法律となることはなかった。

安保条約「危機」一九六〇年

一九六〇年は、日本における民主政治にとっての一里塚であった。一九五九年後半から一九六〇年にかけての長々と続いた国家的論議では、日本が一九五二年以来施行されてきたもの（条約廃止の時間的な枠組が明記されておらず、日本の主権を著しく侵害する可能性があった）よりももっと平等な新条約に基づいて、特別に重要な関係を米国と続けるべきか、それとも他の国と手を組むように変えるべきか（支持者は少数であった）、あるいは武装中立（広くは支持されなかった）ないし非武装中立（真剣に考えた者もある）に立場を変えるべきかに的が絞られていた。大規模な市民の騒乱が何カ月も続いて、その結果ドワイト・アイゼンハワー大統領の公式訪問が取り消された。米国のマス・メディアは反米感情がはびこっていると強調したが、米国に対する態度は優先順位がはるかに低い三番目であった。大多数の日本人にとって一番目の関心事は、民主主義を確かめ、日本を軍部の官憲主義に「逆戻り」させるかも知れないと思われていた者たちに反対して、民主主義を守ることであった。二番目は条約の問題であった。

そのとき著者は東京都心に住んでいて、大学、路上、そして国会での熱心な討議とデモを毎日のようにこの目で見ていた。大学や電車の駅で意見を異にする団体がパンフレットを配ったり、ヘリコプターから撒いたりした。大学生、会社員、労働者など、広い範囲の政治的意見を主張する男女が、国会の周りに何十万人も集まる日も多かった。「安保条約」の改正ほど、議会でこのように長く討議された戦後の問題はない。緊張がその極に達したとき、抗議者が泣いたり、議会を取り巻く鉄条網に手を掛けて血を流したりするのも見られた。国会内部では、日米安保条約の批准に反対する政治家たちが条約の票決を阻止しようとして、議長に暴力を振るった。

路上では流血があったが、その多くは左派の学生デモ隊（全学連）と小規模な右派団体の間に起こった争いの結果で、警察との衝突によるものもあった。それでも、多くの人命が失われ、多くの重傷者が出た世界の他のもっと小規模で短期間の政治デモに比べれば、日本ではデモ参加者の大多数と警察の間に、驚くほどの程度の集団的自己抑制が見られた。そのときも、また日本ではその後もそうであることが多いのだが、防御装備をした機動隊の方が抗議者側よりも負傷者が多かった。挑発にも拘らず、比較的に少数のデモ参加者、おそらく一〇〇万人に上るデモ参加者のうちの二、三〇〇人が警察にひどい目に遭わされた。多くの場合石や棒が、暴力の武器であった。参加者からの発砲はなく、ナイフも使われなかった。一九五二年以来初めて催涙ガスが稀に用いられた。「危機」の何ヵ月かの間に、死んだのはたった一人だけであった。女子大学生の樺美智子さんが、仲間のデモ参加者に踏みつけられて死んだのか、警察の残虐行為で死んだのかは情報の発信源によって違う。

結局、戦時東条内閣の閣僚の一人で、多くの人の心には民主主義に対する脅威の象徴であった復帰戦犯の岸信介首相が自党の圧力の下で辞任し、暴力の責任とコンセンサスを得られなかったことの責任を取った。日本の政治文化における基準はコンセンサスで、大コンセンサスが達成できなければ、多数決が最悪の場合の代案である。その指導力に反対して請願に署名した何百万人もの人に象徴された岸への支持の喪失は、大多数の合意が得られる前に新条約を承認すべく、国会を圧制的な多数票で押し通そうとした彼の鼻の高い非民主的な傲慢さが大きな原因となっていた。

六月半ばになってやっと、影響力の強い全国紙が一致して暴力を終わらせるように求め、そのような声明と湿気の高い夏の暑さとに促されて、その後何ヵ月かにわたり穏健な状態に向った。当時、多くの外国人は日本を危機にある民主主義国として見た。しかし法律による民主的ルールは危機にあったどころか、確認されたのである。そのうちに、条約に対する国民の支持は強固なものとなり、それから四〇年以上経ってからも条約は日米関係の基盤であり、国連と共に日本の外交の礎石であり続けた（日本は、一九五六年に国連加盟を許された）。岸と「危機」の後、日本は池田勇人首相の低姿勢リーダーシップの下、静かに一九六四年の東京オリンピックの準備をし、軍事面を除き世界で二番目の豊かで強い国を目指して、速やかに前進した。

東京都公安条例事件の判決　一九六〇年

一九六〇年前半の安保条約危機に続いて七月二〇日、集会の自由に関する日本の歴史で最も重要な最高裁判所の判決があった。地方当局の許可または事前の届出を要する地方公安条例は、不安定であった一九五〇年代に、年間四万五〇〇〇件ものデモを規制する最も普通の形式の法令であった。これに加えて、条例やその他の法律を遵守する考えなしに、何千件ものデモが行われた。各条例の実施を監視するのは、文民の地方公安委員会である。

当時、届出制度は許可制度よりも制限的でないと論じる学者もいたが、実際には、例えば、デモを交通の流れに合わせるよう、あるいは同じ場所で同時にデモを計画している立場の違う二つのグループ間の衝突を避けるよう、どちらの制度でも同様に国民の集会に条件を課すことができる。一九六四年から一九七八年の間、東京都公安委員会はほとんどの年において許可申請をまったく拒否しなかったが、申請の数は年間二〇〇〇以下に減った。委員会は半分ぐらいの場合において、時間、場所およびデモあるいは行進のやり方に条件を付けた。関心をもつ人たちの中には、デモや支援運動に参加する自由は、日本ではかなり制限されていると示唆する者もいる。しかし鵜飼信成や佐藤功のような、公安委員会に参加した進歩的な憲法学者はこれに強く反対した。暴動を起こす権利を認める国はないが、日本は集会の自由を許す点ではおそらくどの国にも負けない。多彩で普通は穏やかなデモは、公共の日常生活の一部であり続ける。少数の例外を除き、関係法に対する違反は寛大に扱われてきた。

　多くの下級裁判所の判決はこれらの条例の合憲性を支持してきたが、いくつかの裁判所、例えば東京地方裁判所は、一九五八年と一九五九年に条例が問題であると判断した。一九五九年一一月、別の東京の裁判所は、許可なしでデモをした学生を警察が拘留することを許さなかった。これを覆して、田中耕太郎裁判長の下の最高裁判所は、東京の公安条例のような条例の合憲性について判決を下すための民主主義の原則を詳しく説明している。

　集会の自由のような自由の憲法による保障は、「民主主義を全体主義から区別する最も重要な特色である」。他の基本的な権利についてと同様、市民は表現の自由を乱用してはいけないし、「公共の福祉のために」それらを責任をもって行使しなければならない。司法の仕事は、「秩序を尊重して平和的に会合を」開く自由に対して課すことのできる必要最小限の制限を決定するために、「自由と公共の福祉の間に適切な境界線を引く」ことである。適切な法的制限の程度と種類は、さまざまな活動を意味する言葉である「表現」の性質による。例えば、政治的デモのような「集団活動」は文書によるものとは異なり、群集を不法に行動する「暴徒」に変える可能性がある。「不可避的に」、地方当局は「法と秩序を維持するために最小限必要な措置」を記載した公安条例を採用する。東京都公安委員会の義務は、「公共の平和の維持を直接危うくしない限り」、国民の会合のための許可を与え、「表現の自由に対する最大限の尊重」を示すことである。「届出」制度と「許可」制度の間に重要な違いはなく、どちらの下でも交通整理のための「厳しく制限された」制限を課すことができる。

　その後集会の時、所および方法に関して裁判所による工夫が加えられたが、「東京都公安条例判決」は依然として、東京の行政地区の路上で判事たちが実際に見たようなデモを査定するための権威ある指針を提供している。

大学危機　一九六八～一九七一年

欧米におけると同様、一九六八年から一九七〇年の間、日本でも多くの大学が激動の時期を経験した。自治と構内からの警察の排除という大学の伝統を盾にとって、東大やその他の有力な大学で、全共闘のような急進的な学生団体が大学構内の建物を何ヵ月も占拠し、教室や事務所を荒らし、教授連を脅し、その書籍を盗んだ。建物は破損され、政治的な垂れ幕が至る所に見られた。極めて神聖な大学入試でさえも、一九六九年には一〇〇以上の大学で、取り止めにされなければならなくなった。

著者は一九六九年から一九七一年まで、東大法学部の客員であった。政府も大学の指導者たちも、何ヵ月も長く続いた学生の法律違反、慣習違反に衝撃を受けていた。米国と違って、日本では教授陣が大学運営を管理しており、学生が建物を占拠した後でさえも、大学構内の秩序回復のために武装警官を入れることを極度に躊躇した。学生が激しい集団的暴力行為を行うまで、教授陣は概して大学改革やベトナムへの米国の介入に対する反対など、彼らの大義に対して共感をもっていた。

投石や火炎瓶に対して、警察は放水車と防護服と盾で応戦した。東大での劇的な終幕において、警察は引き下がり、そのために旗を振る学生たちは「インターナショナル」を歌うことができたが、その後摑み合いなしに手をあげた。占領の時代以来世論は学生の元気溢れる青春の発露と理想主義に対して極めて寛容であったが、「大学危機」の間の彼らの暴力に対する嫌悪感が、学生運動（全学連とその継承者たち）の活気、正当性、そして影響力を、おそらくは永久に、根こそぎにしてしまった。後に残ったのは、小さくて緊密に組織された過激派グループで、それぞれが独特のヘルメットに付ける記章をもち、厳しくお互いに相容れないイデオロギーを信奉し、体制に対するよりもお互い同士で争い、時によっては進んで殺し合うようになった。

マス・メディアの自由

日本の膨大なマス・メディア・システムの全部門は相当の自由を享受しており、立憲政治と憲法の分野の諸問題を大きな報道対象にしている。民間の日本新聞協会の会員として新聞、放送メディアは、一九四六年に初めて採択され、一番最近では二〇〇〇年六月二一日に改正された「新聞倫理綱領」で自らを律している。

国民の「知る権利」は民主主義社会をささえる普遍の原理である。この権利は、言論・表現の自由のもと、高い倫理意識を備え、あらゆる権力から独立したメディアが存在して初めて保障される。新聞はそれにもっともふさわしい担い手であり続けたい。

おびただしい量の情報が飛びかう社会では、なにが真実か、どれを選ぶべきか、的確で迅速な判断が強く求められている。新聞の責務は、正確で公正な記事と責任ある論評によってこうした要望にこたえ、公共的、文化的使命を果たすことである。……

自由と責任　表現の自由は人間の基本的権利であり、新聞は報道・論評の完全な自由を有する。それだけに行使にあたっては重い責任を自覚し、公共の利益を害することのないよう、十分に配慮しなければばならない。

正確と公正　新聞は歴史の記録者であり、記者の任務は真実の追究である。報道は正確かつ公正でなければならず、記者個人の立場や信条に左右されてはならない。論評は世におもねらず、所信を貫くべきである。

独立と寛容　新聞は公正な言論のために独立を確保する。あらゆる勢力からの干渉を排するとともに、利用されないよう自戒しなければならない。他方、新聞は、自らと異なる意見であっても、正確・公正で責任ある言論には、すすんで紙面を提供する。

人権の尊重　新聞は人間の尊厳に最高の敬意を払い、個人の名誉を重んじプライバシーに配慮する。報道を誤ったときはすみやかに訂正し、正当な理由もなく相手の名誉を傷つけたと判断したときは、反論の機会を提供するなど、適切な措置を講じる。

品格と節度　公共的、文化的使命を果たすべき新聞は、いつでも、どこでも、だれもが、等しく読めるものでなければならない。記事、広告とも表現には品格を保つことが必要である。また、販売にあたっては節度と良識をもって人びとと接すべきである。

日本には一〇八の日刊紙があるが、そのうちの五つの全国紙（朝刊、夕刊の双方を発行している）、すなわち『朝日新聞』（多分最も影響力が強い）、『読売新聞』（朝刊の流通部数が一〇〇〇万部で最も大きい）、『毎日新聞』、『日本経済新聞』（『ウォール・ストリート・ジャーナル』に相当する）および『産経新聞』が最も重要である。普及率は人口一〇〇〇人につき五七六部で、日本は新聞では大差による首位であり、英国は二位で一〇〇〇人につき三一四部、米国は一〇〇〇人につき二〇九部の流通である。放送においては、公営の日本放送協会（NHK）の他に、日本には、すべて東京に本拠を置く五つのテレビ放送網、すなわちTBS（地方局二七）、フジテレビ（二七）、日本テレビ（二五）、テレビ朝日（二三）、そしてテレビ東京（五）がある。全部で一二九のテレビ局と四八のAMラジオ放送局、そして五二のFM放送局がある。衛星放送の利用は急速に増加している。

NHKは、テレビ視聴者が毎月義務として払う受信料により資金は十分にあり、日本中で二〇〇〇万世帯が受信している。NHKの番組の半分近くはニュースで、時間においても番組数においても、（「すべてがニュース」の放送局を除き）欧米、アジアの民主主義諸国、あるいはオセアニアのどの主要放送局より多い。ニュース報道の約五〇パーセントは、官僚による国政が公共の問題をどのように扱い、紛争を処理しているかに的を絞っている。これと違って、米国ではニュースの二パーセントしか官僚機構を扱っておらず、大統領、大統領顧問委員会、および政治闘争に大きく注目している。エリス・クラウス（Ellis Krauss）の研究は、一九六〇年代から一九八〇年代の間に、NHKがテレビのニュースについて圧倒的な地位を占めたことは、一九四五年から一九六〇年の間の不安定と偏向した政治の後、日本の民主的な状態がどのように正当化され、安定したかを説明する助けとなることを示唆している。

この期間を通じて自民党がすべてを支配していたので、NHKとしては、他の利害関係者とよりも、自民党の方により関係をつくり出していたといえるかもしれない。それにもかかわらず、一般国民は普通、国会、官僚機構、あるいは政党や政治家を信用するより、はるかにテレビ放送網や全国紙の報道の公正さと能力を信頼している。

人権に関する国民の意識の高揚と、個人的尊厳、名誉、そしてプライバシーについての個人の権利をメディアが侵害したという申立ての増加に対応して、一九九七年六月、メディア関係の法律学者と弁護士は、NHKおよび一九〇社からなる日本民間放送連盟（民放連、NAB）と一緒に、放送における言論の自由を保証し、視聴者やその他の市民の権利を守るために、特定の番組に対する苦情を受け付け、調査し、対応する、日本で初めての政府・業界間の第三者組織を結成した。

二〇〇四年現在、放送倫理・番組向上機構（BPO）は、NHKと民放連が発起人となり、資金を出している自主的な自律機関である。BPOは、制度化によってその構成と政策に権威と独立性を有することとなった。理事会は放送業界あるいは政府と関係のない高い信用をもった公人が理事長（二〇〇四年には、著名なメディア関係法専門家である清水英夫）になり、事務局は調査事項について調整し、各委員会に情報を提供し、伊藤正巳（市民の自由について研究している学者で、前最高裁判所判事）が議長を勤める学識経験者より成る「評議員」は、三つのBPO内委員会の委員を選ぶ。これらは、番組構成に関する市民の専門家と業界の専門家から成る「放送番組委員会」、青少年と児童の人格形成についての専門家である少なくとも七名の独立した学者とジャーナリストから成る「放送と青少年に関する委員会」、そして中核となる重要な委員会で、放送業界あるいは政府と関係のない少なくとも八名の任期三年の委員から成る「放送と人権等権利に関する委員会」（BRC）である。最近の委員には、日本弁護士連合会会長、引退した最高裁判所判事、メディア関係の法律学者、人権専門弁護士、作家や映画監督などが見られる。

BRCは普通、個人からの苦情を受けて行動を開始するが、権利の侵害を知った場合には自らが率先して行動を起こすこともある。BRCが権利の侵害の主張を考慮するのは、それが特定の番組に絞られている場合、苦情申立者と放送局が話し合いで双方間の意見の相違を解決する可能性が少ない場合、番組の日付から三カ月以内にケースが放送局に持ち込まれた場合、ケースが裁判で争っている最中でない場合、そして損害賠償が求められていない場合だけである。広告に関する申立ては考慮されない。

ＢＰＯには二四時間連絡でき、年間何千にもなる苦情のほとんどは電話で受ける。ＢＰＯはマス・メディアや電車内に広告を出す。ＢＲＣのサービスは、苦情申立者には無料で提供される。事務局は苦情申立者に「権利侵害申立書」に記入して返送することを求め、ＢＲＣが検討して対応するために、完全なファイルにまとめる。ＢＲＣの決定は、その見解と提言と共に当事者に通知される。放送局は番組を保留する旨の放送を求められる場合がある。

放送局は正式の訴訟によることなく、多くの苦情を解決する一方、メディアへの批判を鎮める社会的責任の実行として、ＢＲＣの決定に従う。ＢＰＯ制度は市民に対して、表現の自由の権利を行使することも大いに奨励する。ＢＲＣの集団による判定と誠実さは信頼を受けており、ＢＰＯに対する業界の約束は守られる。

ＮＨＫと民放連各社はこれら三「委員会」の独立性に干渉しないこと、その円滑な運営に協力すること、そして「委員会」の作業について広く視聴者に情報を提供することを誓約する。三「委員会」のうちの一つが放送倫理の問題を指摘したら、関係放送局はその放送の倫理的な質を改善するために、取ろうと意図する政策について「委員会」に報告する。

二〇〇〇年に日本では約三〇〇〇の定期刊行物が発行されたが、そのうちの八七は週刊誌であった。子供と成人の読者用の漫画の本と漫画雑誌は極めて人気があり、販売の二二パーセント以上を占めている。憲法でさえも、〝漫画〟の題材になっている！　毎年発行される書籍の点数では英国が一〇万以上で一番であり、これに比してドイツは七万一五〇〇、米国は六万二〇〇〇、そして日本は五万六〇〇〇（初版だけをカウント）である。

この国の映画産業は一九六〇年がピークで、国内で製作された五四七本の長編映画を一〇億人以上の映画館入場者が見た。二〇〇〇年には、およそ二七〇本の映画が日本で製作され、二九八本が輸入され、観客数は一億四五〇〇万人であった。日本の社会は印刷物、映画、そしてその他のメディア上の暴力やエロにかなり寛容だが、暴力シーンの多い番組やアダルト番組から未成年者の健全な発達権を守る必要性も強く意識している。映画はすべて、業界の自己規制機関である映倫が審査する。輸入映画も税関が監視しているが、そのやり方の合憲性については広く疑問が出されている。

それぞれに主要なニュース報道機関の代表が入っている、何百もの「記者クラブ」は、日本のニュース・メディアのための国内政治ニュースの主要な情報源であり、「情報カルテル」として知られてきた。慣習により、これらの組織の多くは政府省庁、国会、政党本部、警察、経済団体、裁判所、首相官邸などに自分の事務所をもっている。

情報のグローバリゼーションの流れに沿って、二〇〇四年に日本は、欧州連合や国際機関の記者たちから長年言われている苦情に応えた。日本新聞協会は二〇〇の主要記者クラブに対して、会員以外でも記者会見に出られるようにすることを求めた。同じ問題で、外務省は地方および中央政府の省庁、機関に対し、公認の外国ジャーナリストが円滑に彼らの記者会見に出席できるようにとの要請文書を送付した。

これらの記者たちは受け持ち区域を二、三年間しか担当せず、米国の記者と同様、匿名の信頼すべき情報源に頼るので、ベテランの政府、業界スポークスマンの情報操作にしてやられることがある。異なるメディア会社からの記者たちは、時には競争するよりも報道されるべきものについて意見の一致を作り上げる。共通の見解からの逸脱の結果、村八分になったり、配置転換になったりすることもある。国内の者でも、外国の者でも、会員でない者は国の主要なニュース取材プロセスから除外される。グループ内の依存は、独自調査によるジャーナリズムの意欲を殺ぐ可能性がある。

その結果、政府や体制に批判的な情報や意見へのアクセスが抑制されることについては、誇張してはならない。汚職の可能性は他の多くの民主主義国の場合と同様、ありふれたことである。社説と論説欄は多くの場合、決然として政府に批判的である。天皇に対して批判的なことを書くことに対するいわゆる「菊の御紋章」タブーは、天皇について無礼なコメントをしたと言われて、右翼の過激派の小グループから時に攻撃されるという点で、相変わらず問題である。特にぞっとするような、しかし孤立した事件で、「赤報隊」という右翼グループが一九八七年五月三日に『朝日新聞』の記者一名を殺害し、もう一名に怪我を負わせたことについての犯行声明を出したが、確証はない。この件と七つの関連した事件は、警察庁の事件簿一六号として引き合いに出される。これらの事件はどれも解決していない。

明仁天皇と美智子皇后に関する国民の態度は普通畏敬に満ちたものではなく、控えめな関心を示すものである。二〇〇一年一二月の『朝日新聞』の世論調査によると、投票権をもつ人の六四パーセント（女性では七三パーセント）が皇室を好意的な目で、二八パーセントが批判的な目で見ている。二〇〇一年に雅子皇太子妃のご懐妊が大きな興奮を引き起こしたが、これは一つには、これで女子の皇位継承の可能性が出てきたからである。近代になる前の日本には女帝がいた。戦前の憲法と皇室典範では皇位は男子の継承者に限定されており、その法律条項は法典上にともかくも残っているが、憲法に反して差別的である。投票権をもつ人の八三パーセントは、女性を、おそらくは愛子内親王を、皇位に就けることを支持している。

上記の留保を付けた上ではあるが、記者クラブは優れた、効率的な仕事をしている。著者の目には、日本の新聞が外国の諸問題を対象にする程度は米国の新聞よりも上のように見えるが、これは一つには大きな発行部数がもたらす大きな資金のためである。『朝日新聞』は世界の二十大新聞の中に、これまで入ってきている。

さまざまな新聞、放送局、雑誌、書籍、大学、そして映画により、極めてさまざまな意見の自由な表現が日本では見られる。自由の法則は理想として当然なものと思われているが、政府の開放度は少しずつ高まってきたに過ぎない。大平正芳首相が一九七八年の演説で述べたように、「日本は自由な社会だが、開かれた社会ではない」。しかしその頃の社会は、開放度の増大に向かって変化しつつあったのである。

一九八〇年ごろから、自由人権協会とその他の情報に関する自由の運動を信奉する進歩主義者たちのイニシアティブで、多くの県と大都市の政府が情報公開条例を採択した。一九九九年五月、情報公開法が国会を通過し、二〇〇一年四月一日に施行された。施行の最初の日に一八〇〇ヵ所で、中央政府に対して情報の要求が一五〇〇件以上出された。これらの申請は主としてメディア、非営利団体、そして市民グループから出された。例えば、東京の「情報公開市民センター」は内閣閣僚の交際費に関するデータを要求した。

何千もの正式文書による要求が、公共事業、教育、消費者の安全や環境の安全に関するファイルに収められている情報を求めて、毎年出されることになろう。地方および全国の情報開示制度も、毎年何十万もの情報に対する書面によらない非公式な要求を後押ししてきたが、目的は達せられている。公務員は以前よりも積極的なやり方でメディアや国民に対して進んで情報を公開し、また要求により迅速に応えるようになった。この新しい開放性は、秘密にする傾向をもっていた政府と社会においては、大きな成果である。

同様に政府の開放度の増大に寄与したのは、「市民オンブズマン運動」と呼ばれる民間弁護士と運動家のネットワークである。一九九四年以降、地方情報公開条例を使って地方政府の経理を審査し、組織ぐるみで領収書を偽造することや、地方政府のプロジェクトに対する補助金を求めて、国の役人を過度に接待することのような腐敗した慣習を大幅に減らした。毎年、日本のすべての県からのオンブズマン・グループが全国会議に集まり、開放度の点でのこれらすべての地方政府のランク付けをする（東京が最下位）。マス・メディアは地方政府や中央政府のスキャンダルを大いに報じたり、批判したりすることにより、これらの取り組みと力を合わせている。米国の公務員と同様、日本の公務員は世界でも最も有能で熱心なのかも知れないが、これから述べるケースが示すように、時折の問題がないわけではない。次のケースおよびその後に述べるケースにおける最高裁判所の意見と論法は、日本の法律専門家やオピニオン・リーダーのものと違うときもあるように、読者のものと異なるかも知れない。しかし最上位の裁判所が具体的なケースにおいて、憲法についての最も権威ある解釈を下す所であり、最高裁判所が普通、他の政府機関あるいは政党よりも高い国民の尊敬と支持を得ていることは、留意すべきである。

西山秘密公文書事件（外務省秘密電文漏洩事件）

一九七八年に最高裁判所は、ジャーナリストのニュース取材と国家秘密保持について最初の判決を出した。

米国ではほとんど意識されなかった領土の重要な平和的移転により、沖縄は一九七二年に日本の主権に戻った。日米間の予備交渉の間、外務省の取材を担当する『毎日新聞』の記者、西山太吉は、その頃の情事の相手であった外務省の秘書、蓮見喜久子から関連の秘密文書を入手した。この二人とも結婚していた。彼は情報源を明かさないと約束したが明かしてしまい、ある議員にも話した。西山が関係ニュースの取材を終えると、情事も終わった。一九七一年半ばに沖縄返還協定が締結されて程なく、この野党社会党の議員が国会で、秘密協定は一切結ばれないとの政府の保証に反して、佐藤栄作首相が秘密裏に土地への損害の補償請求に対し五〇〇万ドルを沖縄住民に支払うことに同意していたと暴露した。狼狽した佐藤は責任を取ったが、情報を不当に抑えたとは認めなかった。佐藤はノーベル平和賞を受賞した。西山、蓮見の両人は見つかり、逮捕され、有罪判決を受けた。彼らは職場を辞した。

蓮見は職務上知ることのできた秘密を漏らしたことにより（第一〇〇条一項）、西山は公務員に犯罪をそそのかしたことにより（第一一一条）、二人とも国家公務員法に違反した。そのような罪に対する最高の刑罰は、一年の懲役と小額の罰金（第一〇九条一二号）である。蓮見は六カ月の判決を受けたが、一年の執行猶予付きであった（ということは、その一年間平穏にしていれば、刑務所には行かない）。西山は、憲法第二一条で認められている報道の自由の範囲内で行動したとして、地方裁判所では無罪となった。しかし検察側の控訴により、東京高等裁判所と最高裁判所で有罪の判決を受け、一年の執行猶予付きで四カ月の懲役を言い渡された。このような刑罰では積極的なスパイ活動を到底抑止できないし、日本には防諜法がない。一九八〇年代以来国家機密法を通過させようとする試みがなされてきたが、憲法の精神に反するとして激しく反対され、まだ日の目を見ていない。

最高裁判所は、⑴裁判所には、何が国家公務員法に基づく国家機密を構成するもので、何が単なる政治上の秘密かを決める権限があり、⑵この場合の政府の秘密は、国家機密に該当するものであり、⑶政府が事実をすべて国会に出さなかったことは、憲法による命令に違反したり、不法な秘密保持を構成したりしないし、そして、⑷自由なニュースの取材や報道は、国民の知る権利と一般的な表現の自由にとって極めて重大ではあるが、この場合西山は、蓮見との倫理的に疑問のある関係の中で、公務員をそそのかすことを禁じる法律に違反したと判示した。裁判所は以下のように述べた。

被告人は……取材対象者である蓮見の個人としての人格の尊厳を著しく蹂躙したものといわざるをえず、このような被告人の取材行為は、その手段・方法において法秩序全体の精神に照らし社会観念上、到底是認することのできない不相当なものであるから、正当な取材活動の範囲を逸脱しているものというべきである。

本件に関する学者の意見は、単に正当な取材をしていただけだという西山の主張を支持したが、そのやり方の倫理性については批判した。

博多駅フィルム事件

メディア、憲法そして政治の間の関係は時に複雑である。一つの例は一九六九年の「博多駅フィルム事件」で、その結果、最高裁判所が報道の自由と情報の自由についての画期的な判決を下すこととなった。一九六八年の初め、三〇〇人ほどの反代々木系（共産党の代々木学生支部は穏健派の裏切り者と考えられていた）の学生が、米国空母エンタープライズの寄港に対する抗議から帰る途中、日本の西南部にある博多駅に着いた。近くの九州大学に立ち寄ったとき、八七〇人の武装警官と鉄道保安要員が行く手に立ちはだかった。怪我人はほとんどないと言ってよかった。学生四人が逮捕されたが、起訴されたのは一人だけで、その一人も一九六九年四月一一日無罪となった。

警察の権力の濫用に対する反訴が、二〇人の弁護士、三六人の野党議員（日本社会党）、そしてその他の支持者により、県警察本部長とその他の警察官に対して出された。原告の要請で、福岡地方裁判所は地方テレビ局四局に事件のフィルムを出すように求めた。会社側は、「このフィルムを裁判での証拠として使用することは、自由で公平なニュースの取材と報道を不可能なものとする可能性がある」として異議を唱えた。八月二八日に、裁判所は博多のフィルムのすべてを証拠として使うための正式な「提出命令」を出した。会社側は九月に、福岡高等裁判所と最高裁判所に対して、別々の抗告をすることにより対抗した。何カ月もの激しい論争の間、福岡のメディア会社一四社と日本新聞協会はテレビ局の論拠を支持した。

一九六九年一一月二六日、最高裁判所は、全員一致の「大法廷」判決により、会社側の特別抗告を棄却した。判事側は、憲法第二一条が思想の表現の自由だけでなく、ニュースの取材と事実の報道における自由も保障していることについては抗告人の考えに同意した。これらの自由は民主主義における国民の知る権利のためのもので、公共の諸問題についての判断を形成するのに国民が必要とする資料を提供するものである。しかしこの自由は時により、公正な刑事裁判についての憲法上の権利と均衡を取らなければならない。情報の自由についてのメディアの尽力に対するマイナスの影響は、必要最小限度に抑えなければならない。この場合、問題のメディアのフィルムは、すでに放送に使われているので、報道の自由が問題なのではなく、ニュースの取材に対して将来考えられる阻害についてのメディアの恐れが問題となっている。最高裁判所は、下級裁判所の審議にとって問題のフィルムが、証拠としての大きな価値をもっていると見込んだ。

この最高裁の影響の大きい判決の日、メディア側の代表者が、最高裁の判決にどう応えるべきかについての助言を求めて伊藤正巳教授に電話をしてきたが、そのとき著者は同教授と雑談をしていた。米国やその他の民主主義国におけると同様、最高裁判所の重要な判決がいつも容易に執行できるとは限らないが、伊藤教授（その後、裁判官）は、憲法解釈に当たっての最終決定権をもつ最高裁判所の大権に基づき、メディアがそれに従うことを促し、判決の正当性に大きな重みを加えた。テレビ会社側の論拠に対する支持は、次第に減少した。四社が妥協しない態度を続けたので、最高裁は一九七〇年三月四日、そのフィルムに対して差し押さえの令状を出した。警察側が協力を拒否していたので、それが残された法律上の唯一の選択肢であった。一九七〇年八月二六日、地方裁判所は、証拠不十分の理由で学生側の訴えを却下した。確かに警察権力の濫用はあったが、県警察本部長は協力を拒否していたし、個々の警官のどれが有罪かをビデオテープ上で特定することはできなかった。

博多駅事件はマス・メディア、学生、政治家、警察、そして裁判所という五者間の争いとなった。この論争は法律の規則、自由、そして刑事裁判に関する理解を強め、広めたが、メディアの自由は縮小しなかった。

サンケイ政治広告事件（サンケイ新聞事件）

一九七三年後半、与党の自民党は、『サンケイ新聞』ともう一つの新聞に日本共産党の政策に関する広告を載せた。一九六一年の共産党の闘争的な綱領が、一九七三年の穏健で民主的な綱領に並べられていた。広告には、「日本共産党殿、(この矛盾を)説明してください」という質問が書かれていた。共産党は裁判所に対して、この広告が中傷的なものであると申し立て、これに反駁するための同じ大きさの無料スペースを要求したが、裁判所はこの訴えを棄却した(一九七四年六月)。その後共産党は、憲法に基づく同党の「応える(反論する)権利」を強調してもう一つの訴訟を申し立てたが、認められなかった。

日本新聞協会の新聞広告倫理綱領(一九七六年五月一九日)の明確化につながった判決で、東京地裁は、文書の重大な偽造はなく、被告の他にも同じ矛盾に気づいていた人がおり、民主主義においては政党間でお互いに厳しく批判しあうのは避けられず、何らかの公開の場で対応することは常に可能であると述べた。裁判所は、サンケイ新聞が自社の倫理規範を守っており、自民党の有料広告に返答するための共産党の広告料を払う義務はないと指摘した。共産党は自民党および新聞社と、広告の中の自衛隊や天皇の身分などの問題を扱った点について長いこと交渉したが、効果はなかった。

レペタのメモ取り事件

一九八五年、ワシントン大学で日本法の教育を受けた米国人弁護士、ローレンス・レペタ(Lawrence Repeta)は、東京地裁の裁判を傍聴するようになった。各開廷前にレペタは、裁判長に研究のためのメモを取る許可を求め、「法廷警察権」の行使としての国家司法政策に基づき(裁判所法第七一条)拒否された。法廷付きの地域記者クラブの会員だけに、開廷中にメモを取ることが許されていた。

レペタは、法の下における平等の扱いについての憲法の条項(第一四条)に基づく傍聴人の知る権利、情報と表現の自由（第二一条）と公開法廷（第八二条）を主張して、政府を訴えた。彼はまた、国連世界人権宣言、市民的及び政治的権利に関する国際規約の双方との関係における第一九条（表現の自由）もその根拠とした。レペタは、法廷あるいは公開の場においてメモを取る権利（メモ権）は、第八二条に基づき誰でもが裁判に出席できる権利に含まれていると論じた。「実際には、メモを取ることができなければ、裁判を完全に理解することはできないし、裁判に関する知識を伝えることもできない」と彼は語った。

東京地裁と東京高裁は、特定の行為が秩序ある公正な裁判を妨げるかどうかを決めることができる裁判官の権限を強調して反対した。一九八九年三月八日、最高裁判所は、いろいろな意見がありはしたが、司法特権を支持し、憲法で保護されている特定の裁判を傍聴する権利あるいは法廷内でメモを取る権利を認めないとした。しかし裁判所側は、裁判に当たった裁判官が許可しなかったのは合理的な根拠薄弱な司法警察権の行使であり、第二一条の表現の自由に基づき、法廷内でメモを取ることの重要性を評価していないと認めることにより、方針を変更した。

日本弁護士連合会が民主主義諸国について調べたところによると、この判決まで、民主主義諸国の中で日本と韓国だけが、法廷内でメモを取ることを実質的に禁止していた。裁判所は、記者クラブの公共の機能を引き続き特別に尊重するが、裁判所がメモを取る権利を実質的に認めたことは、これまでそのような権利を否定されていた学者、フリーランス作家や雑誌のライター、小説家、市民、そして外国人に法廷の門戸を開いた。このことは開放度を上げ、国際主義を増進することに向けた小さいが重要な一歩のように思える。

「マイホーム主義」と社会権

戦争を終えた日本は貧しかったが、すぐに新しい街路、学校、住宅、そしてその他の建物を建設することにより、戦争の瓦礫の始末に取り組む気力をもった。一九五〇年代の政治生活の情熱は、経済の再建に急速に取り組んだときに同様に結集したエネルギーと同等のものであった。人々の所有物は少なかったが、食住の切迫した必要の先を考えることのできた人たちは、子供たちの教育とよりよい市街地の住宅のためにしっかりと貯金をした。

一九七〇年までに「マイホーム主義」が確立し、個人の核家族生活に没頭すること、社会において、社会に合わせて、または反して、他の人たちが興味をもたないような最新の商品やファッションに興味をもつこと、そして一種のノンポリ個人主義が実行されたが、批判されることも多かった。日本のスペースの節約に合わせた小さなアパートや、住宅に収まるよう設計されたより裕福な国々の標準的な家庭用電気製品を、少しずつ増やして行く家族の数が増えた。

一九九〇年までに、日本は世界第二位の経済大国になり、生活水準は実質的に他のどこの国にも負けないほど高く、二〇〇四年になってもそれは引き続き同じである。すべての先進民主主義国の中で日本は、最も豊かな一〇パーセントと最貧の一〇パーセントの間の差異が最小であり、米国ではこの差異が最も大きい。一九九〇年以来日本は、世界の年間経済生産物の一七パーセント程度を占めている。経済におけるいわゆるバブルの崩壊については、株式、金融、そして行政組織の「リストラ」に集中した報道から知るよりも、平均的な家庭に対するマイナスの影響は少ない。プラス面では、天文学的であった市街地の地価が過去一〇年間に急速に下がり、中流階級は恩恵を受け、投機業者は狼狽している。

雇用は憲法に基づく義務であると共に権利である（第二七条）。一九四〇年代以来最悪の経済不振の間に見られた五パーセントの失業率は、二〇〇四年における日本の最も顕著な問題である。これは、二パーセントの失業率と、いくつかの部門における労働者の不足に慣れて来た国民にとっては許容しがたいほど高い水準である。一九五三年から一九九五年まで、失業率は三パーセントを超えたことがなかった。一九九六年に四パーセントに、一九九九年には四・九パーセントになったが、二〇〇一年には四・七パーセントに下がり、その後また上昇した。これらの数字は、欧州やその他地域の多くの国々における一〇パーセント、ないしそれ以上という率よりはかなり低い。

よく議論の対象となる日本の「終身雇用制度」もほとんどは大会社の従業員についての話で、全体では労働人口の二〇パーセントにしか当てはまらず、その数字も下落している。伝統的に、大会社の指導者たちには、従業員の忠誠心を職の保証と多額の手当で酬いてくれることが強く期待されてきた。厳しい時期には、経営者たちが最初に報酬の切り下げを受け入れるものと多くの人たちが考えた（会社の経営者が大きなレイオフを取り仕切って、多額のボーナスを受け取るべきだという考えをもつ人もいるが、これは日本人やその他多くの人々の道徳感とは相容れない）。

ほとんどの会社が、家族主義的な労使関係の型を維持しようとしてきたが、中小企業の従業員や何百万人もの臨時労働者が得る手当はずっと少ない。小企業の破産は年間数千件に急増し、大都市にいる全国で二万人のホームレス（ほとんどすべてが男性で、五〇歳以上が多く、約七〇パーセントが東京と大阪にいる）の存在の原因となっている。政府は憲法上の義務を認め、この分野において救済措置を取っているが、多くの役人はまた、ホームレスやその他恵まれない人たちのために最近民間が行っている役所とは独立した取り組みを歓迎している。例えば、創意に富んだ非営利、非政府組織である社会保障サービス協会は現在、住まい、食事、そして福祉援助の申請の手助けにより、東京のホームレスの約一〇パーセントを援助している。受益者はほんの少しの常識的な規則に従うだけでよい。

福祉と社会保障

明治時代から戦後の占領まで、日本政府は社会福祉援助をほとんど提供しなかった。しかし国は、企業人、会社（例えば、三井グループ）、そしてキリスト教団体がボランティアとして気前よく、病院、災害救助、孤児院、隣保館、その他のプログラムを通して、貧窮者を助けることができるようにしている。ドイツの手本による一八九八年の民法の第三四条において、非営利団体を律する規定が確立されたが、これは現在でも有効である。「祭祀、宗教、慈善、学術、技芸其他公益ニ関スル社団又ハ財団ニシテ営利ヲ目的トセサルモノハ主務官庁ノ許可ヲ得テ之ヲ法人ト為スコトヲ得」（訳注）学術、技芸、慈善、祭祀、宗教その他の公益に関する社団又は財団であって、営利を目的としないものは、主務官庁の許可を得て、法人とすることができる。）。

第二次世界大戦後の数年間、それまでになかったほど日本国民は福祉援助を強く必要としていた。日本は貧しい国であった。かつての大都市は爆撃で打ちひしがれ、破壊された。戦争で約二〇〇万人の日本人が死んだが、その三分の一は民間人であった。六〇〇万人以上がアジア各地のかつての植民地や戦闘地帯から復員した。一五〇〇万人が家を失った。何千人もの求職者が毎週東京の鉄道の駅に着いた。一九五〇年代になるまで、家がなく貧窮した流入者が歩道で寝ているのはありふれた光景であった。そして新憲法と新政府が創設された。

米国では異なるが、他の多くの民主主義国と同様、日本の法律は社会経済生活の質に影響する多くの権利を憲法上の権利として認めるようになった。憲法上の権利の中で最も重要なものを選ばせる定期的な調査での質問に答えて、表現の自由あるいは他の諸権利でなく、第二五条に基づく人並みの生活をする権利を選ぶ日本人の数が増えている。

個人の尊厳の尊重に基づく最も基本的な人権は、憲法第二五条で保障されている生存権である。「すべて国民は、健康で文化的な最低限度の生活を営む権利を有する。2　国は、すべての生活部面について、社会福祉、社会保障及び公衆衛生の向上及び増進に努めなければならない」。社会権には、福祉援助、保健、そして教育についての権利、さらに労働者としての諸権利が含まれるが、これらはすべて本章で検討される(この規定そして関連の諸規定に述べられている諸権利は日本側から持ち出したもので、SCAPの提案からのものではない)。

第二五条から出てくるものは法的に強制できる権利でなく、望ましい国家的目標を述べたに過ぎないのではないかと疑う人もあるかも知れない。確かに学者たちの間では、これらの憲法の規定で作り出された個人の精神的、法的権利と政府の義務の性格については、異なる多くの説がある。しかし憲法は社会経済的プロセスへの国家の介入を許すだけでなく、国家に対して、適切な法律と政策をもってすべての市民、特に恵まれない人たちを援助することを義務付けている。多くの憲法学者は、社会的問題に関する立法あるいは行政政策が個人に対する政府の義務履行のために不十分である場合、選挙区の不当割り当ての場合におけるように、救済措置と補償のために訴える権利をもっと多く使うように提言している。

第八九条の下で、一九四六年以降政府は社会福祉計画の提供と管理の双方を独占してきた。言われているように、第八九条は厳しい政府管理下にない慈善事業への公金支出をほとんどの場合に禁じることにより、福祉援助の提供を困難にしてきた。「公金その他の公の財産は、宗教上の組織若しくは団体の使用、便益若しくは維持のため、又は公の支配に属しない慈善、教育若しくは博愛の事業に対し、これを支出し、又はその利用に供してはならない。」

第二五条と第八九条により政府は、明治時代には到底想像もできなかった福祉国家の設立のために、憲法上の責任を取ることを求められた。多年の間、これらの規定による一つの副作用は、日本の市民社会におけるボランティア活動が促進されなかったことであるように思われる。一九五一年の社会福祉事業法は、すべての福祉計画が国、都道府県あるいは市町村により管理されることを求めている。ボランティアの非営利団体は、「社会福祉法人」として「登録」することができるが、厳しい政府管理の下でしか政府の計画に従ってのサービスを提供することができない。日本は一九七〇年までに、官製であったが、成熟した福祉国家になっていた。地方政府は、一九七五年以降は時に政府の財政的援助を伴って地方のボランティアを支援するために、社会福祉協議会を作ってきた。

ほとんどの草の根ボランティア団体は、小さくて、財務的に貧しく、法人としての公の認可を得るために官僚の壁を乗り越える資力がなかった。法人格なしでは、そのようなグループには十分な社会的資格、何らかの形の公的援助を受ける資格、そして契約の締結、人員の雇用、銀行口座の開設、不動産の所有、事務所スペースや機械のリース契約の締結、また、国際機関や国内政府機関のプロジェクトへの参加など、広い範

社会保障給付と医療費の国際比較（1997年）

	一人あたり社会保障給付	対GNP(%)	GNPに対する医療費の率(%)
日本	4,000ドル	12	7.3
フランス	5,000ドル	19	10.0
イタリア	4,000ドル	20	7.6
ドイツ	4,000ドル	14	10.4
米国	2,200ドル	8	14.0
英国	1,150ドル	6	6.7

出典：Foreign Press Center of Japan, *Facts and Figures of Japan, 2000 Edition* (Tokyo: Foreign Press Center of Japan, 2000), 77.

囲の法律行為を行う能力がなかった。しかし一九九〇年代に法律関係、政治関係の変革があって、ボランティア・グループは人権の擁護、外国人労働者や高齢者の面倒を見ること、そして環境保護運動を促進することなどにおいて重要な存在となった。一九八〇年に全国社会福祉協議会は、一六〇万三〇〇〇人のボランティアが活動していると報じた。一九九五年までに、その数字は五〇一万五〇〇〇人に増加し、一九九九年には六九五万八〇〇〇人に達した。

一九九五年一月の神戸大震災（阪神・淡路大震災）では、六〇〇〇人以上が死亡、三五万人が家を失い、インフラが破壊された。また、この地震により、ボランティアの方が政府よりも早く、目覚ましく災害に対応することができるのが明らかになった。災害への対応を担当する政府の諸機関、上下階層の間の必要な連絡と権限付与には、場合によってひどく時間がかかった。ボランティアの効率的活動と政府の短所を地域社会がこのように経験したことは、災害救助を提供し、過度の官僚主義なしに社会の要求に応えるのに当たっての市民のボランティア活動の重要性を全国民が認めることを促進した。一九九八年、政党、政府、および市民のロビー活動グループ（市民活動を支える制度をつくる会）の間のほとんど前例のない協力的な話し合いに基づき、国会で特定非営利活動促進法（NPO法）が可決された。NPO法は小規模団体の設立手続をかなり簡素化し、ボランティア活動を促進したが、それと共にこの法律は、日本人の間の憲法に基づく結社の自由の享受も深めた。二〇〇四年までには、一万七〇〇〇以上のNPOが日本の社会でサービス提供の役割を演じており、その役割は常に拡大している。

最高裁判所は国会に対して、どの程度の福祉支援が適切かを決める裁量を広く認めているが、国会が行動を取るかあるいは行動を取らないことによりその権利を濫用した場合に、最終的に見直しをする権利は、自らが保持している。朝日訴訟（一九六七年）では、最高裁判所は、「恵まれない人たちが、生活保護法の規定に基づいて受ける、または受けている福祉給付は、単に国の恩恵としてあるいは社会政策の反射的利益として、与えられるだけではない。それは、生活費を受け取る権利……個人的権利……譲渡も相続もできない……権利と呼ぶことができる、憲法に基づく権利として解釈されるべきである」と判決の中で述べた。国立療養所の長期肺結核患者である朝日茂氏は、医療と食事の他に毎月の手当を貰っていた。彼の兄が、このささやかな支給を補充する送金をしたとき、当局は兄の出した金額分だけその手当を減らした。朝日氏は、支給変更処分が不十分だと嘆願して、通常の手当の復活を求めて訴えた。一九六四年、訴訟の上告中に朝日氏は亡くなった。最高裁は、死亡により訴訟も終了したとの判決を下したが、訴訟で引き起こされた長期にわたる全国的な論議の結果、憲法上の社会権がさらに強く制度化され、手当の増額に至った。

時折国会あるいは行政機関が、下級裁判所の判決の後だが、最高裁判所が控訴により判決を覆す前に紛争を解決するため、関係法律や慣行を変えることがある。一九八二年に画期的判決を出した事件（堀木訴訟）はこのようなものであった。障害福祉年金で生活していた盲目の女性、堀木さんは、息子を育てる助けとするため、一九七〇年に追加の公的援助を求めた。夫に捨てられた上、資金援助も得られなかったのだが、息子が一五年前に生まれてからずっとその世話をしてきた。兵庫県は、児童扶養手当法が、年金を受け取っている障害者に同時に子供の養育費を支払うことを禁じているとの理由で、その申請を却下した。彼女は、その禁止が憲法に基づく人並みの生活をする権利や、法の下で平等の扱いを受ける権利（第一四条）に違反すると主張して、訴えた。彼女は神戸地裁では勝訴したが（一九七二年）、大阪高裁と最高裁判所での上訴審で敗れた。しかし国会は問題となった一九七三年の児童扶養手当法による法律上の禁止を廃止し、比較的に低かった手当の水準を引き上げた。実際上は正義が認められたが、回りくどい法律上のプロセスを経てやっとそのような結果が得られたのである。

二〇七頁の表から、一九九〇年代後半における政策の優先度と一人あたり社会保障給付のコスト、その国民総生産（GNP）に対する比率と医療費についての概観が得られる。

保　健

二〇〇〇年、世界保健機関（WHO）は一九一ヵ国の調査の中で、五つの指標に基づく全体の保健制度の成果において、日本を第一位に格付けた。これらの指標は、健康者の平均余命、患者の満足度と人権の点での制度の対応性、人口全体にわたる対応において不平等が最も少ないこと、患者の立場（例えば、性、人種）に基づく差別の率が最低であること、そして財政拠出の公平度である（WHO「保健制度―改善する実績」（米国は財務拠出の公平度と成人のための予防医療についての点数が非常に低いので、三七位の格付けしか得られていない）。他の多くの民主的資本主義国と同様日本は、社会的医療と民間医療の柔軟な組み合わせを提供している。日本の合法的な居住者ならば誰でも、比較的に低い費用で良質の保健サービスを簡単に得られる。一九六一年以来、法律によりすべての市民は健康保険に加入しなければならないことになった。国は約三八〇〇万人の小企業従業員のための健康保険制度を提供し、運営している。大会社に関係する健康保険組合は三三〇〇万人を対象とし、地方自治体は四〇〇〇万人以上の自営業者やその他の人たちのために国民健康保険制度を運営している。普通これらの制度は医療費の八〇パーセントをカバーする。

地方政府は、保険を掛けていない人たち、そして多くの不法滞在の外国人に対して提供される医療、特に緊急医療についての責任をもっている。しかしいくつかの大都市圏では、民間の診療所や団体の方が実際には役にたっている。例えば、一九九三年には労働組合法人国際互助組合ブライトが東京で結成され月間五〇〇〇円（約五〇ドル）の料金で、労災給付（不法滞在外国人は、それを受ける資格がある）について交渉し、医療費の七〇パーセントを支払うことにより不法滞在外国人を支援した。この組合は何千人もの外国人の会員のために仕事をしている。横浜では、港町診療所が七六カ国からの七〇〇〇人以上の不法滞在者のために、月間二〇〇〇円の料金で医療サービスと互助保健プログラム（「MF-MASH」と呼ばれる）を提供している。年々、新しい権能付与法に基づいた非政府主導の活動が目を引くようになり、弱者を助ける日本の能力の重要な部分となっている。

一九六三年の老人福祉法により、老人ホーム、無料年次健康診断、ホーム・ヘルパー制度、そして高齢者のための地方福祉センターが設立された。一九七三年、政府は七〇歳以上の全国民に無料の医療を提供する制度を追加した。二〇〇四年、世界で老年人口の拡大が最も早い日本の老齢市民のために、十分な介護を提供することが大きな関心事である。入院している患者の介護に参加することに加えて、家族の伝統も継続している。他方、家族により晩年の世話をよく見て貰える高齢者の割合は下落している。これに対応して、費用の九〇パーセントが支給される新しい長期介護制度が二〇〇〇年に設けられた。地方自治体が、四〇歳以上の国民が払う保険料に支えられてこの制度を運営している。

年齢帯の別の端では、学校における同級生の集団による〃いじめ〃、そして少年院（「少年保護施設」）における少年の虐待の結果として、より厳しい監督の要請が出てきている。児童福祉法に基づき、そのような五二の都道府県の施設が、幼児の年代から一〇代まで、年少の孤児の面倒を見る。

医療従事者たちは、WHOの報告書が日本の保健業績を評価したことに喜んでいるが、自己批判もしている。例えば、日本医療労働組合連合会の一七万四〇〇〇人の会員の意見に関する二〇〇一年の報告書（中間報告書、二〇〇〇年一一月一五日）によると、他にも原因があるが、中でも交代制、スタッフの不足、あるいは技術的経験の不足による疲労の結果、医療過誤のケースに不注意で巻き込まれたり、巻き込まれそうになったりしたことを認めた看護師は九〇パーセント以上に上っている。組合では、広範囲にわたる組織的予防措置を求めている。

長年、医師、弁護士、そしてジャーナリストからの頻繁な苦情にも拘らず、精神病患者の介護は不十分であった。一九八四年の宇都宮事件で初めて、日本はどうしても救済立法をしなければならないことに目覚めた。精神病院の精神病患者はひどい状態で拘束されており、中にはスタッフに打たれて死ぬ者もあった。その当時、約三〇万人の患者が日本の精神病院に入院していた。ほとんどの患者は不本意に病院に閉じ込められ、三分の二は二四時間監禁状態で、外部との通信は制限されていた。例外はあるが、それらは民間の病院で、政府の監視は極めて少なかった。

一つには、粘り強く不屈な努力を尽くした戸塚悦郎弁護士のお陰で、大きな改善が達成された。同弁護士は国内外の非政府人権団体と国連の力を結集し、国連の「市民的及び政治的権利に関する国際規約」の締結国として、日本が国際人権法に基づく義務を履行するよう強く主張した。特に、規約の第九条一項によれば、「何人も、恣意的に……抑留されない」、そして第九条四項によれば、「抑留によって自由を奪われた者は、裁判所がその抑留が合法的であるかどうかを遅滞なく決定すること及びその抑留が合法的でない場合にはその釈放を命ずることができるように、裁判所において手続をとる権利を有する」。一九八四年の日本の法律にはそのような保障はなかったが、二〇〇〇年までには、一九九五年に国会を通過した「精神保健及び精神障害者福祉に関する法律」に基づき、入院は自分の意思によることがルール化された。

自分の意思でなく入院させられる者はすべて、指定医により診断されなければならない。そのような医師は、厚生労働省の厳しい基準に基づいた資格をもっていなければならない。さらに患者は、各都道府県の知事および「精神医療審査会」を通じて、退院を要求することができる。同審査会は指定医三名、弁護士一名、そして学識経験者一名から成る。それが独立行政審査機関としての役をする。また、この法律によれば、入院の際病院長が各患者にその権利を書面で知らせなければならないこと、患者の行動に課せられる制限には限度があること、そして郵便の発送と受領に制限を付けることはできないことが必要である。国際的な圧力がなかったならば、その時点でこのような患者の権利保護の改善が達成された可能性は低い。しかし国際人権法および日本国憲法に基づく諸権利の日本による遵守を改善するための国際的な運動を起こさせたのは、国際社会ではなく、戸塚悦郎とその仲間であった。

教育

市民はすべて「その能力に応じて、ひとしく教育を受ける権利を有する」。親たちや保護者たちはその子女に無料の義務教育を受けさせる義務がある（第二六条）。授業料と教科書代の負担なしで九年間の学校教育を受けることは義務である。事実、青年の約九七パーセントが高校を卒業するが、大学前の学校制度は世界でも卓越したものの一つである。男女共に約五〇パーセントは大学へ行くが、二七パーセントは技術専門学校に入る。五八五の短期大学と六二二の大学がある。小学校から大学まで教師は尊敬され、十分な報酬を得ている。

高く、配慮の行き届いた基準が全国的に設定されており、生徒一人あたりの財政支出は日本全国にわたってほぼ同一である。平等についてこのように強調していることは、米国の政策および憲法と対照的である。米国の州および学区の間に見られる資金の差異は、主として固定資産税収入により大幅なものである。連邦と州の間の駆け引きも、一様な高い水準と生徒一人あたりの財政支出が大体平等になることを妨げている。

多国間調査で、日本はたびたび大学前の理数教育で最高か、ほぼ最高に格付けされている。例えば、二〇〇〇年七月に施行された三二カ国の一五歳児の経済協力開発機構（ＯＥＣＤ）の国際テストでは、日本の生徒は数学で一位、理科で二位、読解力では八位を占めた。自国語で書くことを学ぶのに必要な時間が異常に大きく（米国の生徒が英語を習うのに使う時間の二倍）、中学、高校で六年間英語を習うことにも拘らず、このような記録が達成されたことは注目に値する。日本国民の英語の力を引き上げるため、近く小学校での英語教育が始まる。さらに「語学指導等を行う外国青年招致事業（ＪＥＴプログラム）」は、日本の英語教師を助けるために、毎年何千人もの大学卒業生を英語国から来日させている。よくある誤解とは違って、日本の学校は、思考と創造力を犠牲にして暗記に重点を置いてはいない。教育課程は、個人の人格開発のためにバランスがよく取れているが、一部の学校で細かい規則を厳しく強制することが批判され、改革の要求が出てきている。

生徒はすべて、日本と欧米の音楽と美術、さらに日本史と世界史を学ぶ。社会での技能が重視される。生徒は制服を着るが、米国やその他の国々におけると同様、それは憲法の平等主義を強化するように思われる。さらにそれは、学業の成績を高め、ファッションおよび家庭の財力の違いに基づく競争を少なくさせる可能性がある。生徒と教師は、大きな食堂での昼食で別々にはならない。むしろ多くの場合、教師と生徒は教室で昼食を一緒に摂る。生徒は交替で昼食当番をし、終業後、校舎の清掃をする。昔から世界中で見られる少女のための家庭科と少年のための技術科の間にある教育課程の壁は、他の一部の国々におけると同様、日本でも破られている。一九九〇年代からは、少年、少女はともに木工、電気、家事、および食物の課程を取らなければならないことになった。

日本において最も扱いにくい大学前教育の問題は、「塾」と、小学校に入る前から良い大学に入るまで、子供たちの、特に自分の息子が取る学校の成績に取り憑かれたPTAの「教育ママ」であろう。それに懸っているところは大きい。良い大学に入ることは、今後の経歴での成功を保証すると言ってもいいくらいのものだと思われている。大学で落ちこぼれたり、退学したりする者はほとんどない。大学入試で他の子供たちよりも最終的に有利にするために、両親、特に初期の責任を負う母親は、一日のうちの学校における正規の時間の前後、および週末に授業をする私立学校である五万の塾の一つに、自分の子供たちを通わせる。塾は何十億米ドルもの収入をもたらす産業となり、青年期の通常の負担とただでさえ厳しい学校制度に輪を掛けている。
日本の膨大な高等教育制度の頭痛の種は、大学就学年齢の青年の落ちこぼれが続いていることと、これが一般の学業水準の低下につながることに対する関連した強い懸念である。裕福な親たちは、子供を費用の掛かる予備校へ入れることができる。そこで厳しくされることで、その子女は入試の準備で有利になる。進学期待人口が大幅に減っているので、多くの短期大学や知名度の低い大学が危機に陥っている。入試が形だけのものとなったり、代わりにもっと容易に入学できる道を作ったりする所もある（例えば、高校の内申書や推薦状をより重視する）。それでも、競争する学生の数が減るので、入学基準は下がるかも知れないが、国立大学や一流の私立大学では盛況が続き、優秀な学生の中の真面目な者の大きな割合を引き入れるであろう。

労働者の権利

労働者の権利については、憲法第二七条と第二八条や、児童の搾取に関する多くの関連法律に、「賃金、就業時間、休息その他の勤労条件」（第二七条二項）が規定されている。基本的な労働組合法は、一九四六年三月一日に憲法に先んじて施行された。第一条は、民主的な労使関係の基調を設定している。

この法律は、労働者が使用者との交渉において対等の立場に立つことを促進することにより労働者の地位を向上させること、労働者がその労働条件について交渉するために自ら代表者を選出することその他の団体行動を行うために自主的に労働組合を組織し、団結することを擁護すること並びに使用者と労働者との関係を規制する労働協約を締結するための団体交渉をすること及びその手続を助成することを目的とする。

国内経済および世界経済に関する基本的な姿勢において、多くの日本人は、労働が単に土地や機械のような他の生産要素と同じであるという、米国新古典主義経済学の想定を受け入れないだろう。そうでなく、ノーベル経済学賞受賞者で前世銀チーフ・エコノミストのジョーゼフ・E・スティグリッツ（Joseph E. Stiglitz）の意見の方に賛成するだろう。

労働はその他の要素と同じではない。労働者には働くためのモティベーションを与えなければならない。望む方法で機械が動くように（例えば、コンピューターが強制終了にならないようにしようとするとか）、導くことが難しい場合もあろうが、わたくしが論じたいのは、人からかあるいは機械からかでは、望む動き方を引き出すのにあたって、引き起こされるものが基本的に違う……「労働市場の弾力性」を増加させるという［新古典主義派の経済学者と政策立案者］の標準的な言葉は、あまり難解とは言えない言外の意味を［もっており］……賃金が下げられ、不必要な労働者がレイオフされ……［それによって］労働市場の問題が、一国の直面する問題の核心にあるものでないときでさえも、大抵は労働者が調整のコストの矛先を受けることを求められる。（"Democratic Development as the Fruits of Labor," American Economic Association, Boston, January 2000）

日本では、ブルーカラーとホワイトカラーの双方が含まれる組合は、「組織し、団体交渉、団体行動」を行う労働者の憲法上の権利を積極的に行使する。何千もの公的部門の組合と民間部門の組合は、日本労働組合総連合会（連合。七三二万人の組合員をもつ）の傘下で、国内外の政策に関する論議と行動において協力している。しかし実際的な問題については、地方の組合は普通、全国組合よりも地方の企業と擬似家族的な形で一体感をもっている。二〇〇〇年七月には、一一五四万人、すなわち労働人口の二一・五パーセントが組合に属し、一〇〇〇人以上の従業員をもつ会社の労働者の五四・二パーセントが組合をもっていたが、これに比して、従業員一〇〇人から九九九人の会社では一八・八パーセント、従業員三〇人以下の会社では一・四パーセントに過ぎなかった。例えば、従業員は、不当な雇用主への失望を示すために、職場で従業員が鉢巻をしたり、例えば、自分の銀行やデパートに一般の人たちが商売を与える意欲を殺ぐために、ピケを張ったりする。

二〇〇一年の労働法改正に基づき、職をもつ親たちは三歳以下（三歳も入る）の病気の子供たちを世話するために休みの許可を得たり、フレックスタイムを使ったり、労働時間を減らして貰ったりする権利がある（それ以前の法律では、病気の子供の世話をするために使った時間を埋め合わせるために、親たちは有給あるいは無給休暇を使わなければならなかった）。父親または母親が病気の子供を世話するために取ることができる日数は、決められていないままになっている。さらにどちらの親でも、年に一五〇時間以上、ないしは月に二四時間以上の残業は拒否することができる。改正はまた、子供の世話のために休みを取る者に対して、昇進あるいは内部での仕事の変更の問題で差別することを禁じ、国内または海外の転勤について決めるときに、従業員の家庭の事情を考慮に入れることを経営者に対して求めている。これら従業員の心配を雇用主が軽視することや、制度上親を介護する特別支給を母親に限定していること（父親は除外）に長年慣れてきた人たちにとって、これらの変革は労働者が憲法上もつ権利の精神を実施するに際しての注目すべき改善である。

他のいくつかの民主主義諸国におけると同様、公務員が政治とストライキに参加することには制限がある。しかし日本の憲法学者の意見が一致するところでは、公務員の組合員に対する制限の中には違憲のものがある。例えば、猿払事件では、北日本の猿払村の郵便局員であった大沢氏は、一九六七年の衆議院選挙に際しての選挙運動で、社会党の候補者の手助けをした。大沢氏は就業時間外に公営掲示場にポスターを六枚貼り、また公営掲示場に貼ってもらうよう、友人たちにポスターを郵送した。一九七四年、最高裁は本件と他の関連二件での無罪判決を覆し、大沢氏とその他の人たちに対し、公務員が投票以外のすべての政治活動をすることの禁止に違反したとして、有罪の判決を出した。他の事件では、首相官邸の四人の女性職員が所属組合が支持する東京都議会議員の候補者の名前を書いたパンフレットを配布し、一九六五年には郵便局員が、共産党の国会議員候補者の支持大会で司会者の役を勤めた。

過去の最高裁の意見では、用務員、郵便局員、そして運転手などの下級公務員に対しては、教師や省庁の職員のような政策関連の責任をもつ高級公務員に対してよりも、大きな政治表現の自由を許すことの正当性を認めていた。例えば、東京中央郵便局事件では、最高裁は一九六六年、一般的に言ってこの事件の場合と同様、公務員は労働者の普通の権利をもっているが、その公務の性質によっては特別の制限が必要になることもあるとした。一九五八年、組合の指導者たちは、一部の郵便局員がストライキの集会に二、三時間参加するために職場を離れるよう促した。警官、消防夫、そして自衛隊員のような例外はあるが、国家公務員、地方公務員は組合を作ることはできるが、それ以外のことはほとんどまったくできない。民間部門の労働組合には、もっと広い範囲の政治活動、労働争議活動が許されてきている。

法の下の平等

長年の間に、社会におけると同様司法においても価値観が変わってきた。例えば、一九七二年の尊属殺重罰規定判決では、最高裁は、一九五〇年に採用した儒教の家族倫理に基づいて普通の殺人より直系尊属の殺人に対する罰を重くすることを合憲とする立場を変えた。一名だけの反対で最高裁は、故殺やその他の殺人に対してはより軽い刑罰を許すのに比し、父親殺しに対しては無期懲役あるいは死刑だけを規定することにより、刑法第二〇〇条は法の下の平等に違反しているとの判決を下した。一四歳から二九歳までの間、被告は何度も父親に強姦され、父親の子供を生まされさえもした。彼女が同僚の従業員と結婚したいと彼に話したとき、暴行された。ついに、これらの問題を終わらせるため、彼女は父を絞殺し、警察に出頭した。第二〇〇条は一九九五年の法改正まで条文として残っていたが、検察がこれに拠ることは二度となかった。

マイノリティの権利

社会階層中の個人それぞれの地位に注意深く配慮することは日本の社会生活の中心的な要素であるが、等しい人間性の尊厳と法の下で平等に敬意をもって扱われる権利の感覚も強い。この権利の意識は戦前の傾向とは対照的で、一つには一九四七年の憲法の下で生活してきたことの結果なのだが、著しい民族的国民意識の感覚も残っている。米国では少なくとも公式には、すべての米国人が等しく完全に米国人なのであり、特定の人種あるいは民族が特別の憲法上の地位をもつことはないので、マイノリティとかマイノリティのグループとか言うことはよくないかも知れない。この背景には、すべてを包み込む普遍主義、海外の人々が米国人のようになりたいと渇望しているとの推測、また米国憲法の個人主義を尊重しながら異民族間の文化の違いを重要視しないという傾向がある。

多くの米国人は、外国から来た居住者が米国の市民権を取りたいと思っていると思い込んでいるだろうが、それに比して日本人は、外国人が日本国籍を取ることに特別の関心をもっていないと推測することが多い。比較的に同質なことと、防衛的な民族的分離主義により、日本は米国の対極にあるのかも知れない。何よりも特異性を誇張し、日本民族だけが真の日本を構成すると思い込みがちである。日本は労働力が不足していた間に、この民族主義的推定に基づいて日系ブラジル人を雇ったが、日系ブラジル人はブラジル人であることが分かり、当惑した。

日本にも法律上の差別や社会的差別に苦しんできたマイノリティがいるが、二〇〇四年までに、法律、政策、教育、そして差別に対するメディアの批判が、彼らの苦痛を大幅に緩和した。一億二七〇〇万の人口のうち彼らは全部で二、三〇〇万人になるが、このうちの一五五万人は登録されている外国人である（法務省）。この数字は、一〇〇〇年以上にわたる期間のうちに自発的に移入した外国人の数としては、これまでの最大である。何十万人もの不法入国者が、実際より少なく数えられていることには注目を要する。

影響を受ける人数は比較的少ないが、外国人に対する不法な差別は国内外の批判を呼んでいる。数は少ないが、公衆浴場、飲食店や商店で外国人お断りという札を出している所もある。不動産業者の中には、住宅を探す外国人を仲介するのを嫌がる者もある。しかしほとんどの商売においては、店に入って来る者にはすべて一生懸命サービスし、差別の様子は見せない。過去にさまざまな程度の差別を受けた人々の主な種類と彼らの現在の社会的状態については、以下に簡単にしか述べることができない。

1　死刑執行人、屠殺者、そして皮革職人など、歴史的に差別される職業に就いていた〝部落民〟（出所により数が違うが、一五〇〜二五〇万人）は、一九世紀後半より日本人として公式に法律上の平等の地位を得ている。彼らの精力的かつ組織化された運動と彼らの要求に対する政府やエリートの前向きの対応の結果、一九六〇年ごろ以来かなりの改善が見られた。過去にあった一つ複雑な問題は、地域の政治指導者たちが、特別の法律に基づいて市街地の〝部落民〟地区向けの援助を受けることを渋ることであったが、それは、受ければ特別の援助の必要を認めることになり、具合が悪いことになるからである。

2　一九七二年に琉球諸島が、米国の支配から日本の主権に戻ったとき、一〇〇万人以上の沖縄県民が同じ日本人とまた一緒になった。歴史的には、琉球王朝体制と文化は、日本のものと著しく異なっていた。本土の多くの人たちは沖縄県を日本の真の一部と見ることはなく、むしろ沖縄は「準外国」で、利用されるだけであった。この考え方は、一六〇〇年から一八六八年まで、沖縄を支配していた本土の薩摩藩から受け継がれたものである。

一九四五年の沖縄における戦闘の間に受けたほどの被害を受けた場所は、日本で他にはない。人口の三分の一に当たる一五万の民間人が死んだのである。返還後日本政府は沖縄のための法律に基づいて平等な扱いをし、この最も貧しい県のための経済開発を策定する努力をある程度はした。しかし沖縄に対する社会的偏見の残滓は残っている。

長年にわたる沖縄の代弁者で前の知事である大田昌秀教授は、日本の国土の〇・六パーセントに当たる沖縄に七五パーセント（三九）の米軍基地があることで示されている不平等な扱いは、あまりにも極端なので違憲であると思っている。多くの沖縄県民が見るところでは、これらの基地は沖縄の発展を助けてはおらず、妨げており、県の総生産の五パーセントを占めるに過ぎない。問題は沖縄に米軍がいるかいないかよりも、日本の他の場所に比べて、沖縄での米軍基地の存在がひどく不釣合いに大きいことである。

3

約七五万の在日韓国・朝鮮人は、複雑に混ざった朝鮮民族の人たちから構成されており、一部は日本国籍をもち（日本に帰化した者は一五万人以上）、他の人たちは日本国籍はないが永住者である人たちかその子孫で、その多くは戦時の強制労働のために日本に連れて来られた人たちの後裔である。北朝鮮を支持する者もいれば、韓国を支持する者もいる。彼らにとっては他の一部の外国人居住者グループにとってと同様、強制的に指紋を定期的に取られたことは長い間法の下の差別的扱いを象徴するものであったが、新しい法律がこの慣行に終止符を打った。在日韓国・朝鮮人に対する偏見をもった扱いが日常起こることではないにせよ、容認されるものではない。ほとんどの日本人は、異人種としての朝鮮民族には滅多に出会わず、彼らが日本名（戦前の日本臣民としてもっていたもの）でなく、韓国・朝鮮名を使わない限り、彼らに対して、肯定的なものであれ、否定的なものであれ、特別な感情はもっていない。在日大韓民国民団（民団）が行った二〇〇一年の調査では、回答した一三歳から六四歳の韓国人居住民一三二五名の半分が、ほとんどの場合、自分の日本名を使っている。自分の韓国名を使っているのは一三パーセントに過ぎない。法律ではどちらを使ってもよく、裁判所は姓名の選択についての個人の権利を支持している。在日韓国・朝鮮人の多くは、彼らがどちらの名前を使うかについて、社会が無関心になることを望んでいるが、これはよく理解できる。

日本国籍をもたない者の中には、公立学校教員、弁護士や公務員の地位をもつ者もいる。これらの韓国・朝鮮人と日本人の隣人たちは、多くの地方公共団体の外国人に選挙権、被選挙権を認めるための最近の運動にとって中心的な存在である。外国人にそのような市民権の特権を認めることは、民主的な国際主義の並外れた表明である。二一世紀には、多くの国の政府が、指導的な地位に外国人の居住者を喜んで迎えることになるだろうか。

日本は一八九二年に台湾を、一九一〇年に韓国を併合したので、これら地域の住民はすべて、第二次大戦後までは日本国籍であった。戦争中、国への勤めで何千もの人たちが負傷した。何人かは一九九一年に政府からの障害者年金の支払いを求めたが、却下された。彼らは憲法第一四条に基づき、日本人の退役軍人に与えられた待遇と同じ待遇を受ける権利を主張して、問題を裁判に持ち込んだ。二〇〇一年四月最高裁判所は、彼らがもう日本国籍をもっていないことを理由に、彼らの訴えを却下した。しかし最高裁は国会に対して、原告に十分な救済を与える法律を作るように促した。(二〇〇〇年に国会は、日本人の傷病旧軍人よりもずっと低い、旧軍属恩給を与える関連法を可決した。)

二〇〇一年一二月二六日、以前日本の居住者であった外国人の原子爆弾の犠牲者にとって有利な判決で、長崎地裁は政府に、「原子爆弾被爆者に対する援護に関する法律(被爆者援護法)」に基づき、一九四五年八月九日には長崎に住んでいたが、一九四五年一二月に韓国に移った韓国金山居住の李康寧さん(七四歳)に、多額の健康管理手当を支払うよう命じた。政府は、日本に居住する被害者だけがそのような救済を受ける資格があると論じたが、李さんはそのような議論が居住の場所を根拠にした違憲差別を意味すると主張し、成功を収めた。

4　明仁天皇は、二〇〇二年のワールド・カップ・サッカー大会二国共同主催の準備中であった二〇〇一年一二月、ときどき問題が起こる日韓関係の展望を明るくした。天皇は公然と、古代の日本の発展に対する韓国の大きな寄与を語り、八世紀における両国皇室間の婚姻に基づいて、韓国人との「確かな親族関係、ゆかり」の感じをもっていると述べた。

5　先住民族のアイヌは数千人いるが、その文化遺産は尊重され、先祖からの地である北海道で、そして東京のさまざまなグループの間で、保護されている。ほとんどの者は、過去数世紀にわたり、日本人と結婚している。

6　三〇万人以上の中国人が、主として大都市に住んでいる。

7　そのほとんどが日系ブラジル人（二二万五〇〇〇人以上）と日系ペルー人（四万人以上）である南米からの人たちがいる。この移入を奨励している日本の当局者の中には、彼らが文化においては日本人でないことを知って、驚いているものもいる。

8　一九八〇年以降、何十万人もの東南アジアの人たちが、労働力が不足している部門での雇用を求めて、合法的に、また不法に、日本に入国している。これらのうち、フィリピン人が一一万五〇〇〇人以上で最も多い。主としてアジアからの不法入国者の推定数は、約三〇万人である。

外国人と結婚した日本人の男女から生まれた混血児もいる。一九九〇年代には、毎年二万八〇〇〇件もの国際結婚があった。一九八五年の国籍法の改正以来、どちらかの親が日本国籍をもっていれば、子供にも日本国籍がある。以前は、そのような子供には、婚外子でない限り、父親が日本人である場合だけ日本国籍があった。

9　主として企業人、学者、そして外交官の家族である何十万もの日本人が、長年外国に住んでいる間に、母国の一部の人たちから見れば「外人臭い」者になった。彼らの子供たち、帰国子女には、日本に帰国したときの大きなカルチャー・ショックを緩和するために、特別な教育プログラムが必要となった。しかし結局のところ、彼らは通常再び同化して、日本の文化的グローバリゼーションに大きく貢献している。

10　原爆被爆者たちとその子孫の家族は、依然として広島、長崎地区に住んでいる。一九四五年八月に投下された二つの爆弾で、二〇万人以上の人が死んだ（東京で、一九四五年三月の焼夷弾の空襲で死んだ一〇万人については、注目されることがあまりに少ない）。彼らは世界中の同情を得たが、〃被爆者〃たちは、体への傷害だけでなく、差別によって強く苦しんでいる。時には、一方または双方の家族が、結婚の相手がずっと昔に落とされた原爆の影響を受けていないかを、結婚前に調べようとする。汚染されたと考えられる地域からの人たちは、結婚の相手として適していないか、あるいは交際相手として望ましくないと見なされてきた。核戦争、化学戦争、ないしは生物戦争が将来起こったら、影響を受けた社会は、恐れを抱く「きれいな」者と戦争の汚染を受けた被害者との間で、完全に割れる可能性が高いように思われる。そのようなシナリオを理解するために、われわれが唯一経験上参照できることは、二つの比較的には小さい原爆に対する日本の反応しかない。

11　重要な戸籍制度において、結婚している男女から生まれた子供は「長男」または「長女」（その場合により）などであったのに対し、非嫡出子は長いこと「男」あるいは「女」と書かれていた。二〇〇四年、東京地裁は、この慣習が個人のプライバシーの権利を差別的に侵害するものだとした。法務省はすぐに変更を実施するための措置を取った。戸籍制度をめぐるいくつかの論争は法律、司法判決、あるいは行政措置によって解決されたが、二、三については未解決である。

女性の権利

前に述べた諸グループおよびそれらの権利のどれよりも重要なものは、女性が人口の半分を構成していることから、女性とその権利であるが、日本国憲法および国際人権法に基づく日本女性の権利は革命的に拡大した。興味をそそる芸者の伝統に対する欧米の関心が不釣合いに高いので、一九四六年以来の日常の生活と一般の日本女性に影響を与える法律に対する焦点がずれてしまっていたのであろう。

すべての女性は、すべての男性と同じく生来の偉大な価値と尊厳をもっている。哲学、科学、そして宗教に、これと異なる考え方のための説得力ある根拠は存在しない。とは言え、ほとんどの文化において憲法上、国際法上、そしてその他の法律上、女性が男性と同じ人権をもっているという認識は徐々にしか、また第二次世界大戦以来といったごく最近になってからしか、出てこなかった。憲法の第一四条、第二四条、および第四四条そして国連の世界人権宣言や規約、条約は、日本女性の法律上の地位だけでなく、日本社会の性質そのものを根本的に変えた。

米国での女性の権利の高揚は核家族制度における不安定性を伴ったが、日本では女性の地位が上がるのにつれて、この制度はこれまでで最も強くなった。今や青年のうちの比較的にごく少数しか親が仕立てたお見合い結婚に従わないし、ほとんどのものは結婚相手を自由に選ぶ。しかし家族、友人、そして仲人は普通、結婚と家族を結び付ける準備を促進する際に関与する。結婚は今や愛と生活のために成立するので、妻は昔の体制下よりも不貞に対して厳しい。離婚率は上昇しており、離婚手続は簡単にできるが、離婚は依然として少ない。最も一般的な離婚の理由は女性側の不貞である。

変化の指標の一つは、日本における男子の誕生を選好する考えの終焉である。世界の歴史を通じ、諸文化の大半において女性は、両親、大家族、社会で女の出生児に対し男の出生児を社会的に圧倒的に選好する傾向に付きまとわれてきた。現在、インドと中国の例がこの問題の現在の限界を示している。どこにでもある低価格の超音波機により、両親は胎児の性が分かる。胎児が女の子なら、インドではそれが堕胎の合図になることが多く、胎児が男の子なら歓喜の理由になる。中国の一人っ子政策は、同国での男児選好の問題を際立たせた。一九四五年以前の日本でもこの人類共通の男児選好は同じであったが、もはやそうではない。調査研究が確認したところでは、過去五〇年間にわたり、娘より息子を選好する傾向は徐々になくなった。もう一つの顕著な態度の変化は、「男が生活費を稼ぎ、女性は家庭を守る」という命題に賛成しない男女双方の数が大幅に増えたことにより示されている。二〇〇一年には、この考え方に賛成する者は約六〇パーセント（男の六六パーセント、女の五六パーセント）にしかならなかったが、一九五〇年には九〇パーセントが賛成していた。最も重要なのは、高収入の職業に比べ、親や主婦の社会的役割に対して与えられる敬意も尊厳も低くないことである。

一九四五年以降の女性の地位改善に関する他のいくつかの点は、選挙権と被選挙権、家父長による家制度の終焉、長子相続制の廃止、結婚における平等の権利、妻（財産の半分）と子供たちの相続権、法律行為を自主的に行える能力、夫の年金と別に国民年金を受ける権利、男性が受け取るものと同等の生活保護給付（一九八五年以前は、男性が受け取る額の八五パーセントしか女性は受け取れなかった）、家庭の金銭的事項を扱う能力（現在では、妻が普通、家族の日々の金銭的問題を扱い、多くの夫は定期的に小遣いを貰う）、不貞の妻だけを罰した姦通罪の廃止、平等の教育の権利、そして国や地方政府において公務員として平等の待遇を受ける権利などである。残念ながら、平等の条項（第一四条）は長いこと公的部門の従業員にだけで、民間企業の従業員には適用されなかった。

一九六〇年代以降、女性は差別的待遇に関して裁判で争い、多くの場合勝訴となったが、不当な扱いをされた従業員にとっては時間と金銭的費用が極めて高くついた。裁判所が不当と判断した慣行の事例の中には、出産後の強制退職、三〇歳での強制退職（女の子はそれまでに、結婚しているべきだ！）、男性の定年より低い年齢での強制退職（例えば、五五歳に対して五〇歳）、既婚女性のレイオフにおける差別、そして男女で異なる昇進基準などがある。多くの会社の男性社員は、資格にかかわらず、女性社員が職場環境を美しくし、お茶を出す「職場の花」となるべきことを好んでいたが、そのような態度も徐々に変わっている。

大きな改善のいくつかは、「国連女性の十年」（一九七六～一九八五年）の重要な成果である一九七六年の国連「女子差別撤廃条約」の成立に対する日本の対応に伴うものであった。日本政府、経済界、そして労働関係団体、学界、および女性団体を巻き込んだ何年もの議論の結果、一九八五年の批准前にこの条約の法律的な要求事項に従うため、同じ一九八五年に労働法が雇用機会均等法によって改正された。この法律は、「賃金、労働時間、そしてその他の労働条件」（第三条・第四条）に関して、民間部門での女性に対する平等な待遇を求める最初の規則となった。この法律は教育訓練、給与以外の恩典、定年の年齢、そして解雇に関して女性を差別することを禁じているが、募集、雇用、仕事の割り当て、そして昇進に関しては、男女を平等に扱うよう雇用主が「努力する」ことを求めているだけである。

いろいろな問題の分野でも同じであることが多いように、法律違反に対する罰を特定するのでなく、日本政府は、この法律に自発的に従う結果を得られるよう、行政指導と説得に頼った。制裁条項の欠如にも拘らず、多くの会社はほとんどの米国人を驚かせるような程度まで、強制を受けなくてもこの法律に従った。一九九七年には（一九九九年から施行）必要であった改正が行われ、「努力する」という制限への言及なしに明確に差別を禁止することになった。多くの会社はこれに従ったが、経営幹部への昇進につながる地位については、女の大学卒業生よりも男の大学卒業生を優先して雇用する会社も依然として多かった。一九九五年の法律は、男女双方の従業員のために育児休業（給与の二五パーセントを支払って八週間）と家族介護休業（例えば、病気の高齢な両親を介護するため）を拡大した。

米国におけると同様、セクハラは日本において絶えることのない問題で、妻の二〇人に一人が夫に虐待されていると苦情を述べている。二〇〇一年の「配偶者からの暴力の防止及び被害者の保護に関する法律」に基づき有罪と認められた者は誰でも、一年以下の懲役または一〇〇万円以下の罰金の刑罰を受ける可能性がある。しかし心理的暴力はこの法律の対象となっていない。ストーカー行為に対する二〇〇〇年の法律により有罪となったものに対しては、六カ月以下の懲役または五〇万円以下の罰金が科せられる。国民の意識の高まり、雇用機会均等法と一九八五年の条約の批准と共に、雇用主が職場のセクハラに対して措置を取ることを拒否した場合、女性はそれを認めないことが多くなった。一九九九年女性は、相談係に対し六年前に比べて一〇倍の苦情を持ち込み、その年に持ち込まれた事件の数は、一九九八年よりも三五パーセント多かった。女性の安心の水準を引き上げるために提案された一つの小さな救済措置は、いくつかの地下鉄や電車の車両を「女性専用」に指定することであった。

二〇〇二年の大阪における横山ノック知事の事件は、関連問題に関する大衆の感じを要約するものであった。横山は、選挙運動の間に女子大学生のボランティアにいやらしいことをした。彼女が苦情を言ったとき、彼は自分のしたことを否定し、問題を矮小化してセクハラにつきメディアを非難した。しかしその過程で彼はまた警察の注目も引き、国民の非難と嘲笑の的となり、職を失って一八ヵ月の執行猶予付きの刑を受けた。

女性の権利に関し、継続する改革の兆候をなすものは、最近の公的部門での勝利で、憲法学の教授の土井たか子は社会民主党党首になり、衆議院の最初の女性議長を勤め、労働省の婦人少年局長であった高橋久子は、最高裁判所の裁判官に女性として初めて任命され、前アイルランド大使で社会保険庁長官だった横尾和子（六〇歳）はその二人目となり、大阪の太田房江は女性初の知事として選出され、熊本県の潮谷義子は二〇〇〇年、日本で二番目の女性知事となり、千葉県無所属、堂本暁子（六八歳）は三人目の女性知事として選出された。市議会の中には、女性が四〇パーセントもの議席を占めている所もある。さらに何人かの女性が市長に選出され、ある女性は地方の警察署長に任命された。国のレベルでは、二〇〇四年に元保守党党首で運輸大臣の扇千景が女性初の参議院議長となり、川口順子は新しくできた環境省の最初の大臣となり、二〇〇二年には田中真紀子の後を継いで外務大臣になり、上智大学の緒方貞子教授は国連難民高等弁務官として一〇年間日本を代表し、二〇〇二年にはアフガニスタン支援の日本代表になった。

二〇〇〇年六月の衆議院選挙では、一四〇四人の候補者中二〇二人が女性であった。これまで最高の三五人が議席を獲得し、参議院の女性議員と合わせると、国会で七八人の女性が議員を勤めている。二〇〇一年、小泉純一郎首相は一七名の閣僚のうち、記録となる五名の女性を任命した。二〇〇〇年に政府の男女共同参画審議会は、政策立案への女性の参加の拡大、差別慣行の調査、虐待を受けた女性の避難所の設立、男性の暴力に対する立法、そして差別をする会社名の公表のため、五年計画の議題を採択した。

二〇〇一年一二月、愛子内親王（敬宮としても知られる）の誕生により、日本にもう一人女帝が就任する可能性が持ち上がった。前にも述べたように、男女双方が皇位に就けるようにされていた近代以前の日本の伝統は、この地位を「皇男子孫」に限定した一八八九年の明治憲法により変えられた。占領の初期に、一九四七年の憲法の平等条項を無視して日本は同様に皇位を「男系の男子」に限定した皇室典範を制定した。しかしこの規定は違憲であると、広きにわたって考えられている。愛子内親王は皇太子と妃殿下の長女として、推定皇位継承権者であるように思われる。

犯罪と執行猶予付き刑罰

国の日常生活における憲法の有効性に対する主要な試金石は、その刑事裁判制度の状態である。他の多くの国々に比して日本の犯罪率は低く、一九五〇年ごろからさらに下落している。正式に起訴された者の九九・九パーセントは有罪とされており、日本で逮捕される犯罪者の比率は米国での比率よりもずっと高いが、日本では一〇万人につき約四五人しか投獄されず、これに比べ米国での数は一〇万人につき四二六人である（テキサスでは、どこの州よりも高く、一〇万人につき一〇三五人である）。刑務所で一日を過ごしたことがある日本人は極めて少ないが、拘置されたことがある米国人は何百万人にもなる。世界の人口の五パーセントを占める米国は世界の囚人の二五パーセントを占め、他のどこの国よりも多い。日本で有罪となった凶悪犯の投獄率は米国の五分の一だが、最も重い犯罪についてはその違いは大きくない。

第三一〜四〇条は、多くの手続上の権利を保障している。要約すると、「何人も、法律の定める手続によらなければ、その生命若しくは自由を奪はれ、又はその他の刑罰を科せられない」（第三一条）。すべての市民は裁判を受ける権利をもち（第三二条）、「公平な裁判所の迅速な公開裁判を受ける権利を有」し、公費で証人を求める権利を有する（第三七条）。逮捕（第三三条）と捜索、押収（第三五条）は、現行犯として逮捕される場合を除いて、司法官憲が発する令状によってしか許されない。逮捕された場合、「理由を直ちに告げられ」なければならず、「直ちに弁護人に依頼する権利を与へられ」る（第三四条）。被告人が弁護人を依頼することができないときは、国で「資格を有する弁護人」を附する（第三七条）。「拷問及び残虐な刑罰は、絶対にこれを禁ずる」（第三六条）。「何人も、自己に不利益な供述を強要されない」し、何人をもその自白のみによって有罪とすることはできない（第三八条）。何人も実行の時に適法であった行為については、刑事上の責任を問われない（第三九条）。何人も、無罪の裁判を受けたときは、「国にその補償を求めることができる」（第四〇条）。これらは憲法上の基準であり、それらを実行するに当たっては長い間に改善が加えられてきた。

検察官は司法に準ずるかなりの裁量を行使する。彼らは職業公務員であって、有罪を熱心に求める政治家ではない。明らかに起訴可能な罪も裁判に掛けないと決定することが多く、時には容疑者が反省や改心の意向を示さないかを見るために起訴猶予とする。容疑者の九五パーセントが自白する（これに比して、米国では八五パーセント）が、憲法第三八条により自白を有罪の唯一の根拠とすることはできない。重要なケースにおいては、米国の地方検事の多くは、次の選挙の見通しに対するその有罪判決率の影響を考慮しなければならない。職業検事の他の制度における と同様、日本の検察官は一般的に言って、起訴して有罪を勝ち取るためのそのような国民の圧力を受けることはない。検察官が過度に寛容にならないように、任期六ヵ月の無作為に選ばれた地方の有権者から成る二〇七の検察審査会が、裁判にかけられない重大な訴訟事件を慎重に再検討する。

ときどき警察は、専門的手法と自らの裁量を使って容疑者を釈放し、そのような事件に関する定期的な概要報告書だけを検察庁に送る。同様な警察による情状酌量は、他の制度においても知られていないわけではない。彼らはまた、起こった犯罪について職務質問するために、交番に「任意同行」を求める。こうすることにより、長い監禁や尋問につながる可能性のある「逮捕」の厳しい汚名を課すことなく、取調べをすることができる。法律は無罪推定を規定しているが、米国やその他諸国におけると同様、社会やメディアは逮捕を罪を意味するものとして扱うだろう。

判決を言い渡すにあたり、裁判官は極めて寛大であることが多い。罰金あるいは懲役判決ないしはその両方の可能性がある判決の執行は、執行猶予とされることがときどきある。執行猶予期間の犯罪を犯した人の行いがよい場合、刑が免除されることがある。裁判官は刑罰が犯罪の抑止力として、限定的に使用されることを理解している。何故わざわざ人を検察、裁判、あるいは刑務所に不必要に送るのか。日本の刑事裁判制度は政略、刑務所建設の理由根拠、報復、そして刑罰よりも、ダニエル・フット（Daniel Foote）が呼ぶように、「情け深い温情主義」によって推進されている。目的は恥や後悔を感じさせることで、可能性がある場合は、法を破ったものを社会に復帰させることである（「恥をかかせて社会復帰させること」）。

凶悪犯罪は稀である。日本ではどんな時間でも、市街地の近所のほとんどどこでも歩いても安全である。デービッド・H・ベイリー（David H. Bayley）が報じた（一九九五年）いくつかの比較統計で、様子がもっとはっきりするだろう。米国では日本よりも一四六倍盗みが多く、悪質の暴行事件が八六倍多い。先進民主主義国、一八カ国を調査したうちで日本は、強盗、窃盗、自動車泥棒、そして車内の物品窃盗の犠牲となる率が最低で、その他すべての成人犯罪の分野でも最低に近かった（米国の盗難率は、次に最も高い先進民主主義国の二倍以上である）。不法薬物はこれまで取るに足らない問題に過ぎなかった。落書きや公共物破壊は稀である。何人かの高級官僚や民間部門の職員がときたま目立つ贈収賄汚職に巻き込まれ、通常は優遇的な配慮を受けることなく裁きを受ける。

銃による死亡が起こることは少なく、ほとんどはやくざ社会の組織間抗争の結果である。銃の所有と使用は法律で厳しく管理されている。火器、刀剣、そして六センチ以上の長さをもつナイフには登録が必要である。重要なことだが、国際射撃チームのメンバー以外で拳銃を持てる民間人はいない。一年間のうちに米国で起こる火器が関係した犯罪は五七万五〇〇〇件以上になるが、これに比べて日本では一五〇件に過ぎない。いかなる種類の犯罪であろうと、個々の容疑者の特別な事情が考慮に入れられる。国の違う場所で犯されても、同じ犯罪なら同様に扱われる。犯罪があまり少ないので、警察は法律の執行よりも、訓練、予防措置、そして市民の教育に時間を使う。何百もの近所の小さい交番に駐在する地方の警察官は担当の地域をよく知っており、国の地域社会における治安維持の基盤の重要な部分となっている。戦前のイメージとは異なり、警察官は威圧的でなく、親切で役に立つ存在となっており、おそらく、遠くから来た人が街の狭くくねくねと曲がった通りや路地の複雑な迷路の中の番地を探すのを助けている警察官が、多分多くの人の目につくのではなかろうか。

日本は、警察官や検察官にとって本当の天国に思えるかも知れないが、天国は生きている人のためのものではない。多くはないがいくつかの事件で、彼らは専門的手法を使って、容疑者の起訴前の勾留や尋問を二三日間も、弁護士に簡単に会わせることもせずに引き延ばした。容疑者が虐待を受けることは稀だが、自白させるために尋問によって相当の圧力を掛けることがある。ひとたび起訴されると、被告は「迅速な公開裁判」を受ける権利をもち、実際に受ける。容疑者で起訴の前に弁護士を雇うのは、二〇パーセントに過ぎない。前に紹介した一九五二年のメーデー事件や、一九六〇年の安保危機から発生したもののような少数の政治がらみの事件は何年も続いたが、そのような状況は極めて稀である。

政府は、正式の起訴になるまでは、国選弁護人を提供する義務を認めていなかった。学者や弁護側の代理人は、長い尋問による早まった自白の抑制として、すべての容疑者が弁護士を使用できなければならないとして、国際人権法や第三七条に基づき非難した。弁護士会の会員になることは、全弁護士にとっての義務である。一九九〇年代に日本弁護士連合会（日弁連）は、それに基づき勾留中の容疑者が地域の弁護士会に連絡でき、待機している弁護士が直ちに警察署に行き、一時間の初期無料相談に応じるという「当番弁護士」制度を始めた。刑事訴訟法（第七六条・七七条・二〇三条・二〇四条）によれば、警察、検察官、そして判事が容疑者や被告に弁護士を指名できることを知らせなければならないが、関係者に当番弁護士制度について知らせる義務はなかった。日弁連は、「捜査当局が被疑者に」当番弁護士利用の選択肢があることを「知らせるのは義務である」と述べた。当局は積極的にこれに対応しているようである。二〇〇四年に日弁連は、警察や検察官による尋問の経験をいろいろと被疑者が記録できるように書式設定をした「被疑者ノート」を配布し始めた。

長年、検察官は、弁護士が収容されている相談依頼人を長時間、頻繁に訪れることを厳しく制限してきたが、制限はもうほとんど残っていない。裁判で有罪となった者の刑務所での生活に関する日々の日課は厳格で重苦しいものだが、多くの米国の施設における場合よりも収容されている者にとってはるかに安全である。日本語を話さず、したがって複雑な刑務所の規則の一つをうっかり破ったりする外国人にとっては、状態は特に厳しい（一九九九年には、二九七〇人の外国人が収容されており、米国に比べれば少ないが、一九九〇年に比べれば一〇倍の数になっている）。親戚以外の人の面会および通信には特別の許可が必要である。市民的及び政治的権利に関する国際規約に基づく日本の義務に違反して、自分の弁護士に対するものも含めすべての通信は検閲される。日本の監獄法と公表されていない詳細な内部規則は、一九〇八年以来大幅には改定されていない。ここ何年か政府自身の矯正局が新たな立法を求めてきたが、実現していない。超党派の改革委員会のために二〇〇三年に行われた調査で、被収容者の約一〇パーセントが刑務所の刑務官から暴行されたり、脅されたり、いじめられたりしたと断言する一方、二七パーセントは別の被収容者の手でそのようにされたと申し立てている。半分以上の刑務官が仕事中に身体的脅威を感じ、四二パーセントが被収容者から暴力を受けたと主張している。刑務所の医療サービスは非常に不足していると思われている。七〇パーセント以上が全体的な刑務所の体制はひどいものだと思っているが、同じぐらいの数の者は自分の経験に何らかの価値を見出している。透明性を高め不必要な厳格さを緩めることで、これらはおそらく改善されるように思われる。どんな変革がこれから行われるか分からないが、少しの間でも当局に拘留される日本人は極めて少なく、その中でも長期の判決で収容される者は少ない。

市民に対する国家権力の行使の中で最も強烈なものは死刑である。理由はよく分かるが、多くの国々は死刑を廃止している。犯罪学の実証では、死刑が犯罪を抑止しないことを示すものが多い。著者の意見では、これはまた残虐な刑である。数多くの無実の人たちが処刑されてきた。殺人で苦痛を受けた人たちの怒りがいかによく理解できても、報復のための殺害は、道徳的でもなければ社会的に建設的でもない。憎しみの癒しと気持ちの整理は、さらにもう一つ人命を奪うことで達成されはしない。アムネスティ・インターナショナル（政治犯救済や人権擁護のための国際委員会）によると、七五カ国がすべての犯罪に対して死刑を廃止し、その他一四カ国が少数の重罪に死刑を限定しているが、その他八六カ国が死刑判決を認めている。

一八七〇年代から日本は絞首刑を科してきた。一九五〇年代（二五四件）を除き、一九四七年憲法の下で、死刑執行は比較的少ない。一九八二年から一九九〇年までが一三、一九九〇年から一九九二年まではなし、一九九三年と一九九四年に七件の死刑執行があった。一九七〇年代と一九八〇年代には、最高裁判所が一九七五年に再審を許可する条件を緩和した後、四件の死刑囚の再審での無罪判決により死刑廃止運動が勢いを得た。四件はすべて一九四八年という昔のものも含め殺人容疑であったが、有罪判決はすべて警察の捜査の誤り、初期の、そしてその後否認された自白への過度の依存、そして検察および裁判所が判決を急いだ結果であった。刑事訴訟法第四三五条六号により釈放されるまで、刑務所でそれぞれ二九年から三五年を過ごした無実の受刑者がいるが、同条によれば、はっきりした新しい証拠が発見されれば、「無罪宣言」が必要となる。「判決調査研究プロジェクト」による一九八七年の調査では、米国で一九〇〇年から一九八五年の間に無実の被告三五〇人が死刑判決を受けたことが示されている。処刑や投獄の判決を誤って言い渡したことについて間違いを認めたり、謝罪したりすれば、犠牲者とその家族にとって多少の慰めにはなるだろうが、民主的刑事裁判制度にとっては、日本におけるように国が法律によって犠牲者と残された家族に対して、そのような国の間違いに関し多額の補償金を出すことが極めて重要であると思われる（第四〇条）。

著名な刑法学者で最高裁判事だった団藤重光と再審で最近無罪となった人たちが中心となって、死刑廃止に関する国民の支持を盛り上げた。しかし二〇〇一年には、そのような国民の支持は七七パーセントであったのに、一九九〇年代のオウム真理教のメンバーによるサリンガスを使っての地下鉄無差別殺人により、残念ながら死刑に対する国民の支持が復活した。それにも拘らず、前の警察官僚で自民党の政調会長であり、実力者である亀井静香を先頭にした国会議員が死刑廃止を求めた。二〇〇四年に本書を書いている時点では長期的な影響ははっきりしていなかったが、日本と韓国での高いレベルでの廃止運動は相互支持を生み出している。

米国においては国としての一貫性に欠けることが目立ち、恥ずべきこととなっている。一部の州は死刑を認めているが、執行はされず、他の州は死刑を認めず、その他の州では刑事裁判の手段として恒常的に死刑執行が行われている。特定の犯罪に対して処刑されるかどうかは、その人の居住場所、人種、そして社会経済的な地位に大きく左右される。一九七七年と一九八九年の間に、南部の一一州が（テキサス州が一番多く五三人）一〇四人を処刑したが、残りの三九州を合わせても一〇回しか死刑を科していない。二〇〇〇年の八五件を数える処刑のうち四〇件はテキサスで行われ、一一件はオクラホマ州で行われた。二〇〇二年現在年間の執行率は下落しているが、三七州と連邦政府では、三五三九人の男性と五四人の女性が死刑囚の列に名を連ねている。

なぜ日本の犯罪率はそんなに低いのだろうか。なぜ刑務所にいる人の数が少ないのか。なぜ、自白、恥、そして後悔がそれほど重視されるのか。日本人や外国人の評者の中には、この点およびその他の分野における日本の成功を説明するのに、文化の同質性が重要な要因であると主張する者もある。しかし集団的同質性と言われるものは、そのものとしては、犯罪を阻止する文化的特質の特別な組み合わせがあることを意味しない。そうはいうものの、以下に述べるように、ある種の文化的特質が、犯罪行為の傾向に影響を与えることは確かにあるのかも知れない。

人口密度は犯罪行為の傾向に影響を与えるだろうか。生活水準が上がって、低いビルがどんどん高く大きくなる建造物に取って代わられるにつれ、日本の市街地では混雑の度が年々上がっているが、犯罪は大幅に増えていない。一九九〇年代に、一平方マイルあたり一万一五〇〇人のニューヨーク市では、一平方マイルあたり二万五〇〇〇人以上の東京・横浜大都市圏よりも犯罪率がずっと高かった。

犯罪学では普通、犯罪率の差を貧困、失業、所得の不平等、銃関係法、刑罰の確実性、そして家族やその他集団の安定性のような構造的要因に関係付ける。一方で、社会文化の関与度は軽視する傾向があった。そして前々段落に提起した「なぜ」の疑問にこれから答えるには、公式に認められた犯罪の領域は別にして、日本人が何を普通の日常生活での正常な思考と行為と考えているかを考慮に入れるのが妥当であると思われる。ある程度まで、犯罪行為と刑事裁判は社会文化を反映する。デービッド・ベイリー（David Bayley）は、「犯罪の国際理論は、文化的枠の中で動いている構造的要因を見なければならない」と論した（一九九五年）。他の諸要因の重要性を否定することなしに、彼は日本の刑事裁判の説明を助けるために、「礼節、期待、そして誇り」の三つの特徴づけを推測している。

礼節は、日本人が、「それらが混ざり合って、規律と和の途切れのない網となる、礼儀、礼節、道徳、そして法律……といった適切さの規準」により、「規律に従っている」ことを意味すると取られている。おもいやりとは、個人的な満足をかなえながらも構成員に対して形式ばらない社会的統制を行う緊密な仲間集団の属性としてほとんどの日本人が置く、本質的な重要性のことである。「集団に溶け込むこと」と集団の目的に従うことが、「根本的な規律になる」が、これらの目的は、各構成員の意見を真剣に取り入れてから得られるその集団の意見の一致を反映したものでなければならない。ある人の職業あるいは社会的地位がどんなものであっても、義務を履行する積極性をもって「彼らに要求される役割を演じるにあたり……大きな誇りをもつ」。集団の仕事を行うに当たってのすばらしい団結が、日本の近代における成功の重要な理由なのかも知れない。犯罪を犯す動機をもつ日本人は少なく、動機をもつ人のほとんどは恥を感じ、改心し、社会に復帰するよう励まされる。第二次世界大戦の集団的犯罪に対する一部の日本の指導者が示す反応は、かなり違っていた。

教育、神道と国家主義

一九三〇年から一九四五年八月までの日本の「暗い谷間」と言われる戦争の年月の間、小学校、中学、高校の教育と国定教科書には、非科学的、非民主的、そして好戦的国家主義が染みとおっていた。天皇の国家のために個人を無条件に差し出す自己犠牲は、戦争中には英雄的な理想であった。一九四七年の「憲法」は、暗い谷間を明るく照らし、民主主義、自由、そして平和に専念する教育制度を作り上げる意欲をかきたてた。この精神は今でも、日本の教育理念を支配しているが、完全な民主的自由を享受している少数派の攻撃的な神道国家主義から、たびたび挑戦を受けている。政治指導者たちと歴史の教科書が日本の戦時の行動をどのように示すか、そして法律が神道の神社と祭祀をどのように扱うべきかは、日本人の精神における戦いの中心的な問題であった。

儀式は、国家であろうと、フリーメーソン、米国のボーイスカウト、または大学のフラターニティーのような民間団体であろうと、人間の集団がその共同社会を表現し、確認する一つの方法である。儀式は普通、定期的であること、予測可能であること、そして秩序、だけでなく、行動に関する明快さと堅固さのような規則の要素を含んでいる。明仁天皇の一九八九年の即位に関連した神道の祭祀は壮大な形で日本の儀式を示したが、中にはこれが合憲であったかどうかとの疑問をもった者もある。宗教と国家の分離に違反したとして同様に疑問視されたのは、政治指導者たちの靖国神社（東京）への参拝（公人として、あるいは私人として）である。ここでは神道に関する問題にほとんどの注意が向けられているが、日本は宗教に関しては複雑で、一九四五年以来二〇〇〇の新しい宗教が設立され、それよりもずっと長い歴史をもった場における東洋、西洋の他の多くの宗教に加えられた。

裁判所は、公金が神道の神社の修復や祭祀に使われるのは、一宗教への違法な援助を構成すると判示した。すべての国は厳粛に戦没者を悼む必要があるが、日本では神道の神社において何百万人もの死者を政府が追悼するのは政治的に中立とは言えず、刺激的である。問題は、靖国神社が、戦争で失った愛する人たちに家族が私的に参拝する中心的な祈念の場所であることではない。問題は、政府の指導者たちが戦没者のために神道の神社に政治的な参拝をすれば、日本および海外の多くの人々にとって、神道と国家の一体化、そして遠い昔の軍国主義時代における日本政府の行為を、政府が暗黙のうちに承認することを意味する点である。

二〇〇一年、小泉純一郎首相の内閣は、靖国問題をどのようにして永遠に鎮めるかについての提言を出すための公平な委員会を作ることを真剣に討議した。諮問機関は、他の代案もあろうが、日本の戦没者だけでなく、昔の敵国の戦没者も祀るための国立記念館あるいは国立霊園を、望ましくない政治的ないしは宗教的影響なしに設立することを考慮するであろう。普通の戦没兵士の扱いと、有罪となった戦犯の記憶の間に区別を付けるとしたら、どのようにしてするのかは、さらに議論を要する。

勝っても負けても、国は過去の戦争をどう扱うかを考えなければならず、戦争はすべて、関係した者ほとんど皆に損失をもたらす。すべての国民は、若者に、そして次の世代に、戦争についての真実を語り継ぐ義務がある。しかし日本には依然として、第二次世界大戦における国の侵略の歴史をなかなか受け入れられない人たちがいる。他の人たちもそうだが、日本人は自分がした戦争が他の国々に与えた犠牲を軽視する。われわれは、自分自身の損失は悲しむが、他の国の損失に対してはそうでもない（例えば、米国はベトナム戦争での自国の六万人の死者について深刻に受け止めるが、ベトナム人の二〇〇万以上の死者についてはそれほどでもない）。それでも、日本の記録にある特に顕著な残虐行為を国家主義者は否定するが、これは多くの日本人やその他の人々から特別の反感を買っている。

毛沢東とその他の近代中国の指導者たちは、日本兵がしたよりも多くの中国人を殺したが、日本軍は一九三七年に「南京大虐殺」をした。何十万人が死んだ可能性があるが、正確に何人かは依然として議論されている。胸が悪くなるような殺し方のケースもある。さらに、死んだり、日本の収容所で拷問を受けたりした戦争捕虜の割合は、他の政府に捕まった捕虜の運命と比べると極めて高い。さらに前線の軍隊にセックスのサービスを提供するために公式に認可されていた「従軍慰安婦」を擁する「慰安所」制度により、何千人もの日本人、中国人、韓国人、およびほとんどがアジア人のその他の女性たちが奴隷状態に置かれた。悲しいことだが、その運営規模は、場所によっては政府も黙認している現在のセックス奴隷の世界取引に比べると、小さかった。

大量破壊兵器においては、中国北部の日本七三一部隊の仕事は、その効果において、原子兵器と同様な恐ろしさをもつ可能性があった。他の出所からの情報も確認することになったが、二〇〇〇年　一月、日本の七三一部隊の一員であった者が初めて部隊の計画について日本の法廷で証言した。一九三二年以来満州で行われていた研究を拡大するために、七三一部隊が一九四一年に結成された。中国、ソ連、そして米国の数字的優位を埋め合わせるべく、日本の一流の生化学者、病理学者、そして伝染病学者が新しい生化学兵器を開発するために集められた。炭疽病、ボツリヌス中毒症、コレラ、天然痘、そしてチフスのような病気のための生化学兵器の大量生産の実験に関連して、三〇〇〇人以上の中国人、白系ロシア人、そして連合国戦争捕虜が死んだ。

七三一部隊の考えるところは大きかった。例えば、一九四五年に戦争が終わったとき、日本が、九月のロシアに対する攻撃で八〇〇万匹の伝染病に感染した鼠を展開する準備をしていたことが分かった。そのような兵器は、ソ連（例えば、一九三九年にノモンハンで）および中国に対して使用されたが、その効果は比較的には小規模のものであった。さらに、激しい戦いであったサイパンの戦闘の間に、生化学兵器を輸送中の船舶が米国の潜水艦に沈められたことがある。日本は最終的に、気球から米国とカナダに疫病を振り撒くことを計画していた。戦後ソ連は捕まえた七三一部隊の隊員に戦犯として懲役の判決を言い渡したが、米国政府は、協力、研究結果、そして記録と引き換えに、七三一部隊の全隊員を戦犯として処刑することから免除した。

一九四五年八月の広島と長崎における米国の爆撃がその他の理由で非倫理的であったかどうかにかかわらず、原爆の手段に訴えたことは多分第二次世界大戦の人命の喪失を減らした。一九四〇年代には、日本の原子兵器の計画は資金不足で、米国の計画のように成功しなかった。日本によるこのような兵器の開発が間に合っていたら、それを使用しなかっただろうと証明できるものは何もない。降伏の決定は天皇のお陰であったと言われるが、軍事歴史家のエドワード・ドレア（Edward Drea）は、天皇と側近がポツダム宣言を天皇制の生き残りを保証するものと解釈しなかったならば、天皇は皇位を最後まで防衛するために、限りのない損失を蒙る用意があったと示唆している。

一九四五年以来、日本は一貫して核兵器に反対してきた。いろいろな国々がこれまでよりもっと効果的な大量破壊のための核兵器、生物兵器、そして化学兵器を開発したが、それらの使用禁止を求めるこれまで以上に強烈な声が上がっている。一九九八年までに、核兵器についての世界の論議は、国際司法裁判所の何人かの判事が、核兵器による威嚇、あるいは核兵器の使用は、国際人道法に反すると判断するところまで進められた。おそらく、二〇〇一年九月一一日のワールド・トレード・センターとペンタゴンの爆破は、優柔不断な政治家を大量破壊兵器に対するより本格的な行動へ向かわせることになるだろう。

軍国主義の時代に日本は、何千人もの韓国人と中国人を、強制労働のために日本へ連れてきた。二〇〇一年、生存者と死亡した労働者の家族は、何人かの慰安婦とその家族と同様、政府あるいは半世紀前に彼らが働いていた会社に対して謝罪と補償を要求する約六〇件の訴訟に依然として法廷で関わっている。これらの訴訟は一般にうまく行かないが、それでも多くの場合、法律的な根拠という点からは理解できる。しかし国内外の高度に政治的な動きもある。

二〇〇〇年七月、最高裁判所は一九九二年に提訴された事件において、韓国の労働者たちと工作機械メーカーの間の和解協定を取り仕切った。原告の中国の労働者たちと日本の会社、鹿島建設が関係する件が、東京高裁で二〇〇〇年一一月に初めて裁判上の和解によって解決した。一九四四年と一九四五年に秋田県大館の鉱山で働かせるために連れてこられた九八六人の中国人のうち四一八人が死んだが、そのうちの一一三人は不成功に終わった蜂起（花岡事件）の結果によるものであった。一九八九年に鹿島は全責任を取って公に謝罪したが、補償の協定は二〇〇〇年までできなかった。五億円で「平和友好基金」を設立し、中国赤十字が運営して分配するというものであった。

特に東アジアにおける公の謝罪の重要性は、過小評価してはいけない。公にも私生活においても、社会組織を修復し、円滑にするために、日本では謝罪が非常に重要である。東アジアにおける戦時の行動に対して、日本政府が明確な確認と公式の謝罪を出すことを拒絶していると言われていることは、引き続き近隣諸国を困惑させている。それが行われなければ、和解は不完全である。一九九〇年代における例外は、村山富市首相と細川護煕首相で、日本の戦争が侵略的であったことを認め、日本とその他の国々の戦没者に弔意を示した。二〇〇一年に、小泉首相は日本の過去の行為について明確に謝罪した。善意の謝罪と補償の結果、犠牲者が犯罪人を赦し、和解が達成されるのであれば、精神的にも政治的にも有用のように思われる。そうでなければ、外交的には役に立たないように思われる。

一九八〇年代と一九九〇年代の保守政治家の失言は、自己弁護の国家主義の問題を示している。ある法務大臣は、「南京大虐殺」を「でっち上げ」と呼んだことで、辞任を余儀なくされた。二〇〇〇年五月、森喜朗首相は議員と神道の指導者たちの会合で、「日本の国は天皇を中心としている神の国であるということを、国民の皆さんにしっかり承知していただく」と述べた。ショックの波が日本と近隣諸国を駆け抜けた。激しい怒りに直面して森首相は謝罪したが、自分の言葉が前後関係から外れて取られたと主張し、それがまた余波のショックを生んだ。ある当惑した代表的な政治家は、「まったくのナンセンスだ」と語った。

一九九八年、別の指導者は、多くの生存者が当時の訴訟で争っているのに、政府が慰安婦に対して強制したのかとの疑問を表明した。そのような見解は不健全な国家主義が持続していることを示しただけでなく、歴史を変に守ろうとする不愉快さをも示している。森首相と森内閣の何人かの見解が世論の主流とあまりにもかけ離れていたので、森首相の早期退陣前の二〇〇一年には、その支持率は九パーセントに落ちた。おそらく、森首相の前例のない不人気は、彼の後継者である小泉純一郎首相が得た高い人気の理由の一つであろう。頑固な神道国家主義者たちと、彼らが崇拝する明仁天皇との関係は悪化している。彼は、憲法で保障されている言論の自由の行使として、天皇制に対する批判や父の裕仁天皇に対する批判ですらも歓迎すると公言している。

いくつかの訴訟事件を見ると、日本の憲法に関連した論議についてさらなる洞察が得られる。家永教科書裁判（一九八二年、一九八九年）、中谷自衛官合祀事件（一九八八年）、神道地鎮祭事件（一九七七年）、そして戦没者を祀った東京の靖国神社や他の神社への公金支出に関する議論などである。

家永教科書裁判（一九八二年、一九八九年）

日本では小学校と中学校の九年間が義務教育だが、その間に使われる教科書の政府検定は民主主義諸国やその他の国々でも普通のことである。青年のための歴史教科書を問題のないようにすることも、また普通のことである。例えば、フランシズ・フィッツジェラルド（Frances Fitzgerald）（一九八〇年）とジェームス・ロウエン（James Loewen）（一九九五年）は、米国の教科書がときどき嫌な具合の悪い歴史上の事実を隠蔽していることを証明した。教科書はまたアジア人のステレオタイプ化を促進した（日米関係の認識についての場合においては、均衡の取れた教科書上の表現を達成するために、両国の学者や教師が何十年も計画的に協力した）。教科書における誤りの正当化と偏った考え方は、どの国でも論議の価値が十分にある、言論の自由と児童の教育を受ける権利の問題であり続ける。

日本では、文部科学省は、指名された教師や学者から成り、全国用教科書申請図書の合否の決定、ないし修正を勧告する党派に偏らない教科用図書検定調査審議会に頼っている。中学校の歴史教科書は均衡の取れた内容、適切な用語、事実の暗記よりも独立した思考を重視すること、そして「民主的で平和な国家を作る」成年者の育成などの学習指導要領に従って、商業出版社が競争して作成する（同省は、他の図書の規制には関心がない）。

教科書の申請図書は四年ごとに同省の承認のために提出される。二〇〇一年四月、同省は二〇〇二年四月から使い始める八つの出版社からの八つの歴史教科書を合格とした。修正の後でさえも、八つの歴史教科書の改訂版のほとんどは、国内や東アジア全体から、現在使われている教科書よりも日本の戦時の行為に関しての明確さが足りないと見られている。県や市町村の教育委員会は、教師のグループの推薦を受けた後で検定済みの教科書のうちのどれを自分の地域の学校で使うかを選んでいるが、一つには右翼からの政治的圧力により多くの県における教師の役割は縮小している。

二つの教科書が特にその偏狭な国家主義により、不快感を与えるものとして見られた。「新しい歴史教科書をつくる会」が編集した歴史と公民の教科書である。この右翼団体は一九九七年に結成されたが、その目的は基本的に、戦時の行動についての非難から日本を免れさせることと、「日本にその誇りを失わせる」「自虐的」な教科書だと会が考えるものに対する代替物を出して、若者の間に熱烈な天皇中心の国家主義の普及を促進させようとすることである。承認の条件として教科書審議会は、その歴史教科書の一三七ヵ所を修正することを求めた。腹立たしい文章で扱われているいくつかの問題は、南京大虐殺、韓国の力による併合（一九一〇年）、従軍慰安婦、天皇神話、そして一九二三年の関東大震災後の朝鮮人と中国人の集団虐殺などである。影響力の強い『朝日新聞』は、この会が「提供するものはバランスを欠いている。教室で使うには不適切と考える」と述べている。中国と韓国は公式に抗議した。

遠山敦子文相は韓国と中国の政府に対して、その抗議については客観的で学術的観点から検討し、必要に応じ変更勧告を出版社に対して出すと約束した。二〇〇一年一〇月ソウル訪問の間小泉首相は、日本の植民地支配による韓国民の苦痛に対し、日本としての深い反省を表明、寛大な金大中韓国大統領は和解の精神からこれを歓迎したが、教科書問題は日韓関係で唯一未解決の問題であると指摘した。おそらくこの論議を放散させるのにもっと強力であったのは、この最も腹立たしい教科書を採用することにしたのがごく少数の学校に過ぎなかったという事実である。

二〇〇二年、日本の戦後史で初めて、すべての教科書の改訂において、一九九九年の法律で公式のものとなった国旗と国歌（「君が代」）について述べることが必要となった。一部の人たちにとっては、この国旗と国歌は依然として天皇制と軍国主義に結び付けられている。多くの日本人にとって国歌の歌詞は、危険というよりも奇妙である。しかしこの法律の強制は、憲法に基づく思想および良心の自由（第一九条）に対する違反、また一九九九年の法案に関する国会審議中に教師はその遵守を強制されないと首相が誠意をもって保証したことに対する違反と見る者もある。二〇〇四年、良心による反対の意思表示をした一部の教師が、卒業式で国歌と国旗に敬意を表さなかったことで罰せられた。

一九六〇年から近年まで、教科書についての国民の論議は、広く採用されている日本史の高校教科書の著者である著名な歴史学者、家永三郎に集中していた。一九六五年、一九六七年と一九八四年、高校教科書検定制度において、彼の本の内容を変更したのは違憲であるとして文部省を訴えた。いろいろな結果を生んだ何十年にもわたる裁判過程において、家永は表現の自由、学問の自由、そして思想の自由に対する侵害を申し立てた。

教科書の中の一言が、微妙な政治上の重大な意味をもつ場合がある。文部省は、日本神道の神話文書の「すべて」が天皇による支配を正当化するための手段と言われているとか、労働者や農民は有名な指導者たちよりも歴史を作った者としての重要度が高いとして書かれているとかいうような、過去についての説明に異議を唱えた。家永はまた、戦時のソ連との中立条約が日本の発議に基づくものであったと主張している。

一九八四年の提訴に関する一九八九年の東京地裁の判決で、家永は一つの点については文部省の権限の濫用に対する補償の裁定を得たが、その他の点については敗訴となった。例えば、七三一部隊の中国人を使った実験についての彼の記述は削除された。法廷外の議論で、文部省は日本の中国への侵入を「進攻」でなく侵略と呼び、南京大虐殺を「混乱」でなく「日本帝国軍」のせいにする家永の見解を認めた。生徒たちにとって教科書は、大人たちが言っていることが真実であると信じてよいものかを表わすのであるから、大きな力をもっている。

中谷自衛官の合祀事件（一九八八年）

自衛隊員で、交通事故で死んだ中谷孝文氏は、自衛隊隊友会の要請と自衛隊地方連絡部（地連）の支援により、一九七二年、神道合祀された。一九七三年、その妻でキリスト教徒の（彼と彼の家族はキリスト教ではなかった）康子さんは、自衛隊の付属機関である隊友会が宗教と国家の分離に違反したと提訴した。合祀の撤回と、自分個人の信教の権利が侵害されたことに対して国と自衛隊隊友会が損害賠償を支払うことを求めた。下級裁判所は損害賠償を認めたが、一九八八年の最高裁と同様、合祀を取り消す必要はないとした。反対意見として、伊藤正巳裁判官はこう述べている。

他者から自己の欲しない刺激によって心を乱されない利益、いわば心の静穏の利益も不法行為法上、被侵害利益となりうるものであり、その呼称や憲法上の根拠はともかくとして、この利益が宗教上の領域において認められるとき、すなわち、宗教上の心の静穏の要求も一つの法的利益たるを失わない。憲法第一三条に基づくものと考えられ……他の宗教でなく神道により、護国寺への合祀を求めた行為は、事実上神道を特別に扱い、神道の［違憲な］助長、促進と考えることができる。［第一三条　すべて国民は、個人として尊重される。生命、自由及び幸福追求に対する国民の権利については、公共の福祉に反しない限り、立法その他の国政の上で、最大の尊重を必要とする。］（ビーア、伊藤、一九九六年）

この事件では、未亡人の願いに対して配慮が相当に足りないことが示されている。神道、自衛隊地連と自衛隊隊友会の間の腹立たしい関係は、将来のこのような問題を避けるために、その後日本全国にわたって修正された。

神道地鎮祭事件（一九七七年）

三番目の訴訟事件で、最高裁はある神道の地鎮祭について、それが宗教的とは言えず、その性質から単に世俗的な慣習なので、憲法上の宗教と国家の分離に違反していないとした（ビーア、伊藤、一九九六年）。明治憲法の下で臣民は宗教の自由を与えられていたが、「宗教」ではないものとして定義されていた国家神道を奉じない自由はなかった。問題の訴訟事件においては、国に正当化されたのは神道の慣習である。一九六五年に市の体育館の建設開始前に津市は四人の神道の神主に地鎮祭をさせ、四人は市の資金から支払われた手当を受け取った。市長の招待で地鎮祭に出席した一人の市議会議員が、原告として、公費の返還と、出席を強制されたことによる精神的苦痛に対し、補償を求めて訴えた。

地裁は、地鎮祭が単なる世俗的な慣習で、宗教的であるように見えるだけだと主張して、この訴えを棄却した。名古屋高裁は、神道は憲法上当然に宗教だと認められ、神道、国家、および極端な国家主義が有機的に統合されていた戦前の全期間を通じて効力があった内務省の一九〇七年の指令に厳密に従ったものであるとして、これを覆した。五人の裁判官が強く反対したが、最高裁は、神道の地位を国の世俗的な慣習に引き下げることにより、新たな公共の生命を神道に与えた。似てはいるが政治的意味がより少ない慣習として、米国議会は普通、お祈りと共に聖職者によって開かれる。

神道のお祭、結婚式、地鎮祭そしてその他の儀式は一般に、日本文化に深く根付いた楽しい一面である。しかし憲法と政治の領域においては、対立を生む可能性のある国家主義を匿う場所とされた。近代以前の天皇は普通、平民によって崇められもしなければ、あまり注意の的となることすらもなかったが、裕仁天皇の戦前の時代までには、神聖化された天皇制、軍部、そして市民の自由の抑圧は、一体となって日本の憲法のイメージを形作っていた。学校では、日本人であることは忠実に「国家神道」を奉じることであると教えた。

戦後、これら三つの要素のどれか一つを復活させようと求めることは、他の二つも変えることを意味すると取られることが多かった。天皇の地位を高めることは、好ましくない再軍備と人権の危機を意味したし、再軍備は、抑圧の復活と天皇崇拝を行く手に浮かび上がらせ、権利の抑圧は、国の内外における天皇中心の軍国主義が復活する恐れを暗に意味した。一九五〇年頃より、国家主義者が天皇制を利用する可能性はかなり減った。しかし憲法により人権を尊重する日本の制度の強さは、依然として国際平和主義の維持に相当程度依存しているのかも知れない。

参考文献目録

その枠内で憲法と人権法の問題が起こるような背景となる事実と、社会政治事情の双方を伝えるような著作が選ばれている。本文で出典が書かれていない場合、出所は日本の新聞で、『朝日新聞』であることが一番多い。戦時を思い起こさせるものも、現在の憲法論議の解明に役立つので、挙げられている。

David H. Bayley, *Forces of Order : Police Behavior in Japan and the United States* (Berkeley : University of

California Press, 1976). 優れた著作。地域社会の警察活動強化運動に影響力をもつ。

________, "Modern Public Safety : Can East Meet West ?" unpublished paper, School of Criminal Justice, SUNY Albany, May 1995.

________, *Police for the Future* (New York : Oxford University Press, 1996).

Lawrence W. Beer, *Freedom of Expression in Japan : A Study in Comparative Law, Politics, and Society* (Tokyo : Kodansha International, 1984). 包括的研究。

John Braithwaite, *Crime, Shame, and Reintegration* (Cambridge : Cambridge University Press, 1989). 日本の犯罪学の実証に基づく一般的理論。

John Creighton Campbell and Naoki Ikegami, *The Art of Balance in Health Policy : Maintaining Japan's Low-Cost Egalitarian System* (Cambridge : Cambridge University Press, 1998).

William K. Cummings, *Education and Equality in Japan* (Princeton : Princeton University Press, 1980).

Edward J. Drea, *In the Service of the Emperor : Essays on the Imperial Japanese Army* (Lincoln : University of Nebraska Press, 1998).

Eric Feldman, *The Ritual of Rights in Japanese Law, Society, and Health Policy* (Cambridge : Cambridge University Press, 2000).

Frances Fitzgerald, *America Revised : History Schoolbooks in the Twentieth Century* (New York : Vintage, 1980).

Daniel Foote, "The Benevolent Paternalism of Japanese Criminal Justice," *California Law Review* 80, no. 2 (1992).

Foreign Press Center, Japan, *Facts and Figures of Japan, 2000 Edition* (Tokyo : Foreign Press Center, 2000).

V. Lee Hamilton and Joseph Sanders, *Everyday Justice : Responsibility and the Individual in Japan and the United States* (New Haven : Yale University Press, 1992).

Laura Hein and Mark Selden (eds.), *Censoring History : Citizenship and Memory in Japan, Germany, and the United States* (Armonk, N. Y. : M. E. Sharpe, 2000).

Higuchi Yoichi (ed.), *Five Decades of Constitutionalism in Japanese Society* (Tokyo : University of Tokyo Press, 2001).

Nobutaka Inoue, *Contemporary Japanese Religion*, About Japan Series, no. 25 (Tokyo : Foreign Press Center, 2000).

Honda Katsuichi, *The Nanjing Massacre : A Japanese Journalist Confronts Japan's National Shame*, Frank Gibney (ed.), Karen Sandness (trans.), (Armonk, N. Y. : M. E. Sharpe, 1999).

Ienaga Saburo, *Japan's Past, Japan's Future*, Richard H. Minear (trans.), (Boulder : Rowman and Littlefield, 2001).

Sumiko Iwao, *The Japanese Woman : Traditional Image and Changing Realities* (Cambridge : Harvard University Press, 1993).

Yuji Iwasawa, *International Law, Human Rights, and Japanese Law* (Oxford : Clarendon, 1998). 国際人権法の、日本国内法に対する影響を論じている。

Japan Institute for Social and Economic Affairs, *Japan 2001 : An International Comparison* (Tokyo : Keizai Koho Center, December 2000).

David T. Johnson, *Prosecuting Crime in Japan* (Oxford : Oxford University Press, 2001).

Ellis Krauss, *Broadcasting Politics in Japan* (Ithaca : Cornell University Press, 2000).

Robert Leesma and Herbert Walberg (eds.), *Japanese Educational Productivity* (Ann Arbor : Center for Japanese Studies, University of Michigan, 1992).

Mark A. Levin, "Essential Commodities and Racial Justice : Using Constitutional Protection of Japan's Indigenous Ainu People to Inform Understandings of the United States and Japan,' *New York University Journal of International Law and Politics* 33, No. 2 (2001).

James W. Loewen, *Lies My Teacher Told Me* (New York : Touchstone, 1995).

Susan O. Long (ed.), *Caring for the Elderly in Japan and the U. S. : Practices and Policies* (London : Routledge, 2000).

宮沢俊義『日本国憲法』(東京：日本評論新社、一九六三年)。

John K. Nelson, *Enduring Identities : The Guise of Shinto in Contemporary Japan* (Honolulu : University of Hawaii Press, 2001).

日本新聞協会(編集)『日本の新聞』(東京：日本新聞協会、二〇〇四年版)。

David M. O'Brien and Yasuo Ohkoshi, *To Dream of Dreams : Religious Freedom and Constitutional Politics in Postwar Japan* (Honolulu : University of Hawaii Press, 1996).

Keinosuke Ohki, "Broadcast and Human Rights/Other Related Rights Organization (BRO) Founded in Japan," *NHK Broadcasting Culture and Research*, no. 3 (1998).

Susan J. Pharr and Ellis S. Krauss (eds.), *Media and Politics in Japan* (Honolulu : University of Hawaii Press, 1996).

Edwin O. Reischauer and Marius Jansen, *The Japanese Today* (Cambridge : Harvard University Press, 1995).

Lawrence Repeta, *Local Government Disclosure Systems in Japan* (Seattle : National Bureau of Asian Research,

1999).

Joseph E. Stiglitz, "Democratic Development as the Fruits of Labor," Boston, American Economic Association, January 2000.

Kazuo Sugeno, *Japanese Labor Law*, Leo Kanowitz (trans.), (Seattle : University of Washington Press, 1992).

Noel Williams, *The Right to Life in Japan* (New York : Routledge, 1997).

World Health Organization, "Health Systems : Improving Performance," a report (Washington, D. C. : WHO, 2001).

Yamazaki Masakazu, *Individualism and the Japanese : An Alternative Approach to Cultural Comparison*, Barbara Sugihara (trans.), (Tokyo : Japan Echo, 1994).

Yoshimi Yoshiaki, *Comfort Women : Sexual Slavery in the Japanese Military During World War II*, Suzanne O'Brien (trans.), (New York : Columbia University Press, 2000).

8 天皇神話から立憲民主主義へ

徳川幕府の「生きた憲法」の下での、何世紀もの鎖国と封建幕藩体制の後で、一八五〇年代に日本は欧米の国民国家からの軍事的、文化的挑戦に対して開国せざるを得なくなった。一八八九年までに、日本政府は新たに神格化された天皇を中心とする立憲制度を考え出し、一八九四年から一九四五年の間に、日本の近代的な軍隊に大きな権力を与えた。その後明治憲法の下で日本は、神性を付与された外交政策の手段として戦争を使う蛮行に至った。一九四五年以降、国民を主権者として、国は平和、礼節、そして繁栄を追求し、それらを達成してきた。過去一三〇年の間に、日本は二つのかなり異なる近代国民国家を経験してきた。

その中でも伊藤博文が最も卓越した存在であるが、明治時代の少数の指導者たちは、一八八九年に明治憲法を完成するまでに外国の憲法の概念を積極的に研究した。一九四六年、米国側と日本側が一九四七年の昭和憲法の制定に力を合わせたとき、日本側の現在の立憲制度創設者は、占領軍の職員よりも近代の欧州の憲法に関する思想と実務を詳しく知っていた。憲法は日本に「押し付けられた」ものではないが、敗戦と占領がなかったならば、日本が早期に革新的な民主憲法をもった可能性は少ない。この現実は日本で広く認められており、普通は喜ばれている。

明治憲法の下では、個々の臣民の権利は人権ではなく、思いやりのある主権者の天皇から賜った法律的に限定された権利であった。一九四七年に役割は逆転した。今や、皇室の制度は主権をもつ国民の容認の上に存在している。市民の一人一人は、人間であるということだけで多くの権利をもっている。この権利の革命と軍国主義から国際平和主義への根本的な変革により、政府、法律、政治、そして社会の基本が変わった。

他の要因にも支えられて、日本国憲法は、多くの具体的な方法で、長期間にわたり重大な変化を作り出してきた。非常に平和的な国際関係や、いかにゆっくりと達成されているとは言え、常に前進する社会の開放度や、政党制度やその他多くの文化的、社会的取り組みの領域における極めて多様な意見や、以前よりはるかに積極的な地方政府や、一層の両性間の平等や、マイノリティー問題への公的、社会的配慮の増大や、強く、自信に満ちて、独立した裁判所制度や、言論、報道、および一般のマス・メディアの更なる自由度や、信教の自由や、宗教と国家のさらなる分離や学問の自由や、保健介護サービスや教育機会の改善、拡大や、労働条件の改善や、前例のない繁栄や、個人の権利意識の向上や、これらの権利や個人的な利害を前にも増して進んで主張することや、流血なしに市民を代表する政府を選ぶ民主的な選挙が切れ目なく続いていることなどである。

これらすべては、日本、米国、あるいはその他の国々における立憲民主主義が完全に達成されたり、永久に続いたりするという信念を示唆しようとするものではない。二〇〇四年、警察隊の一部が、政府のイラク戦争関係政策に反対する五一団体の連合、WORLD PEACE NOW が主催した七月四日の生き生きと熱心で平和的なデモに、ときどき過剰に反応した。日本のお話は悲しい結末となることが多いが、無分別な憲法の改正が行われたり、東アジアの国際関係が不安定になったり、経済が最悪の事態になったりしない限り、最近の歴史は希望のための確固たる理由を与えてくれている。

憲法調査会　一九五七〜二〇〇四年

日本国憲法が一九四七年五月三日に施行されて以来、保守派政党は、それが「占領のときに押し付けられたものだ」として、その改正ないし改定を断続的に求めてきた。憲法第九六条により、衆議院、参議院それぞれの議員の三分の二以上の賛成と、その後の特別の国民投票あるいは普通選挙での投票者の過半数の賛成が改正には必要である。どの政党も、国会における必要な多数を得たり、広汎な国民の支持を受けたりしたものはない。おそらく奇妙に思えるだろうが、与党は何十年もの間、その党員の一部がもつ憲法改正の願望の故にでなく、そのような願望にも拘らず選出されてきた。野党は一般的に言って、改正には反対であったが、他の政策の理由で投票者に対する訴えに欠けた。憲法改正の試みは、一貫して失敗であった。

一九五六年六月、与党自民党は憲法調査会を設立する法律を可決させた。法律の規定では、衆議院議員二〇名、規模の小さい参議院から一〇名、そして「学識経験者」二〇名から成る五〇名が委員となる。会長は、著名な英米法の専門家である東大の高柳賢三教授であった。民間の「憲法問題研究会」の委員など、一部の憲法学者は協力を拒否した。日本社会党や日本共産党のような少数政党は、調査会の使命が改正にあるとの理由で割り当てられた席を埋めることを拒否した。

しかし法律の規定では、調査会の任務は憲法とそれに関連した諸問題を研究、調査、審議して、「その結果を内閣及び内閣を通じて国会に報告する」ことであった。一九五七年から一九六四年の間に調査会は、占領下の立案と発布という論議を呼ぶ問題を含め、憲法のあらゆる面についての大規模調査を行った。会議と審議について何百もの報告書が作成され、これらを政府の印刷局が出版して、低価で一般国民向けに販売された。幹部会を除き、すべての会議は一般に公開された。

個々の市民と諸団体の代表は全国での公開聴聞会でその意見を表明し、憲法の下での経験を語った。このプロセスは一種の日本の「憲法制定議会」となり、先を急がない徹底的な議論を通して意見の一致を作り上げて行った。政府の形態について、国民が自由に表明した意思が明らかにされた。おそらくは調査会の仕事により、日本の憲法が日本でなく、遠い昔の「連合軍による占領」に根ざしているという改正論者の主張は疑わしく、説得力に欠けるものとなった。

メディアは広く取材、報道し、学術雑誌はかなりの分析を行った。憲法学者と憲法関連の問題に絡む任務を帯びた政府官僚の間で大規模な協議が行われ、日本の憲法問題、一般的な憲法問題の双方についての外国の専門家の意見が求められた。

調査会と反対意見の研究会の双方に参加した佐藤功教授の筆になる調査会の最終報告書は、八八二頁の本文および二七九頁の付表と貴重な事実に基づく資料から成り、一一六一頁に及んだ。報告書は一九六四年八月一三日に池田勇人首相に提出されたが、その頃日本は東京オリンピックと急成長経済の奇跡に夢中になっていた。

七年間立派に調査会会長の役を果たした高柳教授は、憲法は押し付けられた文書ではなく、占領側の職員と日本側の立案者による共同作業の産物で、それは「生きている憲法」であり、健在、健全で、改定あるいは改正の必要はないとの結論を出した。調査会は、改正の提言はしなかったが、高柳がその後語ったところによると、それはそのような提言が政策事項で、調査会の権限を超えるものであったからである。また彼が指摘したところによると、初期の会議において「しかるべき審議の後で全会一致とならない場合、調査会は多数決によらない」ことに決めていた。参加者の大多数は改正論者であったが（多くの改正反対論者が、調査会に参加することを拒否したため）、最終報告書には改正論者と改正反対論者双方の意見が記載されている。

調査会の作業により、さまざまな点の改正に対する支持があることが分かったが、戦争の放棄、国民主権、そして基本的人権の保障という基本原則はほとんど全員一致で支持された。占領体制と憲法に関するその行動に対しては、強い怒りは示されなかった。憲法について、調査で発見された重大な欠陥や脱落はなかったが、もし憲法が勝ち誇る戦勝国によって高飛車に押し付けられたものであったならば、そのような見解は望めなかっただろう。ひいては、この点が分かったことで、憲法が敗戦国と戦勝国双方の側の創意に満ちた協力的努力の結果できたものだという本書で述べられた意見が、裏付けられたと言えよう。高柳教授はこの合作説を強く支持した。

改正の動きは弱まったが、自民党員の多く（決して全部ではない）は日本の再軍備、天皇の地位の引き上げ、そして昔の家族制度の強化を支持し続けていた。改正は三五年ばかりの間、政治問題としては休眠したままであった。一九九九年、自民党と三つの小党が国会調査委員会の設立を規定するよう、国会法を改正した。二つの憲法調査会が設立された。両院の議員総数の差を考慮に入れて、衆議院の調査会は五〇名の委員とし、参議院の調査会は四五名とした。これらの委員会には、「広汎で包括的な」調査を行い、国会に法案を提出でなく、推薦することが認められた。それぞれの議長に別の報告書を出すことが求められ、両議長はそれから討議し、場合によっては議決するために、報告書を提出する。これらの委員会は、内閣につながっておらず、独立の「学識経験者」を含まないという点で昔の憲法調査会とは違っていた。

二〇〇〇年から調査会は公聴会を開き、代表的な専門家を招いて意見を提出するよう求めた。最初の頃の調査会では、国民主権と基本的人権に対する支持でほとんど全会一致となった。現在の調査会はこれらの原則について、これまで見つからなかったいくつかの欠陥や脱落（例えば、プライバシーや健康的な環境をもつ権利）を探すことになる。二〇〇四年の論争のほとんどは、第6章で論じたように、第九条の平和条項を修正すべきかどうか、修正するならどのように修正すべきかに集中した。

調査会の仕事は何年も続き、二〇〇五年にはその結果として何らかの歴史的進展があるかも知れない。尊敬されている日本の憲法学者の多くは、この立法府の検討作業の必要性ないしは有用性に対して依然疑問を抱いている。いずれにしろ、国の内外における日本の法律上、政治上、社会的そして経済的生活は現在、政治的には深く分裂し、戦争と占領の記憶がかなり生々しかった一九五七〜一九六四年の時代とは相当に違っている。民間部門では全国紙、雑誌が、一九九〇年代以降競争して何らかの憲法改正に対する賛成あるいは反対の提言を出してきた。重要な例は、やや保守的な『読売新聞』（一九九四年一一月三日）と進歩的な『朝日新聞』（一九九五年五月一日）のものである。二〇〇四年、主要政党は憲法改正の提案の草案を作成していた。その特徴とは異なるが、主要な経済団体の日本経団連は日本国憲法についての自らの意見を作り上げるために、委員会を設立した。条文の一部修正は二〇〇四年にはまだはっきりしてはいないが、過去におけるように政治的に考えられないということではもはやない。新しい問題も出てきた。

二一世紀における憲法論議

憲法は継続する国民的議論の要因を設定してきた。二〇〇四年に広く議論されている問題の中には、次のようなものがある。第九条の下で、仮にそうするとしてもどの程度まで、日本は米国と協力しての自衛の目的で、あるいは国連の平和維持活動へ、さらには紛争解決活動への参加拡大のために、軍備をもつことができるだろうか。第九条は改正されるべきか。それには、大量破壊のための核兵器、化学兵器、そして生物兵器の生産、輸入、そして使用を拒否する条項が含まれるべきか。憲法はプライバシーあるいは環境についての権利、義務または他の諸権利を明示的に認めるべきか。男女共同参画会議はその五年間の調査の後で、女性の地位についてどのように改善するかを提言すべきか（第7章で触れた）。

新しい情報技術を考えると、法律と社会は政府あるいは個々の市民についての表現または情報の入手を、どのような内容と活動に関して規制すべきか。憲法は新しい政府機関を設立すべきか（例えば、二〇〇一年に提言のあった、独立の「人権保護庁」、あるいは憲法裁判所）。総理大臣は、投票者が直接選挙すべきか。もしそうなら、この直接選挙と内閣・国会制度の整合性はどうなるだろうか。そのような問題のはとんどあるいはすべては、司法の決定または立法の展開に任せられるべきか。第5章で説明した司法改革に関し、憲法が公正に機能するためには、弁護士、検事、そして判事の数はどの程度大幅に、どの程度早急に、そしてどんな教育の経路を経て、増やさなければならないのか。

海外に住む何十万人もの日本人の投票権が、有効に尊重されるようになるのは何時か。在日永住外国人に、日本全国で投票権と地方選挙での公職への立候補が認められるべきか（二〇〇二年一月、滋賀県米原の町議会は外国人の居住者に、近隣の町と合併する案に関する住民投票への参加是認を可決したが、これは外国人に限定的な投票権を与える最初の事例となった）。国政選挙ではどうか。外国人は公務員の、さらには政府の行政官の地位に能力ベースで雇われる資格を与えられるべきか（一九五三年に作られたそのような地位についての国籍要件を、廃止する県や市の数が増加している）。教科書や国内外での政府の政策発言において、不愉快な戦時の歴史は、どのように扱われるべきか。近代における日本の戦没者を政治的に中立な方法で追悼するには、どのようにすればよいか。これらの疑問はみな、日本における日常の憲法論議の問題である。

日本が二一世紀を迎えるにあたり、国民はしっかりとした経済的成果と、世界中での文明の進歩や法と立憲政治のルールに基づく野蛮な行為の抑制など、人類の課題の最も基本的なものに対する貢献が、半世紀以上にわたって見られたことを追想することができよう。多くの日本人が感じている誇りに同調して、女性政治家の大脇雅子は、「この憲法は事実上、日本の独自性を示すものとなった。二一世紀に光を放つ憲法として、世界に伝えられるべきである」ということができたのである。

日本国民、国家、民主的立憲政治、戦争の放棄と国際紛争解決にあたっての武力の使用ないしは武力による脅しの平和主義的放棄は、国の憲法と密接に結び付いている。暴力的で軍国主義的な過去から日本が決別できたことは、一部の国々にとって日本を人類社会の平和的で責任ある一員としての有益で現実的なモデルとしている。

付　録——文書

大日本帝国憲法　一八八九年

上諭

朕祖宗ノ遺烈ヲ承ケ万世一系ノ帝位ヲ践ミ朕カ親愛スル所ノ臣民ハ即チ朕カ祖宗ノ恵撫慈養シタマヒシ所ノ臣民ナルヲ念ヒ其ノ康福ヲ増進シ其ノ懿徳良能ヲ発達セシメムコトヲ願ヒ又其ノ翼賛ニ依リ与ニ倶ニ国家ノ進運ヲ扶持セムコトヲ望ミ乃チ明治十四年十月十二日ノ詔命ヲ履践シ茲ニ大憲ヲ制定シ朕カ率由スル所ヲ示シ朕カ後嗣及臣民及臣民ノ子孫タル者ヲシテ永遠ニ循行スル所ヲ知ラシム

国家統治ノ大権ハ朕カ之ヲ祖宗ニ承ケテ之ヲ子孫ニ伝フル所ナリ朕及朕カ子孫ハ将来此ノ憲法ノ条章ニ循ヒ之ヲ行フコトヲ愆ラサルヘシ

朕ハ我カ臣民ノ権利及財産ノ安全ヲ貴重シ及之ヲ保護シ此ノ憲法及法律ノ範囲内ニ於テ其ノ享有ヲ完全ナラシムヘキコトヲ宣言ス

帝国議会ハ明治二十三年ヲ以テ之ヲ召集シ議会開会ノ時ヲ以テ此ノ憲法ヲシテ有効ナラシムルノ期トスヘシ

将来若此ノ憲法ノ或ル条章ヲ改定スルノ必要ナル時宜ヲ見ルニ至ラハ朕及朕カ継統ノ子孫ハ発議ノ権ヲ執リ之ヲ議会ニ付シ議会ハ此ノ憲法ニ定メタル要件ニ依リ之ヲ議決スルノ外朕カ子孫及臣民ハ敢テ之カ紛更ヲ試ミルコトヲ得サルヘシ

朕カ在廷ノ大臣ハ朕カ為ニ此ノ憲法ヲ施行スルノ責ニ任スヘク朕カ現在及将来ノ臣民ハ此ノ憲法ニ対シ永遠ニ従順ノ義務ヲ負フヘシ

大日本帝国憲法

第一章　天皇

第一条　大日本帝国ハ万世一系ノ天皇之ヲ統治ス
第二条　皇位ハ皇室典範ノ定ムル所ニ依リ皇男子孫之ヲ継承ス
第三条　天皇ハ神聖ニシテ侵スヘカラス
第四条　天皇ハ国ノ元首ニシテ統治権ヲ総攬シ此ノ憲法ノ条規ニ依リ之ヲ行フ
第五条　天皇ハ帝国議会ノ協賛ヲ以テ立法権ヲ行フ
第六条　天皇ハ法律ヲ裁可シ其ノ公布及執行ヲ命ス
第七条　天皇ハ帝国議会ヲ召集シ其ノ開会閉会停会及衆議院ノ解散ヲ命ス
第八条　天皇ハ公共ノ安全ヲ保持シ又ハ其ノ災厄ヲ避クル為緊急ノ必要ニ由リ帝国議会閉会ノ場合ニ於テ法律ニ代ルヘキ勅令ヲ発ス
　此ノ勅令ハ次ノ会期ニ於テ帝国議会ニ提出スヘシ若議会ニ於テ承諾セサルトキハ政府ハ将来ニ向テ其ノ効力ヲ失フコトヲ公布スヘシ
第九条　天皇ハ法律ヲ執行スル為ニ又ハ公共ノ安寧秩序ヲ保持シ及臣民ノ幸福ヲ増進スル為ニ必要ナル命令ヲ発シ又ハ発セシム但シ命令ヲ以テ法律ヲ変更スルコトヲ得ス
第十条　天皇ハ行政各部ノ官制及文武官ノ俸給ヲ定メ及文武官ヲ任免ス但シ此ノ憲法又ハ他ノ法律ニ特例ヲ掲ケタルモノハ各〻其ノ条項ニ依ル
第十一条　天皇ハ陸海軍ヲ統帥ス

第十二条　天皇ハ陸海軍ノ編制及常備兵額ヲ定ム
第十三条　天皇ハ戦ヲ宣シ和ヲ講シ及諸般ノ条約ヲ締結ス
第十四条　天皇ハ戒厳ヲ宣告ス
　戒厳ノ要件及効力ハ法律ヲ以テ之ヲ定ム
第十五条　天皇ハ爵位勲章及其ノ他ノ栄典ヲ授与ス
第十六条　天皇ハ大赦特赦減刑及復権ヲ命ス
第十七条　摂政ヲ置クハ皇室典範ノ定ムル所ニ依ル
　摂政ハ天皇ノ名ニ於テ大権ヲ行フ

第二章　臣民権利義務

第十八条　日本臣民タルノ要件ハ法律ノ定ムル所ニ依ル
第十九条　日本臣民ハ法律命令ノ定ムル所ノ資格ニ応シ均ク文武官ニ任セラレ及其ノ他ノ公務ニ就クコトヲ得
第二十条　日本臣民ハ法律ノ定ムル所ニ従ヒ兵役ノ義務ヲ有ス
第二十一条　日本臣民ハ法律ノ定ムル所ニ従ヒ納税ノ義務ヲ有ス
第二十二条　日本臣民ハ法律ノ範囲内ニ於テ居住及移転ノ自由ヲ有ス
第二十三条　日本臣民ハ法律ニ依ルニ非スシテ逮捕監禁審問処罰ヲ受クルコトナシ
第二十四条　日本臣民ハ法律ニ定メタル裁判官ノ裁判ヲ受クルノ権ヲ奪ハルヽコトナシ
第二十五条　日本臣民ハ法律ニ定メタル場合ヲ除ク外其ノ許諾ナクシテ住所ニ侵入セラレ及捜索セラルヽコトナシ
第二十六条　日本臣民ハ法律ニ定メタル場合ヲ除ク外信書ノ秘密ヲ侵サルヽコトナシ
第二十七条　日本臣民ハ其ノ所有権ヲ侵サルヽコトナシ

公益ノ為必要ナル処分ハ法律ノ定ムル所ニ依ル

第二十八条　日本臣民ハ安寧秩序ヲ妨ケス及臣民タルノ義務ニ背カサル限ニ於テ信教ノ自由ヲ有ス

第二十九条　日本臣民ハ法律ノ範囲内ニ於テ言論著作印行集会及結社ノ自由ヲ有ス

第三十条　日本臣民ハ相当ノ敬礼ヲ守リ別ニ定ムル所ノ規程ニ従ヒ請願ヲ為スコトヲ得

第三十一条　本章ニ掲ケタル条規ハ戦時又ハ国家事変ノ場合ニ於テ天皇大権ノ施行ヲ妨クルコトナシ

第三十二条　本章ニ掲ケタル条規ハ陸海軍ノ法令又ハ紀律ニ牴触セサルモノニ限リ軍人ニ準行ス

第三章　帝国議会

第三十三条　帝国議会ハ貴族院衆議院ノ両院ヲ以テ成立ス

第三十四条　貴族院ハ貴族院令ノ定ムル所ニ依リ皇族華族及勅任セラレタル議員ヲ以テ組織ス

第三十五条　衆議院ハ選挙法ノ定ムル所ニ依リ公選セラレタル議員ヲ以テ組織ス

第三十六条　何人モ同時ニ両議院ノ議員タルコトヲ得ス

第三十七条　凡テ法律ハ帝国議会ノ協賛ヲ経ルヲ要ス

第三十八条　両議院ハ政府ノ提出スル法律案ヲ議決シ及各〻法律案ヲ提出スルコトヲ得

第三十九条　両議院ノ一ニ於テ否決シタル法律案ハ同会期中ニ於テ再ヒ提出スルコトヲ得ス

第四十条　両議院ハ法律又ハ其ノ他ノ事件ニ付キ各〻其ノ意見ヲ政府ニ建議スルコトヲ得但シ其ノ採納ヲ得サルモノハ同会期中ニ於テ再ヒ建議スルコトヲ得ス

第四十一条　帝国議会ハ毎年之ヲ召集ス

第四十二条　帝国議会ハ三箇月ヲ以テ会期トス必要アル場合ニ於テハ勅命ヲ以テ之ヲ延長スルコトアルヘシ

第四十三条　臨時緊急ノ必要アル場合ニ於テ常会ノ外臨時会ヲ召集スヘシ

臨時会ノ会期ヲ定ムルハ勅命ニ依ル

第四十四条　帝国議会ノ開会閉会会期ノ延長及停会ハ両院同時ニ之ヲ行フヘシ

衆議院解散ヲ命セラレタルトキハ貴族院ハ同時ニ停会セラルヘシ

第四十五条　衆議院解散ヲ命セラレタルトキハ勅命ヲ以テ新ニ議員ヲ選挙セシメ解散ノ日ヨリ五箇月以内ニ之ヲ召集スヘシ

第四十六条　両議院ハ各〻其ノ総議員三分ノ一以上出席スルニ非サレハ議事ヲ開キ議決ヲ為スコトヲ得ス

第四十七条　両議院ノ議事ハ過半数ヲ以テ決ス可否同数ナルトキハ議長ノ決スル所ニ依ル

第四十八条　両議院ノ会議ハ公開ス但シ政府ノ要求又ハ其ノ院ノ決議ニ依リ秘密会ト為スコトヲ得

第四十九条　両議院ハ各〻天皇ニ上奏スルコトヲ得

第五十条　両議院ハ臣民ヨリ呈出スル請願書ヲ受クルコトヲ得

第五十一条　両議院ハ此ノ憲法及議院法ニ掲クルモノヽ外内部ノ整理ニ必要ナル諸規則ヲ定ムルコトヲ得

第五十二条　両議院ノ議員ハ議院ニ於テ発言シタル意見及表決ニ付院外ニ於テ責ヲ負フコトナシ但シ議員自ラ其ノ言論ヲ演説刊行筆記又ハ其ノ他ノ方法ヲ以テ公布シタルトキハ一般ノ法律ニ依リ処分セラルヘシ

第五十三条　両議院ノ議員ハ現行犯罪又ハ内乱外患ニ関ル罪ヲ除ク外会期中其ノ院ノ許諾ナクシテ逮捕セラルヽコトナシ

第五十四条　国務大臣及政府委員ハ何時タリトモ各議院ニ出席シ及発言スルコトヲ得

第四章　国務大臣及枢密顧問

第五十五条　国務各大臣ハ天皇ヲ輔弼シ其ノ責ニ任ス

凡テ法律勅令其ノ他国務ニ関ル詔勅ハ国務大臣ノ副署ヲ要ス

第五十六条　枢密顧問ハ枢密院官制ノ定ムル所ニ依リ天皇ノ諮詢ニ応ヘ重要ノ国務ヲ審議ス

第五章　司法

第五十七条　司法権ハ天皇ノ名ニ於テ法律ニ依リ裁判所之ヲ行フ
裁判所ノ構成ハ法律ヲ以テ之ヲ定ム

第五十八条　裁判官ハ法律ニ定メタル資格ヲ具フル者ヲ以テ之ニ任ス
裁判官ハ刑法ノ宣告又ハ懲戒ノ処分ニ由ルノ外其ノ職ヲ免セラルヽコトナシ
懲戒ノ条規ハ法律ヲ以テ之ヲ定ム

第五十九条　裁判ノ対審判決ハ之ヲ公開ス但シ安寧秩序又ハ風俗ヲ害スルノ虞アルトキハ法律ニ依リ又ハ裁判所ノ決議ヲ以テ対審ノ公開ヲ停ムルコトヲ得

第六十条　特別裁判所ノ管轄ニ属スヘキモノハ別ニ法律ヲ以テ之ヲ定ム

第六十一条　行政官庁ノ違法処分ニ由リ権利ヲ傷害セラレタリトスルノ訴訟ニシテ別ニ法律ヲ以テ定メタル行政裁判所ノ裁判ニ属スヘキモノハ司法裁判所ニ於テ受理スルノ限ニ在ラス

第六章　会計

第六十二条　新ニ租税ヲ課シ及税率ヲ変更スルハ法律ヲ以テ之ヲ定ムヘシ
但シ報償ニ属スル行政上ノ手数料及其ノ他ノ収納金ハ前項ノ限ニ在ラス
国債ヲ起シ及予算ニ定メタルモノヲ除ク外国庫ノ負担トナルヘキ契約ヲ為スハ帝国議会ノ協賛ヲ経ヘシ

第六十三条　現行ノ租税ハ更ニ法律ヲ以テ之ヲ改メサル限ハ旧ニ依リ之ヲ徴収ス

第六十四条　国家ノ歳出歳入ハ毎年予算ヲ以テ帝国議会ノ協賛ヲ経ヘシ

予算ノ款項ニ超過シ又ハ予算ノ外ニ生シタル支出アルトキハ後日帝国議会ノ承諾ヲ求ムルヲ要ス

第六十五条　予算ハ前ニ衆議院ニ提出スヘシ

第六十六条　皇室経費ハ現在ノ定額ニ依リ毎年国庫ヨリ之ヲ支出シ将来増額ヲ要スル場合ヲ除ク外帝国議会ノ協賛ヲ要セス

第六十七条　憲法上ノ大権ニ基ツケル既定ノ歳出及法律ノ結果ニ由リ又ハ法律上政府ノ義務ニ属スル歳出ハ政府ノ同意ナクシテ帝国議会之ヲ廃除シ又ハ削減スルコトヲ得ス

第六十八条　特別ノ須要ニ因リ政府ハ予メ年限ヲ定メ継続費トシテ帝国議会ノ協賛ヲ求ムルコトヲ得

第六十九条　避クヘカラサル予算ノ不足ヲ補フ為ニ又ハ予算ノ外ニ生シタル必要ノ費用ニ充ツル為ニ予備費ヲ設クヘシ

第七十条　公共ノ安全ヲ保持スル為緊急ノ需用アル場合ニ於テ内外ノ情形ニ因リ政府ハ帝国議会ヲ召集スルコト能ハサルトキハ勅令ニ依リ財政上必要ノ処分ヲ為スコトヲ得

前項ノ場合ニ於テハ次ノ会期ニ於テ帝国議会ニ提出シ其ノ承諾ヲ求ムルヲ要ス

第七十一条　帝国議会ニ於テ予算ヲ議定セス又ハ予算成立ニ至ラサルトキハ政府ハ前年度ノ予算ヲ施行スヘシ

第七十二条　国家ノ歳出歳入ノ決算ハ会計検査院之ヲ検査確定シ政府ハ其ノ検査報告ト倶ニ之ヲ帝国議会ニ提出スヘシ

会計検査院ノ組織及職権ハ法律ヲ以テ之ヲ定ム

第七章　補則

第七十三条　将来此ノ憲法ノ条項ヲ改正スルノ必要アルトキハ勅命ヲ以テ議案ヲ帝国議会ノ議ニ付スヘシ

此ノ場合ニ於テ両議院ハ各〻其ノ総員三分ノ二以上出席スルニ非サレハ議事ヲ開クコトヲ得ス出席議員三分ノ二

以上ノ多数ヲ得ルニ非サレハ改正ノ議決ヲ為スコトヲ得ス

第七十四条　皇室典範ノ改正ハ帝国議会ノ議ヲ経ルヲ要セス

皇室典範ヲ以テ此ノ憲法ノ条規ヲ変更スルコトヲ得ス

第七十五条　憲法及皇室典範ハ摂政ヲ置クノ間之ヲ変更スルコトヲ得ス

第七十六条　法律規則命令又ハ何等ノ名称ヲ用ヰタルニ拘ラス此ノ憲法ニ矛盾セサル現行ノ法令ハ総テ遵由ノ効力ヲ有ス

歳出上政府ノ義務ニ係ル現在ノ契約又ハ命令ハ総テ第六十七条ノ例ニ依ル

日本国憲法　一九四七年

日本国民は、正当に選挙された国会における代表者を通じて行動し、われらとわれらの子孫のために、諸国民との協和による成果と、わが国全土にわたつて自由のもたらす恵沢を確保し、政府の行為によつて再び戦争の惨禍が起ることのないやうにすることを決意し、ここに主権が国民に存することを宣言し、この憲法を確定する。そもそも国政は、国民の厳粛な信託によるものであつて、その権威は国民に由来し、その権力は国民の代表者がこれを行使し、その福利は国民がこれを享受する。これは人類普遍の原理であり、この憲法は、かかる原理に基くものである。われらは、これに反する一切の憲法、法令及び詔勅を排除する。

日本国民は、恒久の平和を念願し、人間相互の関係を支配する崇高な理想を深く自覚するのであつて、平和を愛する諸国民の公正と信義に信頼して、われらの安全と生存を保持しようと決意した。われらは、平和を維持し、専制と隷従、圧迫と偏狭を地上から永遠に除去しようと努めてゐる国際社会において、名誉ある地位を占めたいと思ふ。われらは、全世界の国民が、ひとしく恐怖と欠乏から免かれ、平和のうちに生存する権利を有することを確認する。

われらは、いづれの国家も、自国のことのみに専念して他国を無視してはならないのであつて、政治道徳の法則は、普遍的なものであり、この法則に従ふことは、自国の主権を維持し、他国と対等関係に立たうとする各国の責務であると信ずる。

日本国民は、国家の名誉にかけ、全力をあげてこの崇高な理想と目的を達成することを誓ふ。

第一章　天皇

第一条　天皇は、日本国の象徴であり日本国民統合の象徴であつて、この地位は、主権の存する日本国民の総意に基く。

第二条　皇位は、世襲のものであつて、国会の議決した皇室典範の定めるところにより、これを継承する。
第三条　天皇の国事に関するすべての行為には、内閣の助言と承認を必要とし、内閣が、その責任を負ふ。
第四条　天皇は、この憲法の定める国事に関する行為のみを行ひ、国政に関する権能を有しない。
　天皇は、法律の定めるところにより、その国事に関する行為を委任することができる。
第五条　皇室典範の定めるところにより摂政を置くときは、摂政は、天皇の名でその国事に関する行為を行ふ。この場合には、前条第一項の規定を準用する。
第六条　天皇は、国会の指名に基いて、内閣総理大臣を任命する。
　天皇は、内閣の指名に基いて、最高裁判所の長たる裁判官を任命する。
第七条　天皇は、内閣の助言と承認により、国民のために、左の国事に関する行為を行ふ。
一　憲法改正、法律、政令及び条約を公布すること。
二　国会を召集すること。
三　衆議院を解散すること。
四　国会議員の総選挙の施行を公示すること。
五　国務大臣及び法律の定めるその他の官吏の任免並びに全権委任状及び大使及び公使の信任状を認証すること。
六　大赦、特赦、減刑、刑の執行の免除及び復権を認証すること。
七　栄典を授与すること。
八　批准書及び法律の定めるその他の外交文書を認証すること。
九　外国の大使及び公使を接受すること。
十　儀式を行ふこと。

第八条　皇室に財産を譲り渡し、又は皇室が、財産を譲り受け、若しくは賜与することは、国会の議決に基かなければならない。

第二章　戦争の放棄

第九条　日本国民は、正義と秩序を基調とする国際平和を誠実に希求し、国権の発動たる戦争と、武力による威嚇又は武力の行使は、国際紛争を解決する手段としては、永久にこれを放棄する。

前項の目的を達するため、陸海空軍その他の戦力は、これを保持しない。国の交戦権は、これを認めない。

第三章　国民の権利及び義務

第十条　日本国民たる要件は、法律でこれを定める。

第十一条　国民は、すべての基本的人権の享有を妨げられない。この憲法が国民に保障する基本的人権は、侵すことのできない永久の権利として、現在及び将来の国民に与へられる。

第十二条　この憲法が国民に保障する自由及び権利は、国民の不断の努力によつて、これを保持しなければならない。又、国民は、これを濫用してはならないのであつて、常に公共の福祉のためにこれを利用する責任を負ふ。

第十三条　すべて国民は、個人として尊重される。生命、自由及び幸福追求に対する国民の権利については、公共の福祉に反しない限り、立法その他の国政の上で、最大の尊重を必要とする。

第十四条　すべて国民は、法の下に平等であつて、人種、信条、性別、社会的身分又は門地により、政治的、経済的又は社会的関係において、差別されない。

華族その他の貴族の制度は、これを認めない。

栄誉、勲章その他の栄典の授与は、いかなる特権も伴はない。栄典の授与は、現にこれを有し、又は将来これを受ける者の一代に限り、その効力を有する。

第十五条　公務員を選定し、及びこれを罷免することは、国民固有の権利である。

すべて公務員は、全体の奉仕者であつて、一部の奉仕者ではない。

公務員の選挙については、成年者による普通選挙を保障する。

すべて選挙における投票の秘密は、これを侵してはならない。選挙人は、その選択に関し公的にも私的にも責任を問はれない。

第十六条　何人も、損害の救済、公務員の罷免、法律、命令又は規則の制定、廃止又は改正その他の事項に関し、平穏に請願する権利を有し、何人も、かかる請願をしたためにいかなる差別待遇も受けない。

第十七条　何人も、公務員の不法行為により、損害を受けたときは、法律の定めるところにより、国又は公共団体に、その賠償を求めることができる。

第十八条　何人も、いかなる奴隷的拘束も受けない。又、犯罪に因る処罰の場合を除いては、その意に反する苦役に服させられない。

第十九条　思想及び良心の自由は、これを侵してはならない。

第二十条　信教の自由は、何人に対してもこれを保障する。いかなる宗教団体も、国から特権を受け、又は政治上の権力を行使してはならない。

何人も、宗教上の行為、祝典、儀式又は行事に参加することを強制されない。

国及びその機関は、宗教教育その他いかなる宗教的活動もしてはならない。

第二十一条　集会、結社及び言論、出版その他一切の表現の自由は、これを保障する。

検閲は、これをしてはならない。通信の秘密は、これを侵してはならない。

第二十二条　何人も、公共の福祉に反しない限り、居住、移転及び職業選択の自由を有する。

何人も、外国に移住し、又は国籍を離脱する自由を侵されない。

第二十三条　学問の自由は、これを保障する。

第二十四条　婚姻は、両性の合意のみに基いて成立し、夫婦が同等の権利を有することを基本として、相互の協力により、維持されなければならない。

配偶者の選択、財産権、相続、住居の選定、離婚並びに婚姻及び家族に関するその他の事項に関しては、法律は、個人の尊厳と両性の本質的平等に立脚して、制定されなければならない。

第二十五条　すべて国民は、健康で文化的な最低限度の生活を営む権利を有する。

国は、すべての生活部面について、社会福祉、社会保障及び公衆衛生の向上及び増進に努めなければならない。

第二十六条　すべて国民は、法律の定めるところにより、その能力に応じて、ひとしく教育を受ける権利を有する。

すべて国民は、法律の定めるところにより、その保護する子女に普通教育を受けさせる義務を負ふ。義務教育は、これを無償とする。

第二十七条　すべて国民は、勤労の権利を有し、義務を負ふ。

賃金、就業時間、休息その他の勤労条件に関する基準は、法律でこれを定める。

児童は、これを酷使してはならない。

第二十八条　勤労者の団結する権利及び団体交渉その他の団体行動をする権利は、これを保障する。

第二十九条　財産権は、これを侵してはならない。

財産権の内容は、公共の福祉に適合するやうに、法律でこれを定める。

私有財産は、正当な補償の下に、これを公共のために用ひることができる。

第三十条　国民は、法律の定めるところにより、納税の義務を負ふ。

第三十一条　何人も、法律の定める手続によらなければ、その生命若しくは自由を奪はれ、又はその他の刑罰を科せられない。

第三十二条　何人も、裁判所において裁判を受ける権利を奪はれない。

第三十三条　何人も、現行犯として逮捕される場合を除いては、権限を有する司法官憲が発し、且つ理由となつてゐる犯罪を明示する令状によらなければ、逮捕されない。

第三十四条　何人も、理由を直ちに告げられ、且つ、直ちに弁護人に依頼する権利を与へられなければ、抑留又は拘禁されない。又、何人も、正当な理由がなければ、拘禁されず、要求があれば、その理由は、直ちに本人及びその弁護人の出席する公開の法廷で示されなければならない。

第三十五条　何人も、その住居、書類及び所持品について、侵入、捜索及び押収を受けることのない権利は、第三十三条の場合を除いては、正当な理由に基いて発せられ、且つ捜索する場所及び押収する物を明示する令状がなければ、侵されない。

捜索又は押収は、権限を有する司法官憲が発する各別の令状により、これを行ふ。

第三十六条　公務員による拷問及び残虐な刑罰は、絶対にこれを禁ずる。

第三十七条　すべて刑事事件においては、被告人は、公平な裁判所の迅速な公開裁判を受ける権利を有する。

刑事被告人は、すべての証人に対して審問する機会を充分に与へられ、又、公費で自己のために強制的手続により証人を求める権利を有する。

刑事被告人は、いかなる場合にも、資格を有する弁護人を依頼することができる。被告人が自らこれを依頼することができないときは、国でこれを附する。

第三十八条　何人も、自己に不利益な供述を強要されない。

強制、拷問若しくは脅迫による自白又は不当に長く抑留若しくは拘禁された後の自白は、これを証拠とすることができない。

何人も、自己に不利益な唯一の証拠が本人の自白である場合には、有罪とされ、又は刑罰を科せられない。
第三十九条　何人も、実行の時に適法であつた行為又は既に無罪とされた行為については、刑事上の責任を問はれない。又、同一の犯罪について、重ねて刑事上の責任を問はれない。
第四十条　何人も、抑留又は拘禁された後、無罪の裁判を受けたときは、法律の定めるところにより、国にその補償を求めることができる。

第四章　国会

第四十一条　国会は、国権の最高機関であつて、国の唯一の立法機関である。
第四十二条　国会は、衆議院及び参議院の両議院でこれを構成する。
第四十三条　両議院は、全国民を代表する選挙された議員でこれを組織する。
両議院の議員の定数は、法律でこれを定める。
第四十四条　両議院の議員及びその選挙人の資格は、法律でこれを定める。但し、人種、信条、性別、社会的身分、門地、教育、財産又は収入によつて差別してはならない。
第四十五条　衆議院議員の任期は、四年とする。但し、衆議院解散の場合には、その期間満了前に終了する。
第四十六条　参議院議員の任期は、六年とし、三年ごとに議員の半数を改選する。
第四十七条　選挙区、投票の方法その他両議院の議員の選挙に関する事項は、法律でこれを定める。
第四十八条　何人も、同時に両議院の議員たることはできない。
第四十九条　両議院の議員は、法律の定めるところにより、国庫から相当額の歳費を受ける。
第五十条　両議院の議員は、法律の定める場合を除いては、国会の会期中逮捕されず、会期前に逮捕された議員は、その議院の要求があれば、会期中これを釈放しなければならない。

第五十一条　両議院の議員は、議院で行つた演説、討論又は表決について、院外で責任を問はれない。
第五十二条　国会の常会は、毎年一回これを召集する。
第五十三条　内閣は、国会の臨時会の召集を決定することができる。いづれかの議院の総議員の四分の一以上の要求があれば、内閣は、その召集を決定しなければならない。
第五十四条　衆議院が解散されたときは、解散の日から四十日以内に、衆議院議員の総選挙を行ひ、その選挙の日から三十日以内に、国会を召集しなければならない。
　衆議院が解散されたときは、参議院は、同時に閉会となる。但し、内閣は、国に緊急の必要があるときは、参議院の緊急集会を求めることができる。
　前項但書の緊急集会において採られた措置は、臨時のものであつて、次の国会開会の後十日以内に、衆議院の同意がない場合には、その効力を失ふ。
第五十五条　両議院は、各〻その議員の資格に関する争訟を裁判する。但し、議員の議席を失はせるには、出席議員の三分の二以上の多数による議決を必要とする。
第五十六条　両議院は、各〻その総議員の三分の一以上の出席がなければ、議事を開き議決することができない。
　両議院の議事は、この憲法に特別の定のある場合を除いては、出席議員の過半数でこれを決し、可否同数のときは、議長の決するところによる。
第五十七条　両議院の会議は、公開とする。但し、出席議員の三分の二以上の多数で議決したときは、秘密会を開くことができる。
　両議院は、各〻その会議の記録を保存し、秘密会の記録の中で特に秘密を要すると認められるもの以外は、これを公表し、且つ一般に頒布しなければならない。
　出席議員の五分の一以上の要求があれば、各議員の表決は、これを会議録に記載しなければならない。

第五十八条　両議院は、各〻その議長その他の役員を選任する。

両議院は、各〻その会議その他の手続及び内部の規律に関する規則を定め、又、院内の秩序をみだした議員を懲罰することができる。但し、議員を除名するには、出席議員の三分の二以上の多数による議決を必要とする。

第五十九条　法律案は、この憲法に特別の定のある場合を除いては、両議院で可決したとき法律となる。

衆議院で可決し、参議院でこれと異なつた議決をした法律案は、衆議院で出席議員の三分の二以上の多数で再び可決したときは、法律となる。

前項の規定は、法律の定めるところにより、衆議院が、両議院の協議会を開くことを求めることを妨げない。

参議院が、衆議院の可決した法律案を受け取つた後、国会休会中の期間を除いて六十日以内に、議決しないときは、衆議院は、参議院がその法律案を否決したものとみなすことができる。

第六十条　予算は、さきに衆議院に提出しなければならない。

予算について、参議院で衆議院と異なつた議決をした場合に、法律の定めるところにより、両議院の協議会を開いても意見が一致しないとき、又は参議院が、衆議院の可決した予算を受け取つた後、国会休会中の期間を除いて三十日以内に、議決しないときは、衆議院の議決を国会の議決とする。

第六十一条　条約の締結に必要な国会の承認については、前条第二項の規定を準用する。

第六十二条　両議院は、各〻国政に関する調査を行ひ、これに関して、証人の出頭及び証言並びに記録の提出を要求することができる。

第六十三条　内閣総理大臣その他の国務大臣は、両議院の一に議席を有すると有しないとにかかはらず、何時でも議案について発言するため議院に出席することができる。又、答弁又は説明のため出席を求められたときは、出席しなければならない。

第六十四条　国会は、罷免の訴追を受けた裁判官を裁判するため、両議院の議員で組織する弾劾裁判所を設ける。

弾劾に関する事項は、法律でこれを定める。

第五章　内閣

第六十五条　行政権は、内閣に属する。

第六十六条　内閣は、法律の定めるところにより、その首長たる内閣総理大臣及びその他の国務大臣でこれを組織する。

内閣総理大臣その他の国務大臣は、文民でなければならない。

内閣は、行政権の行使について、国会に対し連帯して責任を負ふ。

第六十七条　内閣総理大臣は、国会議員の中から国会の議決で、これを指名する。この指名は、他のすべての案件に先だつて、これを行ふ。

衆議院と参議院とが異なつた指名の議決をした場合に、法律の定めるところにより、両議院の協議会を開いても意見が一致しないとき、又は衆議院が指名の議決をした後、国会休会中の期間を除いて十日以内に、参議院が、指名の議決をしないときは、衆議院の議決を国会の議決とする。

第六十八条　内閣総理大臣は、国務大臣を任命する。但し、その過半数は、国会議員の中から選ばれなければならない。

内閣総理大臣は、任意に国務大臣を罷免することができる。

第六十九条　内閣は、衆議院で不信任の決議案を可決し、又は信任の決議案を否決したときは、十日以内に衆議院が解散されない限り、総辞職をしなければならない。

第七十条　内閣総理大臣が欠けたとき、又は衆議院議員総選挙の後に初めて国会の召集があつたときは、内閣は、総辞職をしなければならない。

第七十一条　前二条の場合には、内閣は、あらたに内閣総理大臣が任命されるまで引き続きその職務を行ふ。

第七十二条　内閣総理大臣は、内閣を代表して議案を国会に提出し、一般国務及び外交関係について国会に報告し、並びに行政各部を指揮監督する。

第七十三条　内閣は、他の一般行政事務の外、左の事務を行ふ。

一　法律を誠実に執行し、国務を総理すること。

二　外交関係を処理すること。

三　条約を締結すること。但し、事前に、時宜によつては事後に、国会の承認を経ることを必要とする。

四　法律の定める基準に従ひ、官吏に関する事務を掌理すること。

五　予算を作成して国会に提出すること。

六　この憲法及び法律の規定を実施するために、政令を制定すること。但し、政令には、特にその法律の委任がある場合を除いては、罰則を設けることができない。

七　大赦、特赦、減刑、刑の執行の免除及び復権を決定すること。

第七十四条　法律及び政令には、すべて主任の国務大臣が署名し、内閣総理大臣が連署することを必要とする。

第七十五条　国務大臣は、その在任中、内閣総理大臣の同意がなければ、訴追されない。但し、これがため、訴追の権利は、害されない。

第六章　司法

第七十六条　すべて司法権は、最高裁判所及び法律の定めるところにより設置する下級裁判所に属する。

特別裁判所は、これを設置することができない。行政機関は、終審として裁判を行ふことができない。

すべて裁判官は、その良心に従ひ独立してその職権を行ひ、この憲法及び法律にのみ拘束される。

第七十七条　最高裁判所は、訴訟に関する手続、弁護士、裁判所の内部規律及び司法事務処理に関する事項について、規則を定める権限を有する。

検察官は、最高裁判所の定める規則に従はなければならない。

最高裁判所は、下級裁判所に関する規則を定める権限を、下級裁判所に委任することができる。

第七十八条　裁判官は、裁判により、心身の故障のために職務を執ることができないと決定された場合を除いては、公の弾劾によらなければ罷免されない。裁判官の懲戒処分は、行政機関がこれを行ふことはできない。

第七十九条　最高裁判所は、その長たる裁判官及び法律の定める員数のその他の裁判官でこれを構成し、その長たる裁判官以外の裁判官は、内閣でこれを任命する。

最高裁判所の裁判官の任命は、その任命後初めて行はれる衆議院議員総選挙の際国民の審査に付し、その後十年を経過した後初めて行はれる衆議院議員総選挙の際更に審査に付し、その後も同様とする。

前項の場合において、投票者の多数が裁判官の罷免を可とするときは、その裁判官は、罷免される。

審査に関する事項は、法律でこれを定める。

最高裁判所の裁判官は、法律の定める年齢に達した時に退官する。

最高裁判所の裁判官は、すべて定期に相当額の報酬を受ける。この報酬は、在任中、これを減額することができない。

第八十条　下級裁判所の裁判官は、最高裁判所の指名した者の名簿によつて、内閣でこれを任命する。その裁判官は、任期を十年とし、再任されることができる。但し、法律の定める年齢に達した時には退官する。

下級裁判所の裁判官は、すべて定期に相当額の報酬を受ける。この報酬は、在任中、これを減額することができない。

第八十一条　最高裁判所は、一切の法律、命令、規則又は処分が憲法に適合するかしないかを決定する権限を有する終審裁判所である。

第八十二条　裁判の対審及び判決は、公開法廷でこれを行ふ。

裁判所が、裁判官の全員一致で、公の秩序又は善良の風俗を害する虞があると決した場合には、対審は、公開しないでこれを行ふことができる。但し、政治犯罪、出版に関する犯罪又はこの憲法第三章で保障する国民の権利が問題となつてゐる事件の対審は、常にこれを公開しなければならない。

第七章　財政

第八十三条　国の財政を処理する権限は、国会の議決に基いて、これを行使しなければならない。
第八十四条　あらたに租税を課し、又は現行の租税を変更するには、法律又は法律の定める条件によることを必要とする。
第八十五条　国費を支出し、又は国が債務を負担するには、国会の議決に基くことを必要とする。
第八十六条　内閣は、毎会計年度の予算を作成し、国会に提出して、その審議を受け議決を経なければならない。
第八十七条　予見し難い予算の不足に充てるため、国会の議決に基いて予備費を設け、内閣の責任でこれを支出することができる。
すべて予備費の支出については、内閣は、事後に国会の承諾を得なければならない。
第八十八条　すべて皇室財産は、国に属する。すべて皇室の費用は、予算に計上して国会の議決を経なければならない。
第八十九条　公金その他の公の財産は、宗教上の組織若しくは団体の使用、便益若しくは維持のため、又は公の支配に属しない慈善、教育若しくは博愛の事業に対し、これを支出し、又はその利用に供してはならない。
第九十条　国の収入支出の決算は、すべて毎年会計検査院がこれを検査し、内閣は、次の年度に、その検査報告とともに、これを国会に提出しなければならない。

　会計検査院の組織及び権限は、法律でこれを定める。

第九十一条　内閣は、国会及び国民に対し、定期に、少くとも毎年一回、国の財政状況について報告しなければならない。

第八章　地方自治

第九十二条　地方公共団体の組織及び運営に関する事項は、地方自治の本旨に基いて、法律でこれを定める。
第九十三条　地方公共団体には、法律の定めるところにより、その議事機関として議会を設置する。
　地方公共団体の長、その議会の議員及び法律の定めるその他の吏員は、その地方公共団体の住民が、直接これを選挙する。
第九十四条　地方公共団体は、その財産を管理し、事務を処理し、及び行政を執行する権能を有し、法律の範囲内で条例を制定することができる。
第九十五条　一の地方公共団体のみに適用される特別法は、法律の定めるところにより、その地方公共団体の住民の投票においてその過半数の同意を得なければ、国会は、これを制定することができない。

第九章　改正

第九十六条　この憲法の改正は、各議院の総議員の三分の二以上の賛成で、国会が、これを発議し、国民に提案してその承認を経なければならない。この承認には、特別の国民投票又は国会の定める選挙の際行はれる投票において、その過半数の賛成を必要とする。
　憲法改正について前項の承認を経たときは、天皇は、国民の名で、この憲法と一体を成すものとして、直ちにこれを公布する。

第一〇章　最高法規

第九十七条　この憲法が日本国民に保障する基本的人権は、人類の多年にわたる自由獲得の努力の成果であつて、これらの権利は、過去幾多の試錬に堪へ、現在及び将来の国民に対し、侵すことのできない永久の権利として信託されたものである。

第九十八条　この憲法は、国の最高法規であつて、その条規に反する法律、命令、詔勅及び国務に関するその他の行為の全部又は一部は、その効力を有しない。

日本国が締結した条約及び確立された国際法規は、これを誠実に遵守することを必要とする。

第九十九条　天皇又は摂政及び国務大臣、国会議員、裁判官その他の公務員は、この憲法を尊重し擁護する義務を負ふ。

第一一章　補則

第百条　この憲法は、公布の日から起算して六箇月を経過した日から、これを施行する。

この憲法を施行するために必要な法律の制定、参議院議員の選挙及び国会召集の手続並びにこの憲法を施行するために必要な準備手続は、前項の期日よりも前に、これを行ふことができる。

第百一条　この憲法施行の際、参議院がまだ成立してゐないときは、その成立するまでの間、衆議院は、国会としての権限を行ふ。

第百二条　この憲法による第一期の参議院議員のうち、その半数の者の任期は、これを三年とする。その議員は、法律の定めるところにより、これを定める。

第百三条　この憲法施行の際現に在職する国務大臣、衆議院議員及び裁判官並びにその他の公務員で、その地位に相応する地位がこの憲法で認められてゐる者は、法律で特別の定をした場合を除いては、この憲法施行のため、当然にはその地位を失ふことはない。但し、この憲法によつて、後任者が選挙又は任命されたときは、当然その地位を失ふ。

ポツダム宣言　一九四五年七月二六日

一、吾等合衆国大統領、中華民国政府主席及「グレート・ブリテン」国総理大臣ハ吾等ノ数億ノ国民ヲ代表シ協議ノ上日本国ニ対シ今次ノ戦争ヲ終結スルノ機会ヲ与フルコトニ意見一致セリ

二、合衆国、英帝国及中華民国ノ巨大ナル陸、海、空軍ハ西方ヨリ自国ノ陸軍及空軍ニ依ル数倍ノ増強ヲ受ケ日本国ニ対シ最後的打撃ヲ加フルノ態勢ヲ整ヘタリ右軍事力ハ日本国ガ抵抗ヲ終止スルニ至ル迄同国ニ対シ戦争ヲ遂行スルノ一切ノ聯合国ノ決意ニ依リ支持セラレ且鼓舞セラレ居ルモノナリ

三、蹶起セル世界ノ自由ナル人民ノ力ニ対スル「ドイツ」国ノ無益且無意義ナル抵抗ノ結果ハ日本国国民ニ対スル先例ヲ極メテ明白ニ示スモノナリ現在日本国ニ対シ集結シツツアル力ハ抵抗スル「ナチス」ニ対シ適用セラレタル場合ニ於テ全「ドイツ」国人民ノ土地産業及生活様式ヲ必然的ニ荒廃ニ帰セシメタル力ニ比シ測リ知レザル程度ニ強大ナルモノナリ吾等ノ決意ニ支持セラルル吾等ノ軍事力ノ最高度ノ使用ハ日本国軍隊ノ不可避且完全ナル壊滅ヲ意味スベク又同様必然的ニ日本国本土ノ完全ナル破壊ヲ意味スベシ

四、無分別ナル打算ニ依リ日本帝国ヲ滅亡ノ淵ニ陥レタル我儘ナル軍国主義的助言者ニ依リ日本国ガ引続キ統御セラルベキカ又ハ理性ノ経路ヲ日本国ガ履ムベキカヲ日本国ガ決意スベキ時期ハ到来セリ

五、吾等ノ条件ハ左ノ如シ

吾等ハ右条件ヨリ離脱スルコトナカルベシ右ニ代ル条件存在セズ吾等ハ遅延ヲ認ムルヲ得ズ

六、吾等ハ無責任ナル軍国主義ガ世界ヨリ駆逐セラルルニ至ル迄ハ平和、安全及正義ノ新秩序ガ生ジ得ザルコトヲ主張スルモノナルヲ以テ日本国国民ヲ欺瞞シ之ヲシテ世界征服ノ挙ニ出ヅルノ過誤ヲ犯サシメタル者ノ権力及勢力ハ永久ニ除去セラレザルベカラズ

七、右ノ如キ新秩序ガ建設セラレ且日本国ノ戦争遂行能力ガ破砕セラレタルコトノ確証アルニ至ル迄ハ聯合国ノ指定スベキ日本国領域内ノ諸地点ハ吾等ノ茲ニ指示スル基本的目的ノ達成ヲ確保スル為占領セラルベシ

八、「カイロ」宣言ノ条項ハ履行セラルベク又日本国ノ主権ハ本州、北海道、九州及四国並ニ吾等ノ決定スル諸小島ニ局限セラルベシ

九、日本国軍隊ハ完全ニ武装ヲ解除セラレタル後各自ノ家庭ニ復帰シ平和的且生産的ノ生活ヲ営ムノ機会ヲ得シメラルベシ

十、吾等ハ日本人ヲ民族トシテ奴隷化セントシ又ハ国民トシテ滅亡セシメントスルノ意図ヲ有スルモノニ非ザルモ吾等ノ俘虜ヲ虐待セル者ヲ含ム一切ノ戦争犯罪人ニ対シテハ厳重ナル処罰ヲ加ヘラルベシ日本国政府ハ日本国国民ノ間ニ於ケル民主主義的傾向ノ復活強化ニ対スル一切ノ障礙ヲ除去スベシ言論、宗教及思想ノ自由並ニ基本的人権ノ尊重ハ確立セラルベシ

十一、日本国ハ其ノ経済ヲ支持シ且公正ナル実物賠償ノ取立ヲ可能ナラシムルガ如キ産業ヲ維持スルコトヲ許サルベシ但シ日本国ヲシテ戦争ノ為再軍備ヲ為スコトヲ得シムルガ如キ産業ハ此ノ限ニ在ラズ右目的ノ為原料ノ入手（其ノ支配トハ之ヲ区別ス）ヲ許可サルベシ日本国ハ将来世界貿易関係ヘノ参加ヲ許サルベシ

十二、前記諸目的ガ達成セラレ且日本国国民ノ自由ニ表明セル意思ニ従ヒ平和的傾向ヲ有シ且責任アル政府ガ樹立セラルルニ於テハ聯合国ノ占領軍ハ直ニ日本国ヨリ撤収セラルベシ

十三、吾等ハ日本国政府ガ直ニ全日本国軍隊ノ無条件降伏ヲ宣言シ且右行動ニ於ケル同政府ノ誠意ニ付適当且充分ナル保障ヲ提供センコトヲ同政府ニ対シ要求ス右以外ノ日本国ノ選択ハ迅速且完全ナル壊滅アルノミトス

ハリー・S・トルーマン、ウィンストン・チャーチル、蔣介石

降伏後における米国の初期の対日方針　一九四五年

本文書の目的

本文書は、降伏後の日本国に対する、初期の全般的政策に関する声明である。本文書は、大統領の承認を経たもので、連合国最高司令官および米国関係各省そして機関に対し、指針として配布された。本文書は、日本国占領に関する諸問題中、政策決定を必要とする一切の事項を取り扱っているものではなく、本文書に含まれていないか、または充分尽くされていない事項は、既に別個に取り扱われているか、または将来別個に取り扱われる。

第一部　究極の目的

日本国に関する米国の究極の目的で、初期において政策が従うべきものは、次のとおりである。

(a)　日本国が再び米国の脅威となったり、または世界の平和および安全の脅威となったりしないことを確実にすること。

(b)　他の国家の権利を尊重し、国際連合憲章の理想と原則に示された、米国の目的を支持する平和的且つ責任ある政府を、究極において樹立すること。米国はこのような政府が、できる限り民主主義的自治の原則に合致することを希望するが、自由に表示される国民の意思に支持されない、如何なる政治形態をも日本国に強要することは、連合国の責任ではない。

これらの目的は、次の手段により達成される。

(a)　日本国の主権は、本州、北海道、九州、四国並びに「カイロ」宣言および米国が既に参加しているか、または将来参加する可能性がある、他の協定により決定されるかも知れない、周辺の諸小島に限られる。

(b)　日本国は完全に武装解除せられ、且つ非軍事化される。軍国主義者の権力と、軍国主義の影響力は、日本国の政治生活、経済生活および社会生活より一掃される。軍国主義および侵略の精神を表示する制度は、強力に抑圧される。

(c)　日本国国民は、個人の自由に対する欲求並びに基本的人権、とりわけ信教、集会、言論および出版の自由の尊重を増大するよう奨励されるものとする。日本国民には、民主主義的および代議的組織の形成が奨励されるものとする。

(d)　日本国国民は、その平時の需要を充たすことができるような経済を、自力により発達させる機会を与えられるものとする。

第二部　連合国の権限

1　軍事占領

降伏条項を実施し、上述の究極目的の達成を促進するため、日本国本土は軍事占領される。この占領は、日本国と戦争状態にある連合国の利益のために行動する、主要連合国のための軍事行動の性質をもつものとする。その理由により、対日戦争において指導的役割を演じた、他の諸国の軍隊が占領に参加することは歓迎され、且つ期待されるが、占領軍は米国の任命する最高司令官の指導下に置く。協議および適当な指導機関の設置により、主要連合国を満足させるような、日本国の占領および管理を実施する政策を樹立するため、あらゆる努力を尽くすべきだが、主要連合国に意見の不一致が生じた場合においては、米国の政策に従うものとする。

2　日本国政府との関係

天皇および日本国政府の権限は、降伏条項を実施し、且つ日本国の占領および管理を施行するために樹立された政策を実行するために必要な一切の権力を有する、最高司令官に従属するものとする。日本社会の現在の性格並びに最小の兵力および資源により、目的を達成しようとする米国の希望に鑑み、最高司令官は、米国の目的達成を満足に促進する限りにおいては、天皇を含む日本政府機構および諸機関を通じて、その権限を行使する。日本国政府は最高司令官の指示の下に、国内行政事項に関し、通常の政治機能を行使することを許容される。但し、この方針は、天皇または他の日本国の権力者が、降伏条項実施上最高司令官の要求を満足に果たさない場合、最高司令官が政府機構または人事の変更を要求し、あるいは直接行動する権利および義務により、制限されるものとする。

さらにまた、この方針は最高司令官をして、米国の目的達成に指向する革新的変化に抗して、天皇または他の日本国の政府機関を支持するよう拘束するものではない。すなわちこの方針は、日本国における現存の政治形態を利用しようとするもので、これを支持しようとするものではない。封建的および官憲主義的傾向を修正しようとする政治形態の変更は、日本国政府によると、日本国国民によるとを問わず、許容され、且つ支持されることになる。このような変更の実現のため、日本国国民または日本国政府がその反対者抑圧のために、実力を行使する場合においては、最高司令官は、指揮下の部隊の安全並びに占領に関するその他一切の目的の達成を確実にするのに必要な場合においてのみ、これに干渉するものとする。

3　政策の周知

日本国国民および世界一般は、占領の目的および政策、並びにその達成上の進展に関し、完全な情報を与えられるものとする。

第三部　政治

1　武装解除および非軍事化

武装解除および非軍事化は、軍事占領の主要任務であり、即時且つ断乎として実行されるものとする。日本国国民に対しては、その現在および将来の苦境招来に関し、陸海軍指導者およびその協力者が演じた役割を徹底的に知らせるため、一切の努力が尽くされるものとする。

日本国は陸海空軍、秘密警察組織または何等の民間航空をも保有することはない。日本国の地上、航空および海軍兵力は武装を解除、且つ解体され、日本国大本営、参謀本部および一切の秘密警察組織は、解消されるものとする。陸海軍資材、陸海軍艦船、陸海軍施設並びに陸海軍および民間航空機は引き渡され、且つ最高司令官の要求するところに従い、処分されるものとする。

日本国大本営および参謀本部の高級職員、日本国政府の他の陸海軍高級職員、超国家主義的および軍国主義的組織の指導者、並びに他の軍国主義および侵略の重要な推進者は拘禁され、将来の処分のために留置される。軍国主義および好戦的国家主義の積極的推進者であった者は、公職およびその他の公的または重要な私的責任ある如何なる地位よりも排除される。超国家主義的または軍国主義的な社会上、政治上、職業上および商業上の団体並びに機関は解散され、且つ禁止される。

理論上および実践上の軍国主義および超国家主義（準軍事訓練を含む）は、教育制度より除去されるものとする。職業的旧陸海軍将校および下士官、並びに他の一切の軍国主義と超国家主義の推進者は、監督的そして教育的地位より排除されるものとする。

2　戦争犯罪人

最高司令官または適当な連合国機関により、戦争犯罪人として告発された者（連合国の俘虜やその他国民を虐待した廉により告発された者を含む）は、逮捕され、裁判に付され、有罪の判決があったときは、処罰されるものとする。連合国中の他の国より、その国民に対する犯罪を理由として要求された者は、最高司令官により裁判のために、または証人として、あるいは他の理由により必要とされない限り、当該国に引き渡され、拘禁されるものとする。

3　個人の自由および民主主義過程への欲求の奨励

宗教的信仰の自由は、占領と共に直ちに宣言されるものとする。同時に日本人に対して、超国家主義的および軍国主義的組織そして運動は、宗教の外被の蔭に隠れることが許されない旨、明示しなければならない。

日本国国民は、米国およびその他の民主主義国家の歴史、制度、文化、またその成果を知る機会を与えられ、且つこれらを知ることが奨励されるものとする。占領軍人員の日本人との交際は、所要の限度においてのみ、占領政策および占領目的を促進するために、統制されなければならない。

集会および公開討論の権利を有する、民主的政党は奨励されるものとする。但し、占領軍の安全を保持する必要により、制限される。

人種、国籍、信仰または政治的見解を理由に、差別待遇を規定する法律、命令および規則は廃止されるものとする。また、本文書に述べられた諸目的および諸政策と矛盾するものは廃止、停止または必要に応じ、修正されるものとする。これら諸法規の実施を特にその任務とする諸機関は、廃止または適宜改組されるものとする。政治的理由から日本国当局により不法に監禁されている者は、釈放されるものとする。個人の自由および人権を保護するために、司法制度、法律制度および警察制度は、第三部第一条および第三条に掲げられた諸政策に適合させるよう、可能な限り速やかに改革され、且つ爾後漸進的に指導されなければならない。

第四部　経済（抜粋）

1　経済上の非軍事化

日本軍事力の現存経済基礎は破壊され、且つ再興が許されないようにしなければならない。……

2　民主主義勢力の助長

民主主義的基礎の上に組織された労働、産業および農業における組織の発展は、奨励されるものとする。所得並びに生産および商業手段の所有権を、広範囲に分配することができるようにする政策は、支持されるものとする。……

3　平和的経済活動の再開

日本国の政策は、日本国国民に経済上の大破滅をもたらし、且つ日本国国民を、経済上の困難と苦悩の見通しに直面させるに至った。日本の苦境は日本国自らの行為による直接の結果であり、連合国はそれが蒙った損害復旧の負担を引き受けない。この損害は、日本国国民が一切の軍事的目的を放棄し、勤勉に、且つ専心平和的生活様式に向かい、努力する場合においてのみ、復旧することができる。日本国は、物質的再建に着手すると共に、その経済活動および経済制度の性格と方向を徹底的に改革し、且つ日本国国民を平和に合わせ、向けられた線に沿い、有益な職業に就かせることが必要となる。連合国には、適当な期間内にこれら諸措置が実現されることを妨げるような条件を課そうとする意図はない。……　　（経済的な問題を細かく扱っている残余の六条は、省略する。）

出所：国務省公報第一三巻第三二六号（一九四五年九月二三日）

天皇の人間宣言　一九四六年一月一日

茲ニ新年ヲ迎フ。顧ミレバ明治天皇明治ノ初国是トシテ五箇条ノ御誓文ヲ下シ給ヘリ。曰ク、

一、広ク会議ヲ興シ万機公論ニ決スヘシ
一、上下心ヲ一ニシテ盛ニ経綸ヲ行フヘシ
一、官武一途庶民ニ至ル迄各其志ヲ遂ケ人心ヲシテ倦マサラシメンコトヲ要ス
一、旧来ノ陋習ヲ破リ天地ノ公道ニ基クヘシ
一、智識ヲ世界ニ求メ大ニ皇基ヲ振起スヘシ

叡旨公明正大、又何ヲカ加ヘン。朕ハ茲ニ誓ヲ新ニシテ国運ヲ開カント欲ス。須ラク此ノ御趣旨ニ則リ、旧来ノ陋習ヲ去リ、民意ヲ暢達シ、官民挙ゲテ平和主義ニ徹シ、教養豊カニ文化ヲ築キ、以テ民生ノ向上ヲ図リ、新日本ヲ建設スベシ。

大小都市ノ蒙リタル戦禍、罹災者ノ艱苦、産業ノ停頓、食糧ノ不足、失業者増加ノ趨勢等ハ真ニ心ヲ痛マシムルモノアリ。然リト雖モ、我国民ガ現在ノ試煉ニ直面シ、且徹頭徹尾文明ヲ平和ニ求ムルノ決意固ク、克ク其ノ結束ヲ全ウセバ、独リ我国ノミナラズ全人類ノ為ニ、輝カシキ前途ノ展開セラルルコトヲ疑ハズ。

夫レ家ヲ愛スル心ト国ヲ愛スル心トハ我国ニ於テ特ニ熱烈ナルヲ見ル。今ヤ実ニ此ノ心ヲ拡充シ、人類愛ノ完成ニ向ヒ、献身的努力ヲ効スベキノ秋ナリ。

惟フニ長キニ亘レル戦争ノ敗北ニ終リタル結果、我国民ハ動モスレバ焦躁ニ流レ、失意ノ淵ニ沈淪セントスルノ傾キアリ。詭激ノ風漸ク長ジテ道義ノ念頗ル衰ヘ、為ニ思想混乱ノ兆アルハ洵ニ深憂ニ堪ヘズ。

然レドモ朕ハ爾等国民ト共ニ在リ、常ニ利害ヲ同ジウシ休戚ヲ分タント欲ス。朕ト爾等国民トノ間ノ紐帯ハ、終始相

互ノ信頼ト敬愛トニ依リテ結バレ、単ナル神話ト伝説トニ依リテ生ゼルモノニ非ズ。天皇ヲ以テ現御神（アキツミカミ）トシ、且日本国民ヲ以テ他ノ民族ニ優越セル民族ニシテ、延テ世界ヲ支配スベキ運命ヲ有ストノ架空ナル観念ニ基クモノニモ非ズ。

朕ノ政府ハ国民ノ試煉ト苦難トヲ緩和センガ為、アラユル施策ト経営トニ万全ノ方途ヲ講ズベシ。同時ニ朕ハ我国民ガ時艱ニ蹶起シ、当面ノ困苦克服ノ為ニ、又産業及文運振興ノ為ニ勇往センコトヲ希念ス。我国民ガ其ノ公民生活ニ於テ団結シ、相倚リ相扶ケ、寛容相許スノ気風ヲ作興スルニ於テハ、能ク我至高ノ伝統ニ恥ヂザル真価ヲ発揮スルニ至ラン。斯ノ如キハ実ニ我国民ガ人類ノ福祉ト向上トノ為、絶大ナル貢献ヲ為ス所以ナルヲ疑ハザルナリ。

一年ノ計ハ年頭ニ在リ、朕ハ朕ノ信頼スル国民ガ朕ト其ノ心ヲ一ニシテ、自ラ奮ヒ自ラ励マシ、以テ此ノ大業ヲ成就センコトヲ庶幾フ。

二人の著者について

ローレンス・ウォード・ビーア（Lawrence Ward Beer）は、北西部の珍しい形の木の輸出業者であったノーマン・H・ビーア（Norman H. Beer）と、全国的木材会社の常務秘書であったルシル・H・ホッジス・ビーア（Lucile H. Hodges Beer）がもうけた四人の子供の、二番目の子供として、一九三二年五月一一日に、オレゴン州ポートランドで生まれた。一九五〇年から一九六一年まで、ビーアはジェスイッツ派の信徒であった。同派の信徒として、英文学と英国哲学の文学士の学士号を取り（一九五六年）、ギリシャとローマの古典を学び、ゴンザガ大学から哲学の文学修士の称号を得た（一九五七年）。一九五七年の夏にフォーダム大学で、日本経済と日本人類学の課程を取った後、四年間日本へ行き、そこで日本語と日本文化の二年間の集中学習を終えた。東京の上智大学で外国語としての英語と哲学も教えた。一九六〇年、大勢の人が参加した民主的運動であったいわゆる安保危機をつぶさに観察した。この日本の政治に関する直接の経験と、ケネディの大統領選挙運動が、米国のマイノリティーの間に引き起こした刺激が重なって、ビーアの政府と政治に対する関心が始まった。

東京滞在中に彼は、くず屋たちの貧困を軽減するささやかな手段として、信用組合運動を日本に紹介した。そのような信用組合との関わり、高校在学中の夏に三度にわたり鉄道修理班の手配をしたこと、そしてカリフォルニア信用組合連盟の訓練指導者を一九六一～一九六二年の一年間勤めたことが、ビーアの社会経済の面における人権に対する特別な永続的関心を確認することになった。コーリン・チルトン（Colin Chilton）と共同編集した *Credit Union Family Financial Counseling*（Oakland : California Credit Union League, and Madison : Credit Union National Association, 1962）は、彼の最初の本である。

一九六一年、ビーアは原田圭子と結婚した。彼らの四人の子供たちは日本名と、英語名の両方をもっているし、ビーアの親戚の半分は日本人である。彼らは広い範囲の職業と視点をもっていたが、ビーアに日本についていろいろ教えることを楽しんでいた。士族であった原田家の本家は、先祖が一五八五年に封建時代の戦争に敗れ、山中に逃れて以来、長野県の山中にある。

一九六二年、ワシントン大学で日本の法律と憲法の一流の学者であったジョン・M・マキとダン・フェンノ・ヘンダーソン（Dan Fenno Henderson）の指導を受けて、ビーアは日本の憲法を専攻することに決め、一九六六年に政治学の博士号を取った。

ビーアは日本で一〇年以上を過ごし、いろいろな学校で教えたり、講義をしたり、研究を行ったりしたが、東大法学部での仕事が主であった。伊藤正巳教授と佐藤功教授に始まり、日本の憲法学者、判事、弁護士の親切な助力を得た。彼の研究の仕方は、日本の憲法について最もよく知っている人々の日本語の本から、また直接話を聞くことから学ぶという単純な指針によっている。その目的は、米国人だけでなく、広く英語の読者のために、日本（とアジア）の憲法と立憲政治について異文化を伝えることである。この計画の一部は、ジョン・マキなどがしたように、日本の権威ある司法判決を英語に訳して出版することであった。その結果として、伊藤博やその他の仲間との二冊の本、*The Constitutional Case Law of Japan : Selected Supreme*

Court Decisions, 1961-70（1978）と*The Constitutional Case Law of Japan, 1970 Through 1990*（1996）が、両方ともシアトルのワシントン大学出版部から出された。

しかし訴訟事件は、それらがいかに重要であろうと憲法と立憲政治の一部に過ぎず、双方共比較的かつ学際的な背景を考えながら見る必要がある。この点を説明するためにビーアは、*Freedom of Expression in Japan : A Study in Comparative Law, Politics and Society*（Tokyo : Kodansha International, 1984）という包括的な本を書いた。アジアの立憲政治を比較してさらに理解するために、また米国の独立宣言、憲法、そして権利章典の二百年記念に、ビーアは、*Constitutionalism in Asia : Asian Views of the American Influence*（Berkeley : University of California Press, 1979 ; 佐藤功の助力で、日本語で出版）と、*Constitutional Systems in Late Twentieth Century Asia*（Seattle : University of Washington Press, 1992）を出版した。ビーアが研究を続けるに当たって中心的なものは、多くの日本の友人により一流の法学者に紹介して貰うことと、日本の生きた憲法の条文、背景の双方に関して深い知識をもっている日本の憲法学者に引き続き相談することである。

ジョン・マッギルブリー・マキ（John McGilvrey Maki）は、一九〇九年一一月一九日、ワシントン州タコマで生まれた。数年後に取得したその出生証明によると、生まれたときの名前はスギヤマ・ヒロオであったが、これはその両親が日本の移民であったことを示している。生まれて二、三週間してから、マッギルブリーという米国人の家族に世話をされ、その後養子となった。その結果、文化的な面では完全に欧米的となり、両親の国についてはほとんど何も知らなかった。

一九三二年、ワシントン大学から英語の文学士号を取得した。同じ大学で英語の修士号に必要な課程を終えた後、彼の興味は日本文学に移り、東京で日本語（学部生として手引きを受けた）、日本文学、そして日本史を勉強するための日本政府の研究奨学金を得た。この二年半（一九三六年末から一九三九年初めまで）の間に、日本語、日本文学、そして日本史を読むという学者の経歴のための基礎となる基本的な能力を身に付けた。しかし同時に中国との戦争初期の緊張下、軍国主義、官憲主義の日本で生活し、その時代の日本を観察する機会も得た。この経験によりはからずも、知らず知らずのうちに、ワシントンＤＣにおける戦時の仕事の準備ができた。

「真珠湾」後もワシントン大学で教鞭を取り続けていたが、一九四二年五月一五日、妻のメアリー、そしてシアトルに住んでいた他の日本人たちと一緒に、ワシントン州西部の公有地にあった「集合センター」に収容された。一ヵ月後に、そこから出ることを許され、連邦連絡委員会の外国放送情報サービスの職を受けることができた。ワシントンにおける最初の仕事は、東京の国外向けと国内向けのラジオ放送を分析することであった。一九四三年、戦時情報局に移ったが、そこで日本に対する心理戦争に関与するようになった。

戦争中に最初の本、*Japanese Militarism : Its Cause and Cure*（New York : Alfred A. Knopf, 1945）を書いた。“Cause（原因）”は、軍国主義のルーツの歴史的分析に関するもので、“Cure（矯正策）”とは、これらの原因を除去するのに、戦勝国がしなければならないことであった。この本は、明治憲法とその終焉を本書で取り扱う基礎となるものであった。

一九四六年二月マキは、連合軍最高司令官総司令部（ＧＨＱ）の民生局配属の文官として、六ヵ月勤務するために東京に着いた。その仕事は、官憲的省庁であった内務省、文部省とその他の機関を調査し、占領中に解体された官憲主義的軍国主義制度の再生を阻む政府組織の変革について提言をするためであった。彼の提言のいくつかは最終的に実施された。

マキは米国に帰り、ハーバード大学から政治学の博士号を得た（戦時中の仕事により、彼の興味は日本文学から日本の政府と政治に変わった）。その後ワシントン大学に戻り、学者生活を再開した。

フルブライト研究奨学金による一九五八〜一九五九年の教授有給休暇で東京に行ったときは、研究の関心を日本の憲法に集中した。その計画は、憲法問題に関する日本の最高裁判所の判決を翻訳することであった。米国人の教授そして豪州人と日本人の二人の若い学者の協力を得て、*Court and Constitution in Japan*（Seattle : University of Washington Press, 1962）を出版した。

彼はまた、一九五七年に国会が現在の憲法についての大規模な調査と、結果の報告を託す憲法調査会を設立したことも知った。その作業を綿密に見守り、その大部の最終報告書が一九六四年に発表されると、それを翻訳することを決心した。最終的にこの翻訳は、*Japan's Commission on the Constitution : The Final Report*（Seattle : University of Washington Press, 1980）という題名で出版された。

引退後数年して、新旧両憲法についての自分の考えを書き記すことに決めた。その結果、雑誌の記事には長過ぎるし、本にするには短か過ぎる、扱いにくい長さの小論文ができ上がった。現在の二人の著者が長年付き合っていた友人が、この小論文に対して好意的な反応を示し、マキは、ふと上手いことを思いついた。三五年前に自分が教えた学生で、日本国憲法の最高権威となったビーアに、共同して本を作ろうと訊いて見てはどうだろうか？　最近引退して、長年にわたりいくつかの大部の本を書いた疲れからまだ完全に回復していなかったビーアは、短い本ならという条件で同意した。その結果が本書である。

〔ま　行〕

〔や　行〕

〔ら　行〕

〔わ　行〕

〔た　行〕

〔な　行〕

〔は　行〕

人名索引

〔あ　行〕

〔か　行〕

〔さ　行〕

〔や　行〕

〔ら　行〕

〔欧　文〕

〔さ　行〕

〔た　行〕

事項索引

〈著者紹介〉

ローレンス・W・ビーア

1932年　米国オレゴン州ポートランドに生まれる
1957年　ゴンザガ大学，文学修士（哲学）
1957-1961年　来日，研究活動
1961年　原田圭子と結婚
1966年　ワシントン大学，政治学博士
東京大学法学部での仕事を主に，日本で合計10年以上を過ごす
アジア，日本の憲法などについての著書多数

ジョン・M・マキ

1909年　米国ワシントン州タコマで，日本移民の子として生まれたが，すぐに米国人の家庭の養子となる
1932年　ワシントン大学，文学士
1936-1939年　日本で勉学
1946年　来日，GHQ 民生局勤務
ハーバード大学，政治学博士
1958-1959年　フルブライト奨学金により来日，日本の憲法を研究
日本の憲法などについての著書あり

〈訳者紹介〉

浅沼　澄（あさぬま　きよし）

1935年　東京に生まれる
1957年　慶應義塾大学経済学部卒業
1957-1987年　三菱商事勤務（1971-1976年，ニューヨーク駐在）
その後他二社勤務を経て，1997年より在宅翻訳業

天皇神話から民主主義へ

2005年7月20日　初版第1刷発行

著　者　ローレンス・W・ビーア
ジョン・M・マキ
訳　者　浅沼　澄
発行者　今井　貴
渡辺左近
発行所　信山社出版株式会社
〒113-0033　東京都文京区本郷6-2-9-102
電　話　03-3818-1019
FAX　03-3818-0344
Printed in Japan　印刷・製本／暁印刷・和田製本

ISBN4-7972-2422-3　C3332